LOCUS

LOCUS

LOCUS

LOCUS

from

vision

from 101 隨機騙局
Fooled by Randomness
作者：Nassim Nicholas Taleb
譯者：羅耀宗
責任編輯：湯皓全
校對：呂佳眞
法律顧問：董安丹律師、顧慕堯律師
出版者：大塊文化出版股份有限公司
台北市105022南京東路四段25號11樓
www.locuspublishing.com
讀者服務專線：0800-006689
TEL：(02) 87123898　FAX：(02) 87123897
郵撥帳號：18955675　戶名：大塊文化出版股份有限公司

總經銷：大和書報圖書股份有限公司
地址：新北市新莊區五工五路2號
TEL：(02) 89902588（代表號）　FAX：(02) 22901658
製版：瑞豐實業股份有限公司
初版一刷：2014年6月
初版二十五刷：2024年3月

定價：新台幣380元
Printed in Taiwan

國家圖書館出版品預行編目資料

隨機騙局 / Nassim Nicholas Taleb著 ; 羅耀宗譯. -- 初版. --
臺北市 : 大塊文化, 2014.06　面 ;　公分. -- (from ; 101)

譯自 : Fooled by randomness : the hidden role of chance in life and in the markets, 2nd ed.
ISBN 978-986-213-532-7(平裝)

1.投資 2.機率

563.5　　103007923

Fooled by Randomness

隨機騙局

Nassim Nicholas Taleb　著
羅耀宗　譯

目次

章節摘要

第一部：梭倫的警世之言

偏態、不對稱、歸納

1 如果你那麼有錢，為什麼不是那麼聰明？

以個性截然不同的兩個人，說明隨機性對社會啄序和妒羨的影響。談隱而未顯的稀有事件。現代生活中，世事可能瞬息萬變，但牙醫或許例外。

2 怪異的會計衡量方法

談另類歷史，從機率的角度看世界，知識詐欺，以及一位有經常沐浴習慣的法國人展現的隨機智慧。新聞記者的養成，如何不了解隨機發生的一連串事件。謹防前人的智慧：針對隨機結果提出的偉大觀念，如何幾乎都與傳統智慧背道而馳。談正確性與可理解性的不同。

3 用數學沉思歷史

以蒙地卡羅模擬法作爲比喻，藉以了解一連串的隨機歷史事件。談隨機性和人造歷史。愈老愈美，幾乎總是如此，以及新和年輕通常有毒。請你的歷史教授去上抽樣理論入門課。

4 隨機性、胡說八道和科學知識分子

進一步利用蒙地卡羅產生器，製造人爲思想，並與嚴謹的非隨機建構相互比較。科學戰進入商業世界。爲什麼我的審美觀樂於被隨機性愚弄。

5 最不適者生存——進化有可能被隨機性愚弄嗎？

兩椿稀有事件的個案研究。談稀有事件和進化。「達爾文學說」和進化的概念如何在非生物學界遭到誤解。生命並不連續。進化如何將被隨機性愚弄。爲歸納問題揭開序幕。

6 偏態與不對稱

介紹偏態的概念：爲什麼在動物學以外的領域，「牛」和「熊」的意義相當有限。搗蛋小孩毀了隨機性。認識論不透明性問題入門。談歸納問題之前的倒數第二步。

7 歸納的問題

論天鵝的色動力學。將梭倫的警世之言帶到哲學的領域。維克多．尼德霍夫教我實證主義；我加進了演繹。爲什麼太正視科學反而不科學。索羅斯推廣巴柏。第十八街和第五大道口的那家書店。帕斯卡的賭注。

第二部：打字機前的猴子

存活者偏誤和其他偏誤

8 隔壁的百萬富翁太多

存活者偏誤的三個例子。爲什麼應該住在公園大道的人很少。隔壁的百萬富翁穿得很爛。專家多如過江之鯽。

9 買賣比煎蛋容易

存活者偏誤的技術申論。談生活中「巧合」的分布。寧可靠運氣，不靠能力（但你可能被抓個正著）。生日詭辯。更多的江湖郎中（以及更多的新聞記者）。有工作倫理的研究人員如何能從資料中找到任何東西。談沒吠的狗。

10 輸家通賠——談人生中的非線性

人生中不懷好意的現象呈非線性。搬到洛杉磯的寶艾市，並且染上富人和名人的惡習。爲什麼微軟公司的比爾·蓋茲可能不是他那一行中的佼佼者（但請勿告訴他這件事實）。饑渴交加的蠢驢。

11 隨機性和我們的心智：我們是機率盲

很難把你的假期想成是巴黎和巴哈馬群島的線性組合。尼洛·屠利普可能永遠沒辦法再到阿爾卑斯山滑雪。別問官僚太多問題。布魯克林製大腦。我們需要拿破崙。科學家向瑞典國王彎腰。談一些行爲發現。從一本教科書看到的機率盲現象。多談一些新聞污染。爲什麼你現在可能已經死了。

第三部：在耳中塞蠟

活在隨機世界中

12 賭徒的迷信和籠中的鴿子

我的生活不時出現賭徒的迷信。為什麼爛計程車英語能幫你賺錢。我是笨蛋中的大笨蛋，但我心知肚明。應對我基因中的不適應性。我的交易檯底下不擺巧克力。

13 卡涅阿德斯到羅馬：談機率與懷疑論

御史加圖要卡涅阿德斯打包回家。德諾波伊斯先生不記得以前發表過的意見。提防科學家。死守觀念。同樣那一位羅伯・莫頓對作者助以一臂之力。科學從一場葬禮進化到下一場葬禮。

14 巴克斯拋棄安東尼

蒙泰朗之死。斯多噶哲學不是咬緊牙關，而是持有人能戰勝隨機性的錯覺。當英雄竟然那麼容易。隨機性與個人的優雅。

獻給我母親

蜜內華・哥恩・塔雷伯（Minerva Ghosn Taleb）

序：不必把知識看得那麼重

本書是由兩樣東西合成的。一方面，是不胡說八道的不確定性實踐者，整個專業生涯都在抗拒被隨機性愚弄，而且設法用計謀勝過機率性結果引發的情緒。另一方面，則是沉迷於美學和熱愛文學的人，願意被經過整飭、精鍊、具有原創性和品味，任何形式的胡說八道所愚弄。我沒辦法不當隨機性傻瓜；我能做的，是將它局限在可以帶來某種美學愉悅的地方。

這樣的想法來自直覺；這本個人隨筆，主要是討論作者在風險承受實務方面的想法、掙扎和觀察到的事情，不是論文，而且絕對不是科學報告。這是爲了好玩而寫的，目的是讓人讀來（大抵）有趣，而且是帶著好玩的心情去讀。十年來，關於我們應對隨機性的偏誤（後天習得或與生俱來），論述已多。寫本書第一版時，我立下的準則是避談(a)不是我在這個主題上親眼目睹或獨立發展出來的任何東西；以及(b)我還沒有吸收消化得夠好，可以不費吹灰之力寫出這個主題的任何東西。只要有一點點覺得像是在工作，任何東西都不用。我也必須刪除看起來像是到圖書館找來的內容，包括在科學上頻頻提及他人，以自抬身價的攀龍附鳳內容。我試著不引用並非從我的記憶自然跳出的話語，和並非這些年來我熟讀的作者寫的文字（我討厭隨機使用前人的智慧——

稍後還會談更多）。言語比沉默有價值才開口。

這些準則依然不變。但人生有時需要妥協：在讀者和朋友的壓力之下，我在目前這個版本加進一系列非侵入式的章節附註，導向相關的文獻。大部分章節，我也添加新的材料，最明顯的是第十一章。整個算起來，本書篇幅增加了三分之一以上。

贏家加碼

我希望這本書像有機生物——用交易員的行話來說，就是「贏家加碼」——並且反映我個人的進化，而不是緊抱這些新想法不放，然後將它們原原本本，整個放進新書裡面。奇怪的是，這本書出版後，我對其中一些章節思前想後所花的時間，遠多於從前，尤其是在兩個不同的領域：(a)我們的大腦看到的這個世界，隨機性遠比實際要少，以及(b)造成很大偏離的不確定性瘋狂名稱「厚尾」（稀有事件愈來愈能解釋我們生活中的世界，但同時依然有違我們的直覺，就如同它們有違我們祖先的直覺那樣）。這本書的第二版反映作者慢慢比較不像是不確定性的學生（我們對隨機性就只能懂那麼少），而更像研究人們如何被它愚弄的工作者。

另一個現象是：作者被自己寫的書轉型。隨著我日益開始實踐這本書的原始內容，我在最想不到的地方看到運氣發揮作用。這就像有兩顆行星：一顆是我們實際居住的，另一顆的確定性則高得多，人們深信我們就活在那裡。情況很簡單：過去發生的事件，隨機性看起來總是比它們應有的水準低（這稱作**事後諸葛偏誤**）。我聽別人談起他的過去，會發現他所說的不少內容，只

是自欺欺人的心思，事後揑造出一番道理，回頭去解釋。有些時候，這種事情很難忍受：我可以感到自己，總是把社會科學（尤其是傳統經濟學）和投資世界中的人，看成是精神錯亂的人。生活在現實世界中，可能很痛苦，尤其是如果你發現一個人講的話，揭露他自己的資訊，比他所想傳遞的訊息要多。今天早上，我在牙醫診所拿起《新聞週刊》，讀到一位記者談起某位傑出商界人物，特別提到他「及時行動」的能力。可是我發現，我腦海想的是這位記者心裡懷有哪些偏誤，而不是用心吸取文章本身想要傳達的資訊。我不可能認眞看待那篇文章（爲什麼大多數記者都不清楚他們知道的事，遠遠低於他們認爲自己知道的？科學家研究了半個世紀前，「專家」沒有從過去的失敗學到教訓的現象。你可能終生每件事都預測錯誤，卻依然認爲下一次會對）。

不安全與機率

我相信，我需要保護和耕耘的主要資產，是我根深柢固的知識不安全感。我的座右銘是：「**我的主要活動，是戲弄那些自視甚高和把他們的知識品質看得太重的人。**」耕耘這種不安全感，以取代知識上的信心，聽起來可能是奇怪的目標——也是不容易落實執行的目標。要做到這點，我們需要將最近的知識確定性傳統從心裡清除。有位讀者後來成了筆友，由於他，我重新發現了十六世紀的法國散文家和專業內省者蒙田（Montaigne）。我被蒙田和笛卡兒（Descartes）之間的差異帶來的含義——以及我們如何因爲遵循後者追求確定性的觀念而迷途——所迷。我們依循笛卡兒的形式思維模式，而不是蒙田的模糊與非形式（但批判性）判斷，結果肯定封閉了我們

的心靈。五百年後，極爲內省和深具不安全感的蒙田昂首而立，成了現代思想者的角色典範。此外，這個人擁有非凡的勇氣：抱持懷疑態度，肯定需要勇氣；人需要不同尋常的勇氣去自省、挺身面對自己、接受自己的局限性——科學家找到愈來愈多的證據，發現大自然特地把我們設計成會自我欺騙。

知識上有很多處理機率和風險的方法——對不同學門中的人來說，「機率」的意思略有不同。在本書，機率是極爲計性和文學上的東西，有別於計量和「科學」（這解釋了爲什麼我們警告要敬經濟學家和財務學教授而遠之，因爲他們傾向於堅決相信他們知道某種東西，而且那種東西是有用的）。我根據休謨（D. Hume）的歸納問題（或者亞里斯多德的一般性推論）來闡述，有別於賭博文獻的範式。本書中，機率主要是應用懷疑論的分支，不屬工程學門（儘管數學妄自尊大，喜歡處理這個主題，但是和機率微積分有關的問題，價值只能作爲註腳而已）。

怎麼做呢？機率不只用於計算骰子每一面出現的機率，或者更爲複雜的變化用途；它是指接受我們的知識缺乏確定性，並且**發展各種方法以處理我們的無知**。在教科書和賭場之外，機率幾乎不會以數學問題或動腦遊戲的形式現身。大自然不會告訴你，輪盤賭桌上有多少個洞，也不會以教科書的方式提出問題（在眞實的世界中，我們猜測問題所費的心力，必須多於尋求解決方案）。這本書的機率思維核心，是考慮可能發生另類結果，也就是世界可能不一樣。其實我的整個事業生涯，都在抨擊機率的**計量**使用。雖然在我看來，第十三和第十四章（談懷疑論和斯多噶哲學）是這本書的中心思想，大多數人卻側重於第十一章誤算機率的例子（顯然是到目前爲止，本書原創性最低的一章，因爲我把所有文獻上的機率偏誤都壓縮在那裡）。此外，雖然我們對硬

科學（尤其是物理學）中的機率可能有若干理解，以及儘管專家大吹大擂，我們卻對經濟學等社會「科學」中的機率所知不多。

為（某些）讀者說公道話

我試著將書中提及我從數學型交易員的職業學得的東西減到最少。我在市場上操作，這個事實只作爲一個引子，而且沒有（像許多人想的那樣）使這本書成爲市場隨機性指南，就像我們不應把《伊里亞德》（*Iliad*）解讀爲軍事教學手冊那樣。全書十四章，只有三章以金融爲背景。市場只是用來展現隨機性陷阱的一個特殊情況——但到目前爲止，它們是最有趣的領域，因爲運氣在這裡扮演很重要的角色（如果我是動物標本剝製師或者巧克力標籤翻譯者，本書會薄上許多）。此外，金融領域中的那種運氣，沒人理解，大多數操作者卻認為他們懂得，偏誤因此更加擴大。爲了說明一些事情，我會試著拿市場來打比方，就像我在晚餐桌上，和求知欲濃厚的心臟病專家談天，也會這麼做（這個作法，是效法第二代朋友雅克·梅拉布〔Jacques Merab〕）。

第一版出書後，我收到很多電子郵件。這是隨筆作家的美夢，因爲這樣的互動，提供了改寫第二版的理想素材。我回覆每一封電子郵件（一次），以表達謝意。我回答的一些話，也順便插進不同的章節中。我常被視爲打破偶像崇拜的倡導者，本來預期會接到一些憤怒信，寫著「你是什麼東西，竟敢評斷華倫·巴菲特（Warren Buffett）」或者「你不過是在嫉妒人家的成功」等等；相反的，令我失望的是，大部分垃圾都以匿名的方式，湧進亞馬遜網站（amazon.com）（這個世界

上沒有壞宣傳那種東西。有些人侮辱你的作品，卻反而收到推廣的作用）。

有人寫信來說，他們覺得這本書替他們說了公道話。這是我沒有遭到抨擊，得到的安慰。最鼓舞我的信，來自有些人生活不順遂，但不是出自他們的錯。他們拿這本書撐腰，向配偶解釋他們只是運氣比連襟差而已（不是技能較差）。最感人的信來自維吉尼亞州一名男子。短短幾個月內，他失去工作、妻子、財富、遭到可怕的證券管理委員會調查，慢慢覺得淡泊名利的日子很好。我和一位遭到黑天鵝打擊的讀者通信。那是出乎意料、影響很大的隨機事件（失去初生兒）。我因此花了一些時間，鑽研那些探討嚴重隨機事件發生後如何適應的文獻（不確定性條件下，非理性行爲觀念的先驅丹尼爾・卡尼曼〔Daniel Kahneman〕專攻這個主題，並非巧合）。我不得不承認，我不曾覺得身爲交易員的我，對任何人（除了自己）有特別直接的貢獻；當個隨筆作家，卻有向上提升和對世人有用的感覺。

非有即無

本書想要傳遞的訊息，有幾個地方引起混淆。就像我們的大腦不容易理解機率的細微差別（大腦總是把事情過度簡化爲「非有即無」），我們很難解釋本書的觀念是「事情比我們所想的要隨機」，而不是「一切事情都隨機」。我不得不面對「塔雷伯這位懷疑論者，認爲一切都是隨機，以及成功的人都只是運氣很好」的說法。被隨機性愚弄症甚至影響廣爲人知的劍橋聯盟辯論（Cambridge Union Debate），因爲我的論點「**大部分**的都市大人物都是幸運的傻瓜」，成了「**所有**的

都市大人物都是幸運的傻瓜」（在我此生最有趣的辯論之一中，我顯然敗在可畏的戴斯蒙·菲茨傑拉德〔Desmond Fitzgerald〕手下——我甚至差點換邊！）。誤將不恭當作傲慢（我在傳遞訊息時注意到這一點）的同樣錯覺，使人將懷疑論和虛無主義混爲一談。

我要在這裡澄清：機運當然眷顧做好準備的人！努力工作、準時現身、穿一件乾淨的襯衫（最好是白色）、噴芳香劑，以及其他一些這類傳統的作法，對成功有助益——它們當然必要，但可能不夠充分，因爲它們不會**導致**成功。這同樣適用於堅持、固執和不屈不撓等傳統的價值：**它們必要，非常有必要**。一個人必須出去買彩券，才有可能中大獎。這表示到彩券行走一趟會**使你**中獎？技能當然重要，但在高度隨機的環境中，它們的重要性低於牙科那一行。

不，我並不是說祖母告訴你的工作倫理價值錯了！此外，由於大多數的成功，是由極少的「**機會窗口**」造成，沒能抓住一個窗口，對一個人的事業生涯可能是致命的一擊。務必把握你的時運！

請注意我們的大腦有時如何將因果關係的箭頭倒轉過來。假設一個人的優秀品質使得他獲得成功；根據那個假設，每個聰明、勤奮、執著的人都得到成功，並不意味著每個成功的人，必然聰明、勤奮、執著，即使直覺上認爲這似乎是對的（本來十分聰明的人，竟然犯下這種粗糙的邏輯謬誤——稱之爲**肯定後件**——實在叫人舌撟不下。這一點，我在這一版有提到，稱之爲「兩套推理系統」）。

針對成功所做的研究變了調，而且我們常看到它們用「如果你想和那些成功者一樣，那麼你需要本書介紹的這些百萬富翁特質」之類的書衣文案，走進書店。誤導讀者的《隔壁的百萬富翁》

（*The Millionaire Next Door*）一書（第八章有討論）的作者之一，寫了另一本更蠢的書，書名叫《有錢人想的和你不一樣》（*The Millionaire Mind*）。他指出，他研究最深、超過一千位百萬富翁的具代表性群組，並沒有在他們的童年展現高智力，因此推斷並不是你的天賦使你富有——而是勤奮工作造成的。從這裡，可以天真地推論機運在成功中並未扮演任何角色。我的直覺是，如果百萬富翁的屬性接近一般人，我會做出更令人不安的解釋，說那是因為運氣發揮了某種作用。運氣是民主的，不管原來的技能為何，都會降臨在每個人身上。作者點出百萬富翁和一般人不同的一些特質，例如韌性和勤勞。這是混淆**必要**和因果的另一個說法。就算所有的百萬富翁都是執著、勤奮的人，並不會使執著的勤奮工作者成為百萬富翁。許多不成功的創業家也是執著、勤奮的人。作者在天真經驗主義的教科書個案中，也尋找這些百萬富翁共同具備的特質，並且研判他們都喜歡冒險犯難。冒險犯難顯然是大獲成功的必要條件——卻也是失敗的必要條件。要是作者對破產公民做相同的研究，肯定會發現他們也喜愛冒險犯難。

有些讀者（以及我有幸找到 Texere 出版公司之前，一些**人云亦云**的出版公司）要求我「提供資料」，例如圖表、數字、建議、時間序列等，為書內的說法「背書」。這本書是一系列的邏輯假想實驗，不是經濟學的學期論文；邏輯不需要實證驗實（這裡又有我所說的「往返謬論」：像新聞記者和一些經濟學家那樣使用沒有邏輯的統計是錯的，但是反過來做則不然：使用沒有統計的邏輯並沒有錯）。如果我寫文章說，我懷疑鄰居因為他所從事專業的隨機性，所以他的成功不帶運氣（不管運氣大小），我並不需要「測試」這個說法——執行俄羅斯輪盤假想實驗便已足夠。我只需要指出：在「他是天才」的理論之外，還有不同的解釋存在就行了。我用的方法，是製造

一群智障人士，然後顯示少數一些人可以如何進化為成功商人——但這些人的能見度很高。我的意思不是說巴菲特缺乏技能；只是表示：有了一大群隨機投資人，他們裡面幾乎必然會產生成功記錄純靠運氣的人。

錯過惡作劇的機會

儘管本書大力警告，要提防媒體新聞專業，北美和歐洲的電視台與廣播電台節目卻紛紛邀請我受訪（包括拉斯維加斯一座廣播電台上熱鬧的搞笑對話，訪談人和我各說各話），也跌破我的眼鏡。沒人保護我不受自己傷害，所以我接受了採訪。奇怪的是，我們竟然需要利用新聞媒體，來把新聞是有毒的訊息傳送出去。我覺得自己淪為講貧乏新聞話語的騙子，不過玩得很開心。

我會被邀請，有可能是因為主流媒體的訪談人沒看過我的書，或者沒能理解那些話是在侮辱他們（他們「沒時間」讀書），以及非營利媒體把書讀得太好，覺得幫他們說了公道話。我有幾個故事可說：有人向一個著名的電視節目說：「這個叫塔雷伯的傢伙，相信股票分析師都只是隨機預報員」，所以他們似乎急於要我在節目上發表個人的高見。但是他們開出的條件，是要我建議三支股票，以證明我的「專長」。我沒有出席，錯過了好好捉弄他們的機會，也就是討論隨機選出的三支股票，然後對於我的選擇，套上一個聽起來頭頭是道的解釋。

在另一個電視節目上，我討論股票市場的隨機性質，以及人總能在事後見到事件中的向後配適邏輯時說：「人們認為有個故事存在，其實壓根兒沒有。」主播立即插嘴說：「今天早上有個

思科（Cisco）的故事。你能講幾句話嗎？」最糟糕的一次是：受邀上某金融電台節目討論一小時（他們沒看第十一章），進場前幾分鐘才告訴我，不要談這本書的觀念，因爲我是受邀談交易，不是談隨機性（這當然是捉弄人的另一個好機會，但我措手不及，節目還沒開播就走人）。

大多數新聞從業人員對事情都不會太過認眞：畢竟，新聞這一行是純娛樂，不是爲了追求眞相，尤其是電台和電視台。個中祕訣是遠離那些似乎不知道他們只是藝人（例如會在第二章出現的喬治·威爾〔George Will〕），卻相信自己是思想家的人。

另一個問題，在於媒體如何解讀訊息：納西姆這個傢伙認爲市場是隨機的，因此會走低。這麼一說，我便心不甘情不願成了烏鴉嘴。其實，黑天鵝，也就是那些稀有和意外的偏差，可能是好事，也可能是壞事。

但是媒體新聞的標準化程度低於表面上看到的；它吸引了數量不少的好學深思之士，成功擺脫由商業新聞話語驅動的系統，而且他們眞的關心訊息，不是只在意抓住公衆的注意力。從我與阿南迪（Kojo Anandi）（NPR）、盧斯提（Robin Lustig）（BBC）、斯卡利（Robert Scully）（PBS）、萊瑞爾（Brian Lehrer）（WNYC）的談話，用天眞的方式，就能觀察到整個非營利組織的新聞從業人員是另一種知識分子。附帶一提，討論的品質和演播室的豪華程度成反比：WNYC的辦公室之破舊，我只在哈薩克見過，卻感受到萊瑞爾盡最大的努力和我一談。

最後談一下文風。我選擇維持本書的風格如同第一版那樣倜儻不群。我是人，有好的地方，也有壞的地方。我難免犯錯。如果一些小缺陷是我個性的一部分，而我還要去隱瞞的話，那就好比照相時，覺得有必要戴上一頂假髮，或者出去見人，需要借別人的鼻子來用。看過本書初稿的

幾乎所有書籍編輯，都建議改寫句子（好讓我的風格「變得更好」）和本文結構（各章的安排）；我幾乎完全不加理會，而且發現沒有任何一位讀者覺得有必要那麼做——事實上，我發現，注入作者的性格（包括缺點），會使內文展現生氣。難道圖書業不是正苦於典型的「專家問題」，累積了一些沒有實證效度的經驗法則？有了超過十萬的讀者後，我發現書不是爲了書籍編輯寫的。

更新第二版謝辭

走出圖書館

這本書有助於我擺脫知識上的與世隔絕（不當全職的學者有許多好處，例如獨立自主和可以避開整個過程的枯燥部分，但代價是遠離他人）。第一版問世後，我在神志清明的思考者間，遇到許多有趣的晚餐同伴和筆友。也因爲他們，有些主題，我才能再飛第二次。此外，在和興趣相近的人討論刺激之下，我更接近夢想生活；我覺得爲了這些，我的書需要有所回饋。似乎有證據顯示，和聰明人交談與書信往返，比起單純跑圖書館，對個人啓發是更好的引擎（原因在於人與人之間的溫暖：我們天性中的某種東西，可能有助於我們的某些觀念在與人往來和交際時有所成長）。不知怎麼的，人有**被騙之前**和**被騙之後**的生活。雖然第一版的感謝更甚於以往，我想在這裡加進新近想要表達的謝意。

縮小世界

我和羅伯・席勒（Robert Shiller）第一次見面，是在一次早餐討論會上挨著坐。我發現自己無意間吃掉他盤子裡的所有水果，喝掉他的咖啡和水，結果他只剩下鬆餅和其他沒人看得上眼的食物（而且沒飲料可喝）。他並沒有抱怨（也許是沒注意到）。我在第一版特別提到席勒時，並不認識他，所以他的平易近人、謙遜和魅力令我驚訝（依照某種試探法，我們不敢預期有遠見的人，竟然也是風度翩翩的人）。他後來開車送我到紐黑文（New Haven）一家書店，給我看一本物理科學寓言書，書名叫《平面國》（*Flatland*）。他在中學讀過這本書。他也告訴我，我改寫的這本書，要和第一版一樣：簡短，個人化，盡量像小說。我在整個改寫過程中，一直記得他說的話（他試著說服我不要出第二版，我卻求他出他寫的《非理性繁榮》〔*Irrational Exuberance*〕的第二版，只給我看也好；我想，這兩件事我都得遂所願）。書有我在第十章所討論的那種泡沫動態。這件事使得舊書的新版遠比新書更有可能突破臨界點（宗教和潮流因爲網路外部性，第二版比全新的更受歡迎）。物理學家和崩潰理論家迪迪爾・索耐特（Didier Sornette）給了我令人信服的論點，相信第二版的效果不錯；圖書出版商靠資訊瀑流而興旺，卻不知道這一點，令我們驚訝。

改寫這本書的那段期間，不少時候我受到在義大利和丹尼爾・卡尼曼共進兩次晚餐，席間交談熱絡的強力影響。在我見到他的研究更爲深入推進，不再只限於不確定性條件下的理性選擇之後，和他的談話，「推促」我邁向知性追尋的下一個臨界點。我肯定他在經濟學上的影響力（包

括諾貝爾的獎牌），使人的注意焦點脫離他的發現廣度、深度和普遍適用性。經濟學是無聊的東西，但我一直告訴自己，**他的研究很重要**，不只因爲他是經驗主義者，不只因爲他所作研究（與性格）的相關性，和其他最近的諾貝爾經濟學家形成鮮明的對比，更因爲這在遠爲值得探討的問題上，具有深遠的含義：(a)他和阿莫斯・特佛斯基（Amos Tversky）協助顛覆了希臘時代的教條理性概念。這個概念持續了二十三個世紀，造成了我們現在知道的所有破壞性後果；(b)卡尼曼的重要研究是效用理論（在它的不同階段）對幸福等重大事情的影響。現在，理解幸福是**十分重要**的事。

我和生物學家、進化經濟學家，以及《都是基因惹的禍》（*Mean Genes*）的共同作者特里・伯納姆（Terry Burnham）有過長談。他的這本書以樸實無華的文筆，介紹進化心理學。他碰巧是我兒時好友哈米爾・巴茲（Jamil Baz）的最好朋友。二十年前，我初探隨機性時，巴茲就像我的共鳴板。彼得・麥伯尼（Peter McBurney）有助於我參與人工智慧社群。這個社群似乎融合了哲學、認知神經科學、數學、經濟學和邏輯等領域。我和他開始就各種理性理論大量通信。我的校稿人之一邁克爾・席拉吉（Michael Schrage）是現代（因此是科學）知識分子的縮影——喜歡閱讀看起來重要的一切東西。他像個眞正的知識分子那樣交談，不受學術壓力的束縛。拉馬斯瓦米・安巴里希（Ramaswami Ambarish）和萊斯特・西格爾（Lester Siegel）（用他們竟然沒人注意的研究成果）告訴我，如果連普通的表現，我們也被隨機性愚弄，那麼表現的差異會更難確認。作家麥爾坎・葛拉威爾（Malcolm Gladwell）引領我進入文學中談直覺和自知之明的一些有趣部分。亞特・德華尼（Art De Vany）這位經濟學家見識不俗、才華洋溢且多彩，鑽研非線性和稀有事件，在給我的

介紹函一開始便說「我鄙視教科書」。看到有人的思維如此深厚，也能享受生活樂趣，實在令人鼓舞。經濟學家威廉・伊斯特利（William Easterly）告訴我，隨機性對經濟發展的虛幻原因做出了貢獻。他很喜歡自己是持懷疑態度的經驗主義者，同時是討厭政府與大學等機構獨占知識的人。感謝好萊塢經紀人傑夫・伯格（Jeff Berg）是個熱心的讀者，樂於分享他對媒體業中普遍存在的那種高度不確定性所持的見解。我要感謝這本書讓我有機會和傑克・史華格（Jack Schwager）在晚餐上討論問題，收穫良多。他思索一些問題的時間，似乎比在世的任何人都久。

謝謝 Google

以下人士協助我寫成這本書。何其有幸能有 Andreea Munteanu 這樣心思敏銳的讀者和十分寶貴的共鳴板；她在令人印象深刻的衍生性金融商品業務忙碌之餘，騰出時間上網查詢 Google，檢查本書引用文獻的完整性。Amanda Gharghour 也協助搜尋資料。我也有幸能有 Gianluca Monaco 作爲義大利文的翻譯；他在書內發現的錯誤，我恐怕得花一個世紀才能察覺（他是認知科學家，並且從書籍翻譯轉爲數理財務的學生。他打電話給出版公司，自告奮勇擔任譯者）。我的協作者、科學哲學家 Avital Pilpel 在技術性機率討論方面，給了我十分寶貴的協助。另一個黎凡特交易員、數學家、物理學家轉爲科學、機率、市場（但沒有神經生物學）哲學家的 Elie Ayache，促使我花很多時間流連在博達書店（Borders Books）的哲學區和科學區。Flavia Cymbalista、Sole Marittimi（現在改姓 Riley）、Paul Wilmott、Mark Spitznagel、Gur Huberman、Tony Glickman、Winn Martin、Alexander Re-

isz、Ted Zink、Andrei Pokrovsky、Shep Davis、Guy Riviere、Eric Schoenberg 和 Marco Di Martino 對內文提出他們的看法。George Martin 一如既往，是非常寶貴的一塊共鳴板。讀者 Carine Chichereau、Bruce Bellner 和 Illias Katsounis 非常慷慨，寄電子郵件指正各方面的錯誤。感謝 Cindy、Sarah 和 Alexander 的支持，並且提醒除了機率和不確定性，還有其他事情可做。

我還必須感謝我的第二個家庫朗數學研究所（Courant Institute of Mathematical Sciences）給了我合適的環境，去追求我感興趣的事情，以及教導和指導學生，同時保有我知識上的獨立性，特別要謝謝 Jim Gatheral 和我共同教導一班學生時，養成質問我的習慣。感謝 Paloma 的 Donald Sussman 和 Tom Witz 與眾不同的高見；他們如英雄般能夠理解「黑天鵝」，真的讓我刮目相看。我還要謝謝安皮瑞卡公司（Empirica）的成員（我們禁止使用**員工**一詞）在辦公室培養起激烈、無情、真正割喉式的知性辯論風氣。我的同事確保我講的每一句話，都會遭到某種形式的挑戰。

我要再次堅決表示，沒有 David Wilson 和 Myles Thompson，這本書一開始就不會付梓。但是沒有 Will Murphy、Daniel Menaker 和 Ed Klagsbrun 讓這本書恢復生命，它應該已經死了。我要感謝 Janet Wygal 的不厭其詳（和耐性），以及 Fleetwood Robbins 的協助。雖然有他們熱忱相助，我懷疑還有很多錯誤存在；但是剩下的錯誤，都歸我負責。

前言：雲中的清眞寺

本書談的是僞裝成和被視爲非運氣（也就是技能）的運氣，以及更爲一般性來說，僞裝成和被視爲非隨機性（也就是決定論）的隨機。它以**幸運傻瓜**的樣貌呈現，也就是因爲運氣好得出奇而受益，卻將他的成功歸因於其他某種通常非常明確的理由。這樣的混淆，會出現在最料想不到的地方，連科學也不例外，但在商業界最爲嚴重和明顯。政壇上也有這種情形，例如一國總統大談特談「他」創造了就業、「他的」經濟復甦、「他前任的」通貨膨脹。

我們仍然很接近漫遊在熱帶大草原的老祖宗。我們的信念之形成，充滿著迷信——即使今天也不例外（或許應該說，今天更是變本加厲）。舉例來說，有一天，原始部落的某個人剛好抓了鼻子，老天就開始下雨，於是他就設法發展出一套抓鼻子祈雨的繁複程序。同樣的，我們把經濟繁榮和聯邦準備理事會（Federal Reserve Board）降低利率聯想在一起，或者一家公司經營成功和任命新總裁「掌舵」連結起來。書店裡擺滿了成功男女的傳記，用特定的理由解釋他們如何出人頭地（「天時地利」這個詞可以削弱他們推論出來的任何結論）。不同行業的人也會這樣混淆視聽；文學教授煞費苦心給偶然出現的文字型態賦予深層的意義，經濟學家在一堆完全隨機的資料中，

察覺到「規律性」和「反常」而引以爲豪。

這麼說，或許讓人覺得我偏頗，但還是要指出：文人傾向於刻意混淆**雜訊**和**意義**，也就是，把隨機架構的安排，說成是刻意傳達的訊息。不過，這樣的行爲造成的傷害極小；幾乎沒人說藝術是探究眞相的工具——反之，藝術試著逃避眞相，或者使它比較令人愉快。象徵主義是我們沒有能力和不願接受隨機性而產生的東西；我們給各式各樣的形狀賦予意義；我們在墨漬中看到人的形樣。十九世紀的法國象徵主義詩人亞瑟．蘭波（Arthur Rimbaud）宣稱：**我在雲中看到清眞寺**。他因爲這樣的解讀，前往「如詩如畫」的阿比西尼亞（Abyssinia，在非洲東部），卻遭到基督徒黎巴嫩奴隸販子的粗暴對待、染患梅毒、因爲壞疽而失去一條腿。十九歲在厭惡之餘，放棄寫詩，三十來歲死於馬賽一家醫院的病房，成了無名屍。可是一切爲時已晚。歐洲的知識界愛好象徵主義，這股趨勢似乎無法扭轉——從精神分析和其他的狂熱來看，我們還在付出代價。

很遺憾，有些人玩這種遊戲玩得太過認眞；他們拿錢就是爲了從各種事物中解讀過多的意義出來。我喜歡文學和詩，卻討厭大部分的文學教師和「評論家」，而且這一生一直苦於兩者之間的衝突。法國思想家和詩人保羅．梵樂希（Paul Valery）聽到有人評論他的詩，說在裡面發現某種意義，而直到那個時候，他壓根兒沒想過那樣的意義，而大感驚訝（當然了，人們告訴他，說他潛意識正是想要表達那種意思）。

擴大來說，我們低估了幾乎每一樣事情中的隨機性。這一點，或許不值得寫一本書來探討——除非是傻瓜中的傻瓜專家才會這麼做。令人不安的是，科學直到最近才有能力處理隨機性（可用資訊的成長速度，比不上雜訊的擴張速度）。機率理論在數學這塊領域中很年輕；實務上的

機率應用，則幾乎不成一門學科。除此之外，我們似乎有證據顯示，所謂的「勇氣」，是來自低估隨機性在某些事物中占有的分量，而不是以更崇高的精神，爲了某個信念而拋頭顱灑熱血。依照我的經驗（以及科學文獻），經濟「冒險者」比較像是某種錯覺的受害人（他們低估可能的不利結果，結果過度樂觀和過度自信），而不是反過來說。他們會「冒險」，通常是因爲他們是隨機性傻瓜。

來看看表 P.1 的上欄和下欄。總結本書主要論點的最好方式是：探討誤認表中上欄爲下欄的情況（其中有許多是悲喜交加）。表內的分項也點出本書所依據的關鍵討論領域。

讀者可能想知道，反過來的情況（指將非隨機誤認爲隨機）是否不值得注意？難道我們不應該關切有些型態和訊息可能遭人忽視的情況嗎？我可以用兩點來答覆。第一，我並不過分憂慮某些型態沒被察覺。呈現不規則形狀的大自然萬物（例如手掌、土耳其咖啡杯底的殘渣），我們已經解讀出冗長且複雜的訊息。有了家用超級電腦和串連處理器，以及得益於深奧（complexity）和「混沌」（chaos）理論，科學家、半吊子科學家、僞科學家都能找到一些預兆。第二，我們需要考慮犯錯的成本；依照我的看法，把下欄誤認爲上欄，成本不如反向錯誤那麼高。連一般人都能發出警語：壞資訊比沒有資訊要糟。

表P.1 混淆表

本書用到的主要差異一覽

一般	
運氣	技能
隨機性	決定論
機率	確定
信念、臆測	知識、確信
理論	眞實
軼事、巧合	因果、法則
預測	先知
市場表現	
幸運的傻瓜	能力強的投資人
存活者偏誤	表現超越市場
財務	
波動	報酬（或偏移）
隨機性變數	決定性變數
物理學與工程	

雜訊	訊號
文學評論	
無（文學評論家似乎沒有替他們不了解的事情命名）	象徵
科學哲學	
認識論機率	物理學機率
歸納	演繹
綜合性命題	分析性命題
一般哲學	
或有	確定
或有	必然（依克里普克〔Kripke〕所說）
或有	在所有可能的世界中都是眞的

不管這些領域多有趣，討論它們是很吃力的。我相信，有個世界誤將運氣認爲技能的習慣最爲盛行——也最爲明顯。這就是市場的世界。不知是幸還是不幸，我成人生活的大部分時間都在這個世界中打滾。它也是我最了解的領域。此外，要了解以上所說的種種差別，經濟生活是最好（和最有趣）的實驗室。人類從事的各種活動中，這個領域有最大的混淆，影響也最爲險惡。舉

例來說，我們經常抱持錯誤的印象，以爲某個策略是絕佳的策略、某位創業家天生懷有「遠見」，或者某位交易員是才華洋溢型，但後來才發現，他們過去的表現，有九九．九%可歸因於機運，而且只和機運有關。請一位獲利的投資人解釋他的成功原因，他會以深入且具說服力的理由，解讀他獲得的成果。這些錯覺往往是故意製造出來的，稱之爲「招搖撞騙」也不爲過。

如果有個原因造成上表上欄和下欄的混淆，那應該是我們無法用批判性的方式思考——我們可能樂在將臆測當作眞相。那是我們的天性。我們的心靈並沒有配備適當的機械以處理機率；這樣的缺點連專家也難免，有時更只有專家才有這個缺點。

十九世紀的卡通人物、挺著啤酒肚的中產階級普呂多姆先生（Monsieur Prudhomme），隨身攜帶一把大劍，目的有二：主要是爲保衛共和國不受敵人攻擊，其次是萬一共和國偏離正途，可用來攻擊它。本書同樣具有雙重目的：保衛科學（作爲穿越隨機雜訊的光束），以及在科學家偏離正途時攻擊他們（大部分災難會發生，是因爲個別科學家沒有非常了解標準差或者批判性思考到底是什麼，而且同樣的，已經證明他們既無力處理社會科學中的機率，也無法接受這個事實）。身爲不確定的實踐者，我見多了江湖郎中披著科學家的外衣，尤其是在經濟學中運作的科學家。從這些人裡頭，可以找到最笨的隨機性笨蛋。

我們的缺陷是無法修復的，至少就這個環境來說是如此——不過，只有相信理想化人類存在的空想家，才會覺得這是壞消息。目前的思維有以下兩種南轅北轍的人類觀點，它們之間幾乎沒有其他見解。一邊是本地學院的英語教授；你的姑婆伊爾瑪，單身且自由自在地講道；二十步快樂術和一星期成爲更好的人的祕訣作家。這稱作烏托邦觀點，代表性人物有盧梭（Rousseau）、戈

德溫（Godwin）、孔多塞（Condorcet）、托瑪斯・潘恩（Thomas Paine）和傳統的規範經濟學家（要求你做出理性選擇的那一種，因爲他們認爲這對你有好處）等。他們相信合理和理性——我們應該克服路上的文化障礙，成爲更好的人類。他們認爲我們能夠隨意控制我們的性質，以及只要一聲令下，就能使它轉型，以取得幸福和理性等東西。這一種人，基本上包括認爲肥胖的治療方法，是告訴人們應該保持健康，他們就會乖乖聽話照做的人。

另一邊則是對人類持有悲慘觀點，相信我們的思考和行動方式存在與生俱來的局限和缺陷，而且有必要承認這個事實，作爲任何個別和集體行動的基礎。這種人包括卡爾・巴柏（Karl Popper；否證和不信任知識性的「答案」，實際上等於否證和不信任相信自己確切知道任何事情的人）、佛烈德瑞克・海耶克(Friedrich Hayek)和米爾頓・傅利曼(Milton Friedman)(懷疑政府)、亞當・斯密（Adam Smith；人的意向）、赫伯特・賽蒙（Herbert Simon；有界理性）、阿莫斯・特佛斯基和丹尼爾・卡尼曼（試探和偏誤）、投機客喬治・索羅斯（George Soros）等。被人冷落最嚴重的是遭到誤解的哲學家查爾斯・桑德斯・皮爾士(Charles Sanders Peirce)，早生了一百年(他造出科學「可錯論」〔fallibilism〕一字，有別於羅馬教皇的無謬論〔infallibility〕)。不用說，這本書的觀念完全落在悲慘類中：我們有缺點，而且不必費心想要改正我們的缺陷。我們的缺憾是那麼大、和環境是那麼不適配，只能繞過這些缺陷過日子。我全部的成人和專業生活幾乎都花在大腦（不被隨機性愚弄）和情緒（完全被隨機性愚弄）之間的激烈爭戰之後，相信我唯一成功的地方，是繞過我的情緒，而不是去將它們合理化。努力設法擺脫人性，或許不可行；我們需要運用一些計謀，而不是依賴某種堂而皇之的道德勸說。我是經驗主義者（實際上是持懷疑論的經驗主義者），鄙視說

教者超過世界上任何事情：我還是不懂爲什麼他們盲目相信徒勞無益的方法。給人忠告這種行爲，等於假定我們的認知機制（而不是我們的情感機制）能對我們的行動施加某種有意義的控制力量。我們會看到現代的行爲科學如何指出這完全不對。

我的同行鮑勃．耶格（Bob Jaeger；他走的路和我剛好相反，從哲學教授成爲交易員）提出更強有力的二分法：有人認爲有簡單明確的答案存在，也有人認爲只有在嚴重扭曲的情況下，才有可能將事情簡化（他心目中的英雄：維根斯坦〔Wittgenstein〕；他厭惡的壞蛋：笛卡兒）。我爲這其間的差別所迷，因爲我認爲，被**隨機性愚弄**的問題（也就是誤信決定論）會產生，原因也和將事物的構面減低有關。只要你相信「簡單至上」，**簡化**就會帶來危險。

我不喜歡看目錄就輕易猜到在講什麼的書（讀教科書覺得有趣的人不多）——但是暗示接下來會有什麼，似乎是合適的作法。本書由三部構成。第一部省思梭倫的警世之言。他對稀有事件所說的話，成了我終生奉行的座右銘。在這裡，我們會探索有形和無形的歷史，以及稀有事件（黑天鵝）難以捉摸的性質。第二部收集我在充滿隨機性的事業生涯中，遇到（和因此受害）的機率偏誤——這些隨機性繼續愚弄著我。第三部說明了我和我的生物構造，兩者之間的個人決鬥，並且列舉一些實務上（在耳中塞蠟）和哲學上（斯多噶哲學）的方法來幫助我們，爲本書作結。在「啓蒙」和理性時代之前，我們的文化中有一些小技巧，可用於因應人容易犯錯的傾向和命運的逆轉。老祖宗的一些計策，對我們還是有幫助的。

第一部

梭倫的警世之言

偏態、不對稱、歸納

一般認爲利底亞（Lydia）國王克羅伊斯（Croesus）是他那個時代最富有的人（譯註：根據維基百科的資料，利底亞是小亞細亞中西部一個古國，以它富庶及宏偉的首都薩第斯〔Sardis〕著稱）。羅曼斯語直到今天，還是有「富如克羅伊斯」（rich as Croesus）這麼一句話，形容一個人極爲富有。據說古希臘的立法者梭倫去拜訪過他。梭倫這個人強調尊嚴，性格內斂而耿直，爲人謙卑且節儉，智勇兼備。他並沒有對主人的富有，以及周遭燦爛奪目的財寶，表現出一絲驚訝的神情，更沒有恭維克羅伊斯。克羅伊斯對貴客視若無睹的態度非常生氣，想方設法要他美言幾句。他問梭倫，是否認識比他快樂的人。梭倫說，他知道有個高貴的人死於戰鬥。克羅伊斯不肯罷休，繼續追問，但梭倫舉的例子，還是那些業已逝去的英雄人物。克羅伊斯終於按捺不住，乾脆挑明了問：眞的不認爲他是天底下最快樂的人嗎？梭倫答說：「看遍人世間無數的悲歡離合，見過那麼多不幸，實在沒辦法單單因爲眼前的榮華富貴而傲慢張狂，也沒辦法因此讚美一個人快樂，因爲那種快樂可能說變就變。未來的事情會如何，難以預料，各種情況都有可能發生。只有受到上天眷顧，直到臨終還快樂的人，或許才能說他眞的快樂。」

推進到現代，棒球教練約吉．貝拉（Yogi Berra）用同樣鏗鏘有力的方式，講出相同的道理。他操著一口純正的布魯克林英語，把梭倫用純正的雅典希臘語講的話翻譯成：「不到最後，不見眞章。」或者，套句沒那麼文雅的話：「胖女士上台獻唱，歌劇才謝幕。」不過，雖然貝拉只是隨口說說，卻眞的講了那句話，而克羅伊斯和梭倫見面，卻是憑空想像、虛構出來的歷史事件，因爲從他們的生卒年月可以判斷，兩人不可能出現在同一地方。

本書第一部探討一種情況可能還沒有與時俱變的程度。人會被主要由福爾圖娜女神（Goddess

Fortuna，古羅馬神話中的衆神之王朱比特〔Jupiter〕的長女）掌控的禍福榮辱所捉弄（譯註：福爾圖娜女神司掌時運）。梭倫聰明絕頂，懂得其中的含義：靠機運之助而得的東西，也可能經常出乎意料，被機運迅速收回。反過來的情況也値得探討（其實應該說更値得我們關心）：極少得助於機運之物，比較不會隨機起落。梭倫也憑他的直覺，談到最近三個世紀科學界極感興趣的歸納問題。本書把這個問題稱爲**黑天鵝**或者**稀有事件**（rare event）。梭倫甚至了解和這有關的另一個問題，也就是我所說的**偏態**（skewness）議題；換句話說，如果失敗的成本高得無法承受，那麼某件事有多常成功一點也不重要。

克羅伊斯的故事還沒完。勇猛的波斯王居魯士（Cyrus）後來擊敗他，準備將他活活燒死。他在臨死前高聲呼喊梭倫之名：「梭倫，你說對了。」（同樣是傳說。）居魯士不解，問克羅伊斯爲何有如此奇怪的呼喚。克羅伊斯提起梭倫往日的警語。居魯士內心一震，不禁想到自身也是命運未卜，便決定赦免克羅伊斯。那時的人可眞有遠慮。

1 如果你那麼有錢，爲什麼不是那麼聰明？

以個性截然不同的兩個人，說明隨機性對社會啄序和妒羨的影響。談隱而未現的稀有事件。現代生活中，世事可能瞬息萬變，但牙醫或許例外。

尼洛·屠利普

頓時開悟

某個春日，尼洛·屠利普（Nero Tulip）參觀芝加哥商業交易所（Chicago Mercantile Exchange）時，親眼看到一件怪事，因此當下迷上商品交易那一行。原來，有個人以市區速限好幾倍的速度，開著一輛保時捷敞篷紅色跑車，猛然停在交易所大門前，輪胎發出豬被殺時慘叫的聲音。一個三十多歲的壯男，臉蛋紅通通，神色慌張地下車，好像後面有餓虎在追趕，死命奔上台階。他大剌剌

並排停車，引擎沒有熄火，後頭憤怒的喇叭聲此起彼落。漫長的一分鐘過去，一位身穿黃夾克（交易所辦事員照例必須穿黃色衣服）、神情百般無奈的年輕人步下台階，顯然對剛剛那個人引起的交通混亂不以爲意。他從容自在地將車開進地下停車場，好像那是他每天都在幹的雜事。

這一天，尼洛．屠利普如雷轟頂，頓時開悟，懂得法國人所說的「一見傾心」（coup de foudre）是什麼意思。那就好比突然被閃電擊中，強烈愛上某樣東西。「這就是我要的！」他手舞足蹈地尖叫，忍不住拿交易員的生活和他可能過的其他生活相互比較。學術界的日子讓人想起悄無聲息的大學辦公室和不懂禮數的祕書；企業界的生活令他想起寂靜無聲的辦公室，有一大堆思想遲鈍和半遲鈍的員工，非得用完整的句子表達他們的想法不可。

一時回神

但是和男女之間的一見傾心不一樣的是，從芝加哥那一幕而生的癡情，超過十五年後的今天，還是存在。尼洛指天誓地說，我們這個時代，合法的行業裡頭，就只有交易員不是那麼無趣。還有，雖然他沒出海當過江洋大盜，卻相信連幹海盜，單調乏味的時刻也比交易員多。

尼洛這個人，最好的形容方式，是言談舉止會（突然）隨機擺盪，有時像是教會歷史學家，有時又像口出不遜的芝加哥場內交易員。他可以不眨一眼，毫不思索，便砸下數億美元，執行一筆交易，可是上館子吃飯，看著菜單上的兩種開胃菜，總是琢磨半天，不知要選哪一種，把侍者的耐性都磨光了。

尼洛擁有劍橋大學的古文學和數學學士學位，後來進入芝加哥大學，攻讀統計學的博士學程，但在完成必修學分和一大部分的論文研究後，竟然轉到哲學系。他說，轉系是「一時回神的時刻」。論文指導老師聽了大驚失色，警告他不要當哲學家，而且一口咬定他會浪子回頭。不過，他最後還是寫完了哲學論文，但不是像法國哲學家德希達（Derrida）寫的那種歐陸式哲學，深奧難懂（也就是，除了他們圈內人，包括我在內的其他人都**看不懂**），而是探討社會科學應用統計推論的方法。不過，他的論文除了考慮更多的東西和寫了兩倍長，其實和數理統計論文沒什麼兩樣。

常常聽人說，哲學餵不飽哲學家，但尼洛不是因爲這樣才離開。他掉頭而去，是因爲哲學沒辦法取悅哲學研究工作者。首先，哲學看起來沒什麼用；他想起論文指導老師曾經警告他所說的話。其次，哲學突然看起來像是在工作。他必須針對以前所寫論文的晦澀難解細節，一寫再寫論文去探討。厭倦之餘，他終於決定棄學界而去。學界的辯論，也令他厭煩，尤其是得爲那些細枝末節（外行人根本不知道有它們的存在）和人爭執不下。尼洛要的是行動，但令他爲難的問題，在於當年他是因爲受不了受雇於人的沉悶生活和必須卑躬屈膝，才選擇踏入學界。

看到一位交易員像被老虎追趕似地奔跑之後，尼洛在芝加哥商業交易所當起見習生。交易員在這座大型交易所中，必須大吼大叫、猛作手勢，才有辦法進行交易。尼洛在圈內非常有名但行爲古里古怪的一位**場內自營交易員**手下做事。這位場內自營交易員教他使用芝加哥的交易方式，交換條件是尼洛必須幫他解數學方程式。空氣中洋溢著活力，對尼洛深具鼓舞作用。他很快就晉身爲自雇型交易員。可是後來，他開始不喜歡和人擠在一起，聲嘶力竭地吼叫，所以決定受雇於

「樓上」，在交易檯操作。他搬到紐約區，爲一家投資公司效力。

尼洛專攻計量金融商品，很快就大放異彩，而且聞名業界，大家搶著要他這個人。紐約和倫敦許多投資公司保證發放巨額獎金給他，只要他同意效力。前後兩年，尼洛西裝筆挺，奔波於紐約和倫敦兩座城市之間，四處出席重要的「會議」。但是過沒多久，尼洛又躲了起來，迅速回歸隱姓埋名的日子，理由是依他的個性，很不習慣華爾街那種燦爛耀眼的日子。如果他想要繼續當個「紅牌交易員」，那就必須野心勃勃且滿懷強烈的權力欲，才能在組織中力爭上游。但他覺得自己很幸運，因爲這些渴望，他都沒有。他只是爲了好玩才進這一行，可是企業的行政管理工作，一點都不好玩。會議室的沉悶乏味，壓得他透不過氣來。他也拙於和商場人士交談，尤其是那些庸碌之輩。尼洛對商業用語很感冒，理由不單單是它們欠缺美感。「競賽計畫」、「損益表底行」、「怎麼從這裡走到那裡」、「我們提供客戶解決方案」、「我們的使命」之類的用詞，以及會議上經常聽到的其他老掉牙言論，缺乏他喜歡的精確和生動。出席會議的人，是不是用空洞的話語來填補沉默時刻，或者這樣的會議是不是眞的有價值，他不知道；總之，他不想再和稀泥。其實，尼洛雖然交遊廣闊，卻幾乎沒和任何企業人士來往。如果有人以不雅的言行對我表現不敬的行爲，我會覺得是莫大的羞辱，尼洛卻不一樣，遇到這種情況，總是不以爲意。

於是尼洛轉換事業生涯跑道，做起所謂的自營交易。公司把這些交易員集中在一起，設立一個獨立單位，提供內部資金供他們自行配置。他們喜歡怎麼做就怎麼做，當然成果必須令高階主管滿意。之所以使用「自營」這個名詞，是因爲他們拿公司的自有資金去操作。一年結束時，他們會從所創造的利潤中領取七%到一二%的獎金。自雇的所有好處，自營交易員都享有，卻不必

負擔業務經營上那些煩人的瑣事。他可以要什麼時候工作，就什麼時候工作；一時興起想旅行，說走就走；喜歡什麼個人嗜好，儘管追求。尼洛不愛勞力工作，喜歡隨時冥想，對這樣的知識分子來說，這裡簡直就像天堂。近十年來，他受雇於兩家交易公司，一直當自營交易員。

操作風格

來說一下尼洛使用的方法。就交易員而言，他算是作風很保守的一個人。他有過豐收的年頭，以及不是那麼豐收的年頭，但幾乎沒有過眞正的「壞」年頭。這麼多年來，他慢慢累積起一筆穩固的老本，而這要感謝每年的所得介於三十萬美元到二百五十萬美元（顚峰時期）之間。他平均一年收入約一百萬美元，繳完稅能存五十萬美元到儲蓄帳戶。一九九三年，他的表現很差，令他在公司中感到忐忑不安。其他交易員的表現好得多，所以供他運用的資金急遽縮水。他覺得自己坐上了冷板凳，於是跳槽到另一家感覺比較友善的公司，在相同設計的工作場所謀得一份相同的工作。一九九四年秋天，美國聯邦準備銀行出其不意地實施緊縮政策，全球債券市場應聲而倒，本來互別苗頭的交易員集體陣亡。他們現在都被趕出市場，只好另幹其他各式各樣的活兒。這一行的死亡率很高。

尼洛爲什麼沒有更富有？這和他的交易風格有關，或者也許和他的個性有關。他非常厭惡風險。尼洛的操作目標，不是追求最高的利潤，而且他想極力避免稱作交易的這具娛樂機器被收回。一旦陣亡，他就得回到味同嚼蠟的大學，或者和商品交易無緣的工作。每次風險升高，他就

會想起悄無人聲的大學建築走道、早上花很長的時間修改論文、喝劣質咖啡以保持清醒。不，他不想回到冷冰冰、無聊透頂的大學圖書館。他老愛說：「我要活得很長。」

尼洛看過很多交易員**陣亡**，可不想落到那種下場。這一行所說的**陣亡**，意思很精確：不只賠錢，而且賠得超過預期，被掃地出門趕出這一行（相當於醫師被吊銷行醫執照，或者律師失去執業資格）。尼洛的交易如果發生損失，他會在預定的損失水準迅速退場。他絕對不賣「裸選擇權」（naked options，這種交易策略可能使他蒙受巨大虧損），也從來不讓自己損失超過（比方說）一百萬美元——不管發生這種事的機率有多小。他能夠忍受的一筆交易最高損失金額一直在變動；這個數字會根據他當年累積的利潤已有多少而調整。由於他非常討厭風險，所以獲利不如其他的華爾街交易員。那些交易員常被稱爲「太空超人」（Masters of the Universe）。一般而言，他所服務的公司，會把比較多的資金分配給操作風格不同於尼洛的其他交易員，例如不久就要談到的約翰。

依尼洛的性格，賠點小錢無所謂。「我寧可小賠走人，」他說。「可要是賺錢，那就得狠狠賺一筆才行。」他絕對不想暴露在市場恐慌和突然崩盤，造成交易員剎那間斷頭等稀有事件中。不但如此，他更希望反過來從中獲利。問到爲什麼不抱賠錢貨，他總是千篇一律答說，他受教於「最膽小的」芝加哥交易員史提弗（Stevo）。其實眞正的原因不是這樣。他學過機率，也天生多疑。

還有一個原因可以解釋，爲什麼尼洛不如其他交易員那麼富有。由於生性多疑，他只投資財政部公債，不投資其他東西。這一來，他錯過了股票的大多頭市場。他有他的理由：多頭市場可能只是誘人入甕的空頭市場。尼洛十分懷疑股票市場是一場投資騙局，所以沒辦法強迫自己擁有一張股票。他和身邊靠股市致富的人的不同點，在於他的現金流量很高，資產卻壓根兒沒有隨著

整個世界而增值（他手上的財政部公債價值很少波動）。他拿自己和新創科技公司相比，發現那些新創科技公司的現金流量負值很高，投資人卻緊追不捨。結果，持股人因為股票市值而致富，可是他們的財富因此只能依賴市場選擇贏家的隨機性。尼洛和投資圈的其他朋友不同，不依賴多頭市場，所以一點也不擔心空頭市場來襲。他的財富淨值不是拿儲蓄去投資得來的。他可不想依賴投資賺錢，只想有現金收入。他絕對不拿儲蓄去冒一丁點風險，所以只將儲蓄投入最安全的工具，那就是穩如泰山的財政部公債。這種債券是美國政府發行的，而政府非常不可能破產，因為他們可以任意印製鈔票以償還債務。

不必顧慮工作倫理

尼洛投入這一行十四年，現在三十九歲。他覺得自己的日子在舒適中安定了下來。他的個人投資組合包含數百萬美元的財政部中期公債，可說不需要憂慮將來的生活。他最喜歡自營交易的地方，是需要投入的時間遠低於其他的高待遇專業。換句話說，這非常適合他的非中產階級工作倫理。金融商品交易很花腦筋；可是單單賣力工作，人通常會忘了注意焦點應該擺在哪裡，知性活力也會減弱。此外，他們最後會淹沒在隨機性中；尼洛相信，重視工作倫理，會使人只注意雜訊，而不注意訊號（三十六頁的表 P.1 點出了其間的差異）。

有了更多時間之後，個人愛好的許多事情都能抽空去做。尼洛特愛讀書，常上健身房和博物館，絕對沒辦法像律師或醫師那樣時時被工作綁著。尼洛也因此有時間，回到當年投入博士學程

的統計系，用更言簡意賅的方式重寫論文，攻得統計學這門「更硬科學」的博士學位。尼洛現在一年在紐約大學數學系教半學期的**機率思想史**研討會。這堂課原創性十足，吸引許多優秀的研究生選修。他存下的錢已經夠多了，可以維持現在的生活方式直到將來，也備有應急計畫，萬一天有不測風雲，市場關閉，或許就此退休下來，以機率和非決定論爲題，寫些通俗性的科學文章。尼洛相信，心裡存著風險意識，賣力工作和嚴守紀律，讓人過上舒適生活的機率很高。不這樣的話，一切都會隨機發生：不是必須承受巨大（和無意識）的風險，就是運氣好得出奇。溫和的成功，可以用一個人的能力和投入的心血來解釋。大獲全勝則必須歸因於不同尋常的變異。

人都有祕密

尼洛時時想到機率，可能和人生中的一次戲劇性事件有關——他將這件事放在內心深處。善於察言觀色的人，或許能夠感受到尼洛這個人猶豫多疑，有一股很不自然的力量在鞭策他。他的人生不像表面上看到的那麼清澈。尼洛有個祕密，後面還會談到。

高收益交易員約翰

一九九○年代大部分時候，尼洛的家隔著一條街，對面就是約翰的家，但是約翰的家大得多。約翰是高收益交易員，交易風格和尼洛截然不同。只要和他談幾句工作上的事，就會發現，

雖然他的體格和有氧運動教練不一樣，卻展現相同的知識深度與心思敏銳度。就算反應慢半拍，也看得出約翰的收入比尼洛好得多，或者至少喜歡炫富。他家除了兩輛敞篷車（其中一輛是收藏家級的法拉利），車道上還有他和太太各一輛的頂級德國轎車。至於尼洛，約十年來一直用同樣那輛福斯敞篷車代步。

約翰的太太和尼洛的太太也認識，兩人會像在健身俱樂部遇到時那樣寒暄，但是只要約翰太太在場，尼洛太太便會很不自在。她覺得那位貴婦不只喜歡向她炫耀，更視她低下不如己。雖然交易員大發橫財，進而蒐藏葡萄酒和愛好歌劇，附庸風雅不成的故事，尼洛早已司空見慣，他太太卻很少見到行事低調的新富。這種人在人生的某個時點深受貧窮之苦，現在有了錢，就急著誇炫以求彌補。尼洛常說，當交易員唯一令人難過的事，是見到錢像天上掉下來的禮物，落到毫無準備的人身上。他們猛然之間，得知韋瓦第的《四季》是「優美的」音樂。不過，他太太很難忍受幾乎每天都得聽鄰居吹噓他們剛雇用的新裝潢師有多好。約翰夫婦的「書房」擺滿皮面精裝書，他們可一點都不害臊。雖然約翰太太在健身俱樂部只翻閱《時人》（*People*）雜誌，書架上卻有一套沒摸過的已故美國作家著作。她也不斷提到不知怎麼發音的怪地名，說他們度假時要整修那裡，卻連一點小事都說不清——例如她根本無法解釋西昔爾群島（Seychelles Islands）到底在哪個洲。尼洛太太畢竟是個凡人。雖然她一再告訴自己，不要和約翰太太一般見識，卻總覺得生活上硬是拚不過人家。眼睜睜看著那些特大號鑽石、豪宅、跑車，很難找到言詞和理由安慰自己。

所得過高的大老粗

尼洛對他的鄰居隱約存有相同的感覺，也同樣感到不快。他很看不起約翰那種人。他的一切，都和尼洛不同，也不是他想要的——可是有一股社會壓力開始壓著他。還有，其實他也想嘗嘗那種巨富的滋味。雖然理智上鄙視，卻無法控制內心的嫉羨。對街那棟房子愈來愈大，加建又加建——尼洛的不自在快速滋長。雖然他的事業成就，已經超越曾有的最瘋狂夢想，內心深處和理智上，卻開始覺得自己在某個地方錯過了什麼機會。置身於弱肉強食的華爾街，像約翰那樣的人早已長江後浪推前浪，使他不再是舉足輕重的交易員——儘管他向來不在意這種事，約翰和他的房子、車子卻開始撕咬著他。要是對面沒有那棟有如眼中釘的大房子，每天早上以膚淺的標準評判著他，一切都會很美好。是不是因爲動物的啄序在作祟，約翰的豪宅大院使他淪爲貝他雄性（beta male；譯註：意指次等男性）？更傷人的是，約翰比他年輕五歲左右，而且投入同一行的時間較短，收入卻至少是他的十倍。

當他們無意間照面，尼洛總能清楚感覺到約翰老在試著貶損他——那種狗眼看人低的態度不易察覺，卻很明顯。有些日子，約翰對他視若無睹。倘若約翰是住在很遠地方的一個人，例如只有從報上才讀得到，情況肯定不一樣。偏偏約翰活生生地擺在眼前，而且還是鄰居。當初一開始和約翰攀談，是尼洛犯下的最大錯誤，因爲啄序法則立即顯現。尼洛試著用普魯斯特（M.Proust）筆下《追憶逝水年華》（*In Search of Time Lost*）中的人物斯萬（Swann）表現出來的行爲，以緩和內

心的不自在。斯萬是藝術品經銷商，日子過得很悠閒，和那時的威爾斯王子之流的人物來往，談笑自若，但一和中產階級在一起，卻好像得證明什麼似的。斯萬周旋在王公貴族、地位穩固的蓋爾芒特家族（Guermantes）之間，遠比和正在社會階層力爭上游的凡就若夫婦（Verdurins）等中產階級相處容易。這無疑是因爲他和前者在一起，信心高得多。尼洛同樣能夠贏得望重一方之士的敬重。他常和諾貝爾獎級的科學家，長時漫步於巴黎和威尼斯的街頭。那些學問淵博的人，不再需要證明自己有所成就，所以很喜歡和他交談。一位非常有名的億萬富翁投機客常打電話給他，請教若干衍生性證券價値方面的意見。他眞不曉得，爲什麼現在那麼急切想要贏得收入過高、操著拙劣新澤西口音的一個大老粗對他表示敬重（如果我是尼洛，一定用身體語言對約翰表示不屑，不過，尼洛畢竟是個好好先生）。

約翰的學歷、教養、體能顯然都比不上尼洛，看起來也沒那麼聰明——可是不只如此，約翰連實戰智慧也比不上尼洛！尼洛在芝加哥的交易所見過實戰智慧眞正高超的人。那種眼明手快的幹練，約翰完全沾不上邊。尼洛相信這個人思想淺薄，卻展現那樣的自信，收入還那麼高，一定是因爲自身的弱點尚未暴露。但尼洛有時還是抑制不了既妒且羨的心情——他不知道自己是不是對約翰做了客觀的評估，還是只因爲被約翰看輕，才對他產生那樣的看法。或許尼洛自己並不是那麼優秀的交易員。也許他應該更加鞭策自己，或者尋找正確的機會，而不是在那邊「思考」、寫文章和閱讀複雜的論文。或許他也應該買賣高收益證券。眞是如此，在約翰那種思想淺薄的交易員之間，一定耀眼奪目。

尼洛試著研究啄序法則，以化解自己的妒羨之情。心理學家告訴我們，大部分人寧可在周遭

的人賺六萬美元時，自己賺七萬美元，而不喜歡在周遭的人賺九萬美元時，自己賺八萬美元。他認爲，經濟學、鬼扯淡經濟學，都是在談啄序。雖然它們做了這樣的分析，他還是從絕對的角度評估自己的處境，而不看相對的表現。尼洛根據自己所學，覺得約翰在心態上，也是那種「只要別人賺更少，願意自己少賺點」的俗人。

尼洛認爲，至少從一件事，可以判斷約翰只是運氣好而已——換句話說，尼洛也許不需要搬家，離開鄰居的豪宅。有一天，約翰會一無所有。約翰似乎沒有察覺他正在承受一個很大的隱藏性風險，也就是陣亡的風險。他投入市場的經驗太短，所以看不到這個風險（也因爲他心思不夠細膩，不知鑽研歷史，鑑往知來）。如果不是這樣，粗枝大葉的約翰哪有可能賺那麼多錢？交易垃圾債券必須懂得「賠率」的概念，也就是知道如何計算稀有（或隨機）事件的機率。那些傻瓜曉得什麼賠率？那些交易員靠「計量工具」給他們賠率數字，但尼洛不同意他們使用的方法。投入這個高收益市場，就像在鐵軌上打盹。有一天下午，一列火車出其不意地開過來，你會被活活輾死。換句話說，很長一段時間內，你也許每個月都賺錢，卻可能在短短幾小時內，賠掉累積利潤的好幾倍。他在一九八七、一九八九、一九九二、一九九八年見過選擇權賣家發生這種事。某一天，他們被負責警衛勤務的彪形大漢架出交易所營業廳，之後便不再有人見過他們的身影。約翰住的大房子，說穿了只是一筆負債；他很可能淪落到在新澤西某個地方，向新新富推銷豪華轎車。這些新新富在他面前，無疑也將洋洋自得。尼洛不會陣亡。他家雖然沒那麼大，只擺了四千本書，卻都屬於他。市場不可能發生什麼事，奪走他的房子。他的每一筆損失都有限。他身爲交易員的尊嚴，絕不會遭到威脅。

約翰這一邊，則認爲尼洛是個窩囊廢，學歷那麼高且自命不凡，卻是商場敗將。尼洛涉足的市場是個成熟行業，他相信尼洛已經是過氣人物。「這些自營交易員就要銷聲匿跡了，」他常常這麼說。「他們自以爲比其他人聰明，其實風光不再。」

汗流浹背的酷暑

一九九八年九月，終於證明尼洛是對的。一天早上，他出門上班，竟然看到約翰一反往常，在前院抽菸。他沒穿西裝，看起來垂頭喪氣，平常那副得意勁兒不見了。尼洛立刻知道約翰丟了飯碗，只是沒想到他幾乎失去了每一樣東西。第五章會詳細提到約翰的損失。

尼洛爲自己浮現幸災樂禍的心情感到慚愧。對手發生不幸時，人總有這樣的心理，但他實在按捺不住。這種感覺不是坦蕩蕩的君子所該有的，據說還會招來霉運（尼洛是有那麼一點迷信）。不過這一次，尼洛之所以高興，倒不是因爲約翰掉回他人生該有的位置，而是因爲尼洛的方法、信念和紀錄，突然之間顯得擲地有聲。正由於尼洛不可能發生像約翰那樣的不幸，這樣的紀錄有助於他向外募集投資資金。這種事如果重複發生幾次，對他可是非常有利。尼洛也因爲儘管承受必須當個阿爾發雄性（alpha male；譯註：指群體中占上風的男性）的壓力，卻仍長久堅持自己的策略，爲此自豪而心情愉快起來。令他豁然開朗的另一個原因，是不必再在別人變得有錢時，質疑自己的交易風格不對，因爲他們誤解了隨機和市場循環的結構。

血清素與隨機性

我們能夠單單看一個人的表現和私人財富，就判斷他們是成功或失敗嗎？有時行，但不見得永遠都能。我們會談到，在任何一個時點，績效突出的企業人士有很大一部分的表現，其實比不上隨便丟飛鏢得到的結果。更奇怪的是，由於一種特殊的偏差，我們看到不計其數的例子，能力最差的企業人士竟然最爲富有。但他們不會想到運氣在他們的表現中占有一席之地。

幸運的傻瓜壓根兒沒想到他們可能只是幸運的傻瓜而已——依照定義，他們不知道自己屬於這一類。他們表現出來的行爲，就像他們該賺到那些錢似的。接二連三的成功，給他們注入許多血清素（或者類似的物質），甚至於使他們欺騙自己，以爲自己的表現能夠超越市場（我們的荷爾蒙系統並不知道自己的成功是不是靠隨機性而得）。從那些人的言行，可以看出這件事：賺到錢的交易員走路抬頭挺胸，不可一世，而且話說得通常比賠錢的交易員多。科學家發現，神經傳導物質血清素似乎主導人類的大部分行爲。它會啓動正面的反饋，或者說是良性循環，但是隨機而來的外部刺激力量會引發反向的動作，造成惡性循環。曾有研究顯示，被注入血清素的猴子，啄序會升高，而這又使牠們血液中的血清素增多——直到良性循環中斷，開啓惡性循環（惡性循環中，失敗會使猴子的啄序滑落，因此表現的行爲，又使啄序進一步下降）。同樣的，一個人的表現變好（不管那是不是努力之後的必然結果，還是福星高照得來的），他的血清素會升高，這又使得一般所說的「領導統御」能力增強。換句話說，這個人正「走紅運」。一些難以察覺的行

爲舉止變化，例如一個人能夠信心滿滿地侃侃而談，會使他看起來權威可信——好像他理應賺那麼多錢似的。隨機性被排除在外，不被認爲是使一個人表現優異的可能因素，直到它再次現身，當頭一擊，使人的處境每下愈況。

來談一下人的情緒表現。幾乎沒人能夠隱藏自己的情緒。行爲科學家相信，成爲領導人的主要理由之一，不是來自他們表面上擁有的技能，而是他們透過很難察覺的身體訊號——例如我們現在所說的「感召力」——給別人留下極其膚淺的印象得來的。這種現象的生物層面，目前在「社會情緒」（social emotions）的主題下，很多人投入研究。在此同時，有些歷史學家可能會以戰術性技能、合適的教育，或者事後見到的其他某種理論性原因，「解釋」人何以成功。除此之外，似乎有奇怪的證據指出，領導統御和某種形式的精神病態（反社會人格）有關。那種精神病態鼓勵大言不慚、滿懷自信、冷漠無感的人號召他人追隨。

人們經常有個壞毛病，老愛在社交場合中，問我操作是否有賺到錢。要是家父在旁邊，他通常會阻止他們，說：「不要問一個人是不是斯巴達人。如果是，他會早就讓你知道這件重要的事——如果不是，你可能傷到他的感覺。」同樣的，絕對不要問一位交易員賺不賺錢，因爲從他的姿勢和步態，很容易看得出來。這一行的人輕而易舉就能判斷交易員是賺還是賠。督導交易員的經理人很快就能看出哪位部屬的表現差勁。他們很少洩漏太多，因爲人會刻意試著控制臉部表情。但是他們的走路方式、拿電話的方式，以及行爲上表現出來的遲疑，卻不會不透露出他們眞正的處境。約翰被炒魷魚的那個上午過後，肯定失去不少血清素——除非十年後研究工作者發現是另一種物質。芝加哥一位計程車司機跟我說，他能判斷他在芝加哥期貨交易所（Chicago Board

of Trade）附近搭載的交易員，操作成績是不是很好。他說：「他們都很臭屁。」他能一眼就看出誰的表現好，我覺得挺有趣，又很玄。我後來從進化心理學找到合理的解釋：一個人生活的表現是好或壞，會顯露在肢體上，就像動物的顯性條件，可用於發出訊號：贏家容易被人看到，有助於提高擇偶效率。

牙醫師其實非常有錢

結束這一章之前，我們先略微談一下後面將討論的「抗隨機性」。我們說過，尼洛算是有錢人，但依他那個時候的標準，稱不上「非常有錢」。不過，根據下一章將談到的一種奇怪的會計衡量方法，從他可能過的**所有人生的平均值**來看，他是極爲有錢的人——他在操作上冒極低的風險，所以可能遭遇的災難性結果非常少。他不像約翰那樣飛黃騰達，正是他不會落到約翰那種下場的原因。因此，依照這種奇特（以及機率性）的財富計算方法，他會十分富有。前面也說過，尼洛總是努力保護自己免於稀有事件的打擊。如果他必須重過同樣的專業人生幾百萬次，遭遇厄運的樣本路徑（sample paths）會很少——但由於作風保守，受大好運氣影響的樣本路徑也會非常少。也就是說，他那穩定的人生，會和教堂的時鐘維修工相近。當然了，我們談的只是他的專業生活，不考慮他有時波動很大的私生活。

我們可以**預期**牙醫師和坐粉紅色勞斯萊斯（Rolls Royce）轎車的搖滾樂手、炒作印象派畫作價格的投機客、蒐藏私人飛機的企業家比起來，富有得多。討論某個專業時，必須考慮所有同行

的平均值，不能只取成功者的樣本。我們會從存活者偏誤的觀點探討這一點，但第一部先從「抗隨機性」的角度來說明。

設想有兩位鄰居，警衛張三中了新澤西州的樂透大獎，搬到有錢人的社區去住。李四相較之下，不是那麼有錢，三十五年來一直替人鑽牙齒，每天工作八小時。我們顯然可以這麼說：由於李四的專業生涯沉悶無趣，從牙醫學院畢業後的人生，如果必須重過好幾千次，那麼可能出現的結果，範圍一定相當有限（假使他有適當投保的話）。他最好的處境，是爲紐約公園大道的有錢居民鑽牙齒，最糟的處境則是在半荒涼、到處是拖車的卡茨基爾（Catskill）那種小鎮鑽牙齒。此外，要是他畢業於名氣響亮的牙醫學院，幾千次人生的可能結果，範圍更窄。至於張三，如果人生必須重過一百萬次，那麼幾乎每一次都會當警衛（而且一直買彩券，卻有去無回）。他的一百萬次人生，只有一次贏得新澤西州樂透大獎。

我們必須同時考慮觀察到和沒有觀察到的可能結果。這樣的想法，讓人覺得簡直瘋了。大部分人認爲機率是用於探討將來可能發生的事，不是針對過去已經觀察到的事；已經發生的事，機率是一〇〇%，也就是確定發生了。我和許多人討論過這一點，他們無一例外，怪我混淆了虛構的情節和眞正的現實。虛構的情節，尤其是像梭倫的警世之言那種古老的故事，力量遠比單純的現實強大（也提供我們更多的體驗）。

2 怪異的會計衡量方法

談另類歷史，從機率的角度看世界，知識詐欺，以及一位有經常沐浴習慣的法國人展現的隨機智慧。新聞記者的養成，如何不了解隨機發生的一連串事件。謹防前人的智慧：針對隨機結果提出的偉大觀念，如何幾乎都與傳統智慧背道而馳。談正確性與可理解性的不同。

另類歷史

首先，有一種陳腔濫調說，不管你談的是什麼領域，例如戰爭、政治、醫療、投資，都不能以成果去論斷一個人的表現是好或壞。反過來說，應該以另類結果（以不同的方式開展的歷史）的成本去評判。各種事件所走的這種替代路徑，稱作**另類歷史**。決策的品質好壞，顯然不能單單以它的結果去評斷。但是，似乎只有失敗的人才會說出這樣的觀點。成功者會說，他們能夠成功，是因爲所做決策的品質很好。即將卸任的政治人物，總是告訴仍肯洗耳恭聽的新聞記者說，

「我走的是最好的一條路」。聽的人也總是回以「是啊，我們曉得」，結果更加刺痛。這樣的說法，和許多老調一樣，聽起來頭頭是道，實務上執行起來並不容易。

俄羅斯輪盤

用如下的方式，可以說明另類歷史這個奇特的觀念。假設有個窮極無聊的企業大亨突發奇想，提議用一千萬美元和你賭俄羅斯輪盤。他準備了一把左輪手槍，可裝六發子彈的彈匣只裝進一顆，對準你的頭扣下扳機。每扣一次扳機算作一個歷史，所以總共有六個機率相同的可能歷史。六個歷史中的五個，會使你腰纏萬貫，另一個歷史則需要寫訃聞，死因讓人難堪（但絕對具有原創性）。問題是，眞實生活中，我們只能觀察到一個歷史。其笨無比的新聞記者會對贏得一千萬美元的人讚譽有加。他們和無條件稱讚《富比世》（*Forbes*）雜誌五百大億萬富翁的那批新聞記者正好相同。就像我在華爾街十八年遇到的幾乎每一位企業高階主管（依我的看法，這些企業高階主管只不過是充當隨機交付的營運成果之裁判），一般只看到財富的外在表徵，根本沒有那個念頭，想要稍微探究一下來源爲何（我們把這種來源稱作**產生器**〔generator〕）。玩俄羅斯輪盤的贏家，可能被家人、朋友和鄰居捧爲角色典範。

雖然另外五個歷史看不到，肯動腦筋的聰明人，卻可能很容易猜到它們的屬性。這需要思考一下，也得鼓起勇氣。不過，賭輪盤的傻瓜如果一直玩下去，下場可怕的歷史遲早會找上他。因此，假使二十五歲的年輕人一年賭一次俄羅斯輪盤，他能活到五十歲生日的機會微乎其微。但如

果玩這種遊戲的人夠多，例如有幾千位二十五歲的年輕人都在玩，那麼可以預期會有一些非常富有的人活了下來（當然還有一大片墓園）。談到這個，我必須承認，以俄羅斯輪盤爲例，在我來說，意義並不止於知性的探索；十來歲時，在黎巴嫩戰爭期間，我有一位同志因爲玩這種「遊戲」而失去生命。但不只如此。我發現，由於格雷厄姆．葛林（Graham Greene）談他愛玩這種遊戲，使我對文學生出不小的興趣；這件事對我的影響，比最近親眼看到的眞人實事還強烈。葛林說，小時候曾經爲了紓解無聊，扣下左輪手槍的扳機——想到至少有六分之一的機率讀不到他的小說，我不禁暗叫好險。

讀者應該能懂我所提這個不同尋常的另類會計衡量概念：賭俄羅斯輪盤賺來的一千萬美元，和勤快而技巧熟練的牙醫執業賺得的一千萬美元，價値不同。它們的金額相同，能買到相同的產品，但其一對隨機性的依賴大於另一。不過，在會計師看來，它們完全相同。你的鄰居也覺得它們沒有兩樣。可是在我內心深處，忍不住認爲它們的質不同。下一章介紹蒙地卡羅（Monte Carlo）引擎時，會讓我們知道這種另類會計的概念，能做有趣的知識延伸，並用數學公式來表示。請注意，我們只是爲了說明方便而用上數學，目的是能以直觀的方式去了解個中要點，所以不應該將這視爲工程問題。換句話說，我們不需要眞的去計算另類歷史，才能評估它們的屬性。數學不只是一種「數字遊戲」，也是一種思考方式。我們將談到機率是個計性課題。

可能的世界

人類知識史中的各個不同學門，都有觸及另類歷史的觀念，值得用很快的速度介紹一下，因爲它們似乎都趨同於相同的風險和不確定性概念（確定性是指在不同的另類歷史中，可能發生最多次的某件事，不確定性則指發生次數最少的事件）。

從萊布尼茲（Leibniz）提出的可能世界觀念開始，哲學已經大量探究這個主題。在萊布尼茲看來，上帝心裡有不計其數的可能世界，但他只選其中一個。那些沒有被選上的世界，是可能存在的世界，而我呼吸其中、寫這些句子的世界，只是恰好被執行的一個。哲學家也有一個邏輯分支學門，專門研究這件事：**所有可能的世界**是不是擁有某種特質，或者只是單一世界擁有那個特質——這對索爾．克里普克（Saul Kripke）等作者稱作**可能世界語義學**的語言哲學，具有重要的含意。

物理學中，量子力學發展出多世界的詮釋方式（休．埃弗里特〔Hugh Everett〕一九五七年的研究有提到），指宇宙在每個關口會像樹木那樣分叉；我們現在生活的，只是很多世界中的一個。從更爲極端的角度來說，每當有許多可行的可能性存在，世界就會分裂爲許多世界，每個不同的可能性就有一個世界——導致平行的宇宙激增。在這些平行的世界中的一個，我是隨筆作家兼交易員，在另一個平行宇宙中，則只是一般的灰塵。

最後，談到經濟學：經濟學家（或許是不經意地）研究了萊布尼茲的一些觀念和甘尼斯．艾

羅（Kenneth Arrow）與傑拉德．德布魯（Gerard Debreu）首創的可能「自然狀態」。研究經濟不確定性的這種分析方法，稱作「狀態空間」（state space）法——這碰巧是新古典經濟理論和數理金融的基石。經過簡化的一種版本，叫作「情境分析」（scenario analysis），舉例來說，預測一座肥料廠在不同的世界景氣和這種（臭）產品需求水準的銷售額時，說出一連串的「如果這樣，就會那樣」。

更為惡毒的輪盤

現實遠比俄羅斯輪盤惡毒。首先，它射出致命子彈的次數相當少。如果說它是一把左輪手槍，那麼它的彈匣能裝幾百發、幾千發，而不是只裝六發。試射幾十次都沒事之後，我們便產生虛假的安全感，忘了裡面還有一顆子彈。本書把這一點稱作**黑天鵝問題**，第七章會討論它和歸納問題的關係。歸納問題曾經叫一些思想家徹夜難眠。它也和稱作**無視歷史**的問題有關。賭徒、投資人和決策者常常覺得，發生在別人身上的那類事情，不見得會落在自己身上。

其次，俄羅斯輪盤之類的遊戲，定義非常清楚且精確，任何人只要會乘以六和除以六，都看得到的風險。可是現實生活舉起槍管，我們卻看不到。產生器很少是肉眼可見的。人因此可能不知不覺中就玩起俄羅斯輪盤，卻說得很好聽，認爲「風險很低」。我們只見到財富產生出來，卻不曾看到過程，結果忘了風險，永遠沒想到輸家。這種遊戲似乎簡單得要命，我們玩得漫不經心。就算長於計算機率的科學家，也沒辦法針對概率給予任何有意義的答案，因爲這方面的知識，有賴於我們親眼目睹現實生活的槍管——可是我們通常一無所知。

最後，還有一個忘恩負義的因素，警告人們不要碰抽象的東西（依據定義，任何沒有發生的事情都是抽象的）。假設你經營的業務是建構金融產品，以保護投資人不受稀有事件的傷害（我有時會做這種事）。也許一段期間內，什麼事也沒發生。有些投資人會抱怨你花掉他們的錢；有些甚至會讓你感到內疚：「去年你浪費我的錢買保險；工廠並沒有燒掉，這樣的花費很蠢。只有會發生的事，才需要投保。」有位投資人來找我，本來以為我會道歉（當然沒有如願）。幸好世界並非總是如此：有些人（雖然很少）會打電話來，表達他們的謝意，感謝你保護他們，不受沒有發生的事件傷害。

安撫同事關係

人的一生中，抗隨機性到什麼程度，是個抽象觀念。它的一部分邏輯和直觀背道而馳，而更叫人混淆的是，我們無法觀察所發生的隨機性。不過，由於後面會提到的一些個人理由，我愈來愈投入了解這件事。我判斷事情時，顯然帶有機率的性質；這需要看本來**可能**發生什麼事，也需要對觀察到的事抱持某種心理態度。我不建議找會計師討論這種機率問題。在會計師眼裡，數字就是數字。如果他真的對機率有興趣，早就投入從事比較需要內省的專業——計算你的所得稅申報書時，也會傾向於犯下代價高昂的錯誤。

雖然我們看不到現實的輪盤槍管，卻還是有人願意挺身一試；人需要一種特殊的心態才會這麼做。我見過數以百計的人進出這一行（主要的特色是極為依賴隨機性），所以必須指出，受過

一點科學訓練的人，往往會多走一步路。許多人這方面的想法有如第二天性。這也許不見得來自他們的科學訓練本身（小心不要就此論定因果關係），而可能是因爲在人生的某個時點，決定獻身科學研究的這些人，往往本來就具備根深柢固的知識好奇心，以及生性傾向於那樣的內省。有些人無法專注於處理定義狹隘的問題（或者如同尼洛那樣，討厭晦澀難解的細節和爲細枝末節爭執不下），在有自知之明的情況下，不得不放棄科學研究。這一陣子，少了過人的知識好奇心，幾乎不可能寫完博士論文；但是如果不渴望專精於某一狹隘的領域，那就不可能走上科學生涯（不過，浸淫於抽象概念的理論數學家和燃燒求知欲的科學家，兩者不一樣。數學家潛心於鑽研進入腦子的東西，科學家則致力於追尋身外的世界）。然而有些人過度關心隨機性；我甚至見過專攻量子力學等某些領域的人，將隨機觀念推向另一個極端。他們根據多世界的詮釋，只看另類歷史，而不顧實際發生的事。

有些交易員可能出乎意料十分在意隨機性。不久前，我和洛倫．羅斯（Lauren Rose）在紐約翠貝卡（Tribeca）一家餐廳的酒吧共進晚餐。羅斯是交易員，正在幫我看這本書的草稿。我們擲出一枚硬幣，決定由誰埋單。我輸了，只好付帳。他正想謝謝我，話到嘴邊卻突然打住說，就機率而言，這頓飯他付了一半的錢。我因此認爲人們分布成兩個截然有別的類型：一個極端是絕不接受隨機性的概念，另一個極端則是爲隨機性所苦的人。一九八○年代，我初進華爾街時，交易室都是「商業取向」的人，普遍缺乏內省能力，像薄煎餅那樣平，很可能被隨機性愚弄。他們的失敗率極高，尤其是在金融工具日益複雜後。市場不曉得怎麼引進了奇特選擇權等不好理解的產品，獲得報酬的方式有違直觀，在原來那種文化中打滾的人難以處理。他們紛紛不支倒地；一九

八〇年代我在華爾街認識的同世代數百位企業管理碩士中，至今仍然從事這種專業且嚴守紀律承受風險的人，我想所剩無幾。

從蘇聯來的救兵

一九九〇年代，公司進來背景比較豐富和有趣的人，交易室變得遠比從前有意思。這樣一來，我就不必整天聽企管碩士講的那些東西。進入公司服務的許多科學家渴望賺大錢，其中一些在原本的領域表現極其突出。他們接著又招募和他們類似的人進來工作。雖然這些人大都不是博士（沒錯，博士仍然很少見），文化和價值觀卻突然之間改變，更能容忍知識的深度。由於金融工具發展迅速，這樣的文化，使得華爾街本來就很高的科學家需求更加熱絡。物理專業最受歡迎，但也能找到各種計量背景的人才。講英語帶俄羅斯、法國、中國、印度腔（依先後順序）的人，開始占領紐約和倫敦。據說從莫斯科起飛的每一班飛機，至少後排坐滿了前往華爾街的俄羅斯數學物理學家（他們欠缺在街頭討生活的智慧，買不到好座位）。帶個翻譯員（必帶不可）前往甘迺迪機場，隨便找符合上述類型的人攀談，便有可能雇到非常便宜的勞工。一九九〇年代末，真的能找到世界一流科學家訓練過的人才來爲你效力，價格只要企管碩士的一半左右。人們說，行銷就是一切；這些人卻不知道如何推銷自己。

我特別偏愛俄羅斯科學家；其中許多人真的可以好好運用，例如請來當西洋棋指導老師（我也趁機請到一位鋼琴老師）。此外，他們在面試過程可以幫上大忙。企管碩士應徵金融商品交易

的工作時，常會在履歷表上吹噓自己擁有「高段」的棋技。記得華頓商學院的企管碩士職涯顧問，曾經建議我們要說自己會下棋，「因爲會讓人覺得你很聰明和懂得運用謀略」。企管碩士通常會把略懂下棋規則，說成「棋藝不錯」。聽了這樣的話，爲了確認所言是否屬實（以及應徵者的人品），我們會從抽屜取出一副西洋棋，告訴現在臉色發白的學生：「尤里等下下會來向你討教一兩招。」

這些科學家的失敗率比較低，但只略低於企管碩士們；原因不同，和他們平均而言（只是平均而已）連一丁點實務智慧也欠缺有關。有些成功的科學家懂得怎麼轉開球形門把（因此而展現社會禮儀），但不是所有的人都會。許多人面對方程式，能以極其嚴謹的方式進行最複雜的計算，卻完全無力解決和現實稍有關聯的問題；他們好像只了解數學形式，卻不懂它的精神（第十一章探討兩套推理系統的問題時，還會多方談到這種雙重思考）。我認識一位人緣很好的俄羅斯人X，相信他擁有兩副頭腦：一副用於處理數學，另一副則差得多，用於處理其他每一樣事情（包括解決和財務數學有關的問題）。但是偶爾會有一位思慮敏捷、懂得街頭智慧的科學家出現。不管這些人的貢獻發生什麼變化，他們終究改進了我們的下棋技巧，也提升我們的午餐談話品質——午餐時間因此大爲拉長。一九八〇年代，我和擁有企管碩士學位或稅務會計背景的同事閒聊，他們總能滔滔不絕地討論財務會計標準委員會（ＦＡＳＢ）訂定的標準。但我得說，他們的興趣不太有感染力。那些物理學家有趣的地方，不在於他們能討論流體力學，而是因爲他們天生對各式各樣的知識話題都感興趣，所以我和他們相談甚歡。

梭倫進雷吉娜夜總會

讀者或許已經猜到，由於我個人對隨機性持有的看法，我在華爾街工作時，一定沒辦法和一些同事和平共處（讀者能在本書一些章節描繪的情景，間接看到其中許多人的身影，但只是間接而已）。不幸當上我主管的人，我和他們的關係也不好。這一輩子，我有兩位主管，幾乎每一種特質都南轅北轍。

我稱第一位爲甘尼，是市郊顧家型男人的縮影。這種人會在週六上午當起足球教練，週日下午邀請連襟來家裡燒烤。他長得讓人信賴，覺得可以把積蓄託付給他去投資——他的公司以出售衍生性金融商品出名，而即使他欠缺這方面的技術能力，卻還是扶搖直上。可惜他這個人太過一板一眼，無法理解我腦子裡的邏輯。一九九三年，歐洲債券走多頭市場，他手下的一些交易員表現可圈可點，我卻不覺得那有什麼，惹得他一肚子火。我曾經公開表示，他們的表現沒有比亂槍掃射的結果要好。我試著將存活者偏誤的觀念（將於本書第二部討論）解釋給他聽，但白忙一場。在那之後，他的交易員全部離開那一行，「另謀高就」（連他也一樣）。但他看起來冷靜有節制，有話直說，也懂得和人交談時讓對方輕鬆自在。他口齒伶俐，運動員的外型非常中看，講話得體，而且擁有難得一見的特質——是傾聽別人說話的高手。他的個人魅力，令董事長信任有加，我卻無法掩飾不敬的態度，尤其是因爲他搞不懂我在說些什麼。雖然他的外表看起來保守，卻是一顆完美的定時炸彈，正滴答作響。

我稱第二位爲讓—帕特里斯，和甘尼相反，是個法國人，喜怒無常，脾氣火爆，咄咄逼人。除了他眞正喜歡的人（這樣的人不多），他很擅長讓部屬坐立難安，一直處於焦慮狀態中。我後來會樂於承受風險，他的貢獻很大；很難得看到有人像他那樣敢於只關心產生器，完全無視於後果如何。他展現了梭倫般的智慧。我們可能以爲擁有這種個人智慧、也了解隨機性的人，一定過著平淡單調的生活。事實上他的生活豐富多彩。甘尼平常穿著保守的深色西裝和白襯衫（頂多允許自己打一條豔麗俗氣的愛馬仕〔Hermès〕領帶）。讓—帕特里斯卻不同，穿得像隻孔雀：藍襯衫、格子運動外套縫滿搶眼的絲質大口袋。他不是顧家型男人，很少在中午以前來上班——但我敢說，他總是把工作帶到最不可能的地方去做。他經常從紐約的高級夜總會雷吉娜（Regine’s）打電話找我。凌晨三點吵醒人，討論我承受風險的一些（無關緊要的）小細節。他的身材雖然略胖，卻似乎很有女人緣；他常在中午消失，幾個小時內找不到人。這個住在紐約的法國人，有經常洗澡的習慣。這對他可能有加分作用。有一次，他找我去討論一件緊急業務。很特別的是，才下午，他就現身在巴黎一座奇怪的「俱樂部」，沒掛招牌。他坐在一張桌子後面，文件散落桌面。他喝著香檳，兩名衣著清涼的年輕小姐輕撫著他的身體。奇怪的是，他讓她們留在現場，好像她們是出席會議的成員。他甚至請其中一位接聽不斷響起的行動電話，免得打斷我們的談話。

這個四處招搖的男人，那麼沉迷於風險之中，直到今天，我還是覺得非常奇妙。他滿腦子想的都是冒險——總是在設想可能發生的每一件事。他非得要我擬定替代計畫，以防哪天有架飛機撞進辦公大樓（早在二〇〇一年九月之前，他就要我做這件事）——我的答案是：在那種情況下，他的部門的財務狀況，我不怎麼感興趣，惹得他十分不高興。他喜歡拈花惹草，名聲不好；

性情暴躁多變，氣起來就炒人魷魚。不過，他會聽我說的話，也懂我講的每一個字，鼓勵我多研究隨機性。他教我留意一些無形的風險，以免投資組合爆破。他很敬重科學，對科學家必恭必敬，絕非巧合；在我們共事之後約十年，我接受博士論文口試，他出乎意料地現身在會場後面對著我笑。甘尼懂得如何爬上機構的階梯，在被迫離職之前，升抵組織的高層。讓—帕特里斯的事業生涯卻沒那麼愉快。我因此曉得，在成熟的金融機構做事，要懂得明哲保身。

許多自封是「盈餘」取向的人，被人問到並未發生的歷史，而不是實際發生的歷史時，總是覺得對方是在無端找麻煩。對於「事業成功」、凡事一板一眼的人來說，我所用的語言（我必須承認，還有我的一些人格特質）顯然很怪，不容易理解。我的說法似乎讓很多人不高興，倒是令我覺得相當有趣。

在我漫長的事業生涯中，甘尼和讓—帕特里斯的對比，並非偶見。我們一定要提防花錢絕不手軟、「在商言商」的人，因爲自封「盈餘」取向的人，最後躺進市場墳墓中的，多得不成比例。他們平常表現得像個「太空超人」，一旦被叫進人事室，像平常那樣討論解雇協議時，便會突然之間臉色發白，低聲下氣，像隻鬥敗的公雞。

威爾不是梭倫：談有違直觀的眞理

現實主義會折磨人，機率懷疑論更糟糕。我們很難戴著機率的眼鏡過生活，因爲會在各式各樣的場合中，看到周遭充滿被隨機性愚弄的傻蛋——他們冥頑不靈，堅持自己認知的假象是對

的。首先，讀歷史學家做的分析，不可能不質疑他們的推論：我們曉得漢尼拔和希特勒瘋狂追求他們想要的，然而羅馬今天不講腓尼基語，紐約時報廣場現在看不到納粹黨徽。可是，也有一些將領同樣愚蠢，最後卻贏得戰爭，並且因此得到編年史家很高的評價，這些人又該怎麼說呢？我們很難想像亞歷山大大帝或者凱撒只在有形的歷史中勝出，卻可能在其他的歷史中慘敗。他們能夠名垂青史，只是因爲他們和其他數以千計的人一樣，冒了極大的風險，卻碰巧贏了。他們聰明、勇敢、高尙（有些時候是這樣），擁有他們當時所可能得到的最好教養——可是那些發霉的歷史註腳中，也有數以千計的其他人同樣如此。再說一次，我不爭辯他們的確贏得戰爭——只是不敢苟同他們的戰略品質高人一等的說法（成年之後，最近第一次重新翻閱《伊里亞德》敘事詩，我的第一印象是史詩詩人不以成敗論英雄。英雄打仗是勝或敗，和他們本身的勇猛完全無關；他們的命運完全取決於外部力量，而這通常出於命運之神的那隻手〔祂也有可能偏袒自己人〕）。英雄之所以是英雄，是因爲他們展現了英勇的行爲，不是因爲他們贏了或輸了。我們認爲帕特羅克洛斯〔Patrocles〕是英雄，不是看他的成就（他很快就被殺了），而是因爲他寧死也不願見到阿基里斯〔Achilles〕受辱卻不願出戰。史詩詩人顯然了解無形的歷史。後來的思想家和詩人用更精巧的方法去處理隨機性，例如我們會談到的斯多噶哲學。

閱聽新聞媒體，我有時會火冒三丈，在會動的影像前變得很情緒化，主要是因爲我還不習慣它們（我長大成人那段時間沒有電視機，直到快三十歲，才學會操作電視機）。不願考慮另類歷史很危險，一個例子是媒體人喬治．威爾訪問羅伯．席勒教授。威爾是無所不評的那種「評論家」。席勒以暢銷書《非理性繁榮》出名，但懂門道的人知道他對市場的隨機性和波動性結構（以

精確的數學表示）見解精闢。

從這次訪談，可以看出媒體為了投合一般人大為扭曲的常識和偏誤，而展現什麼樣的破壞力。有人跟我說，威爾這個人很有名，備受尊敬（指對新聞人的那種尊敬）。他甚至可說在知識上極其公正；但他的專業，只是對一般觀眾來說顯得聰明。反之，席勒從裡到外，徹底了解隨機性；他受過嚴格的論證訓練，但因為研究的主題和人的直觀大為抵觸，在觀眾看來，就顯得沒那麼聰明。很久以來，席勒一直表示股票市場漲過了頭。威爾對席勒說，要是人們以前聽他的話操作股票，現在肯定賠了錢，因為自他開始說股價過高以來，價格又漲了一倍以上。面對這種聽起來頭頭是道（卻愚蠢）的新聞用語，席勒無言以對，只能解釋說，單單一次市場預測錯誤，分量不應該視為那麼嚴重。席勒這位科學家，並沒有說自己是預言家，也不是在夜間新聞節目評論市場的演藝人員。換作貝拉會信心滿滿地表示，胖女士還沒上台獻唱，處境一定比他好。

席勒沒受過訓練，不知道怎麼把自己的觀念壓縮成新聞話語，我不懂他在這種電視節目是想達成什麼目的。認為不理性的市場不會變得更不理性，顯然是很蠢的想法；我們不可以因為席勒過去預測錯誤，就說他對市場理性持有的看法不對。我忍不住把威爾這樣的人，看成是職涯中許多噩夢的代表人物；我試著阻止某個人為了一千萬美元而玩俄羅斯輪盤，卻被新聞人威爾公開羞辱，說要是那個人聽我的話，一定錯失一大筆財富。不只如此，威爾在節目上的評論並非不打草稿，脫口而出。他曾經針對這件事寫了一篇文章，討論席勒的爛「預言」。人傾向於根據輪盤轉出的結果去做預言或抨擊預言，正好可以看出人有根深柢固的無能，沒辦法因應瀰漫現代世界的隨機性複雜結構。混淆預測和預言，是被隨機性愚弄的一種症狀（預言屬於下欄；預測則是它對

應的上欄）。

和人辯論時慘遭修理

另類歷史的觀念顯然有違直觀，於是有趣的事情來了。首先，我們的腦袋瓜子不是爲了了解機率而設計的。這一點，本書會反覆談到。這裡我只指出，研究大腦運作的學者相信，我們的心靈幾乎無法理解數學上的眞理，尤其是檢視隨機結果時。機率上的大部分結果完全違背直觀；我們會在本書看到許多這類例子。既然新聞從業人員投合閱聽群衆的世俗認知才有薪水可領，何必跟他們一般見識而爭論不休？我想起往事。每次公開討論市場，卻慘遭某人（像威爾那樣的人）以更爲動聽、更容易理解的論點羞辱，幸好後來的結果（很久之後）總證明我是對的。我不否認論點應該簡化，以發揮最大的潛力。但如果複雜的觀念沒辦法簡化成新聞媒體喜歡的說法時，人們常常就誤以爲提出觀念的人本身混淆不清。企管碩士懂得清晰和簡化的概念——五分鐘經理人做事乾淨利落。這種觀念或許適合肥料工廠的業務計畫，卻不適合用於論辯和機率有高度關係的問題——這正是我從事的這一行，企管碩士經常在金融市場陣亡的原因，因爲他們根據在學校學到的知識，把事情簡化，結果比必要的步驟少了兩三道（企管碩士讀者請別生氣；我本人也不幸擁有這個學歷）。

一種不同的地震

試試以下的實驗。到機場去，問前往遠地旅行的一些遊客，他們願意支付多少錢買旅行途中因爲任何原因死亡，保險公司會給付一百萬圖格里克（蒙古貨幣）的保單。然後問另一群旅客，他們願意支付多少錢買因爲遭到恐怖分子攻擊（而且只限於恐怖分子攻擊）而死亡，保費相同的保單。猜猜哪一種保單能賣到比較高的價格？人們很可能比較想買第二種保單（雖然前者包含因爲遭到恐怖分子攻擊而死亡的保險）。心理學家丹尼爾·卡尼曼和阿莫斯·特佛斯基數十年前發現這件事。諷刺的是抽樣群體之一不是街上的路人，而是參加某場預測者年會會議的專業預測者。他們在現在很有名的一個實驗中發現，不管是預測者，還是非預測者，絕大多數人判斷加州大地震引發死亡洪災（造成數千人死亡）的可能性，高於北美某個地方（包括加州）發生死亡洪災（造成數千人死亡）。身爲衍生性金融商品交易員，我注意到人們不喜歡爲了抽象的事物而投保；値得他們注意的風險，總是栩栩如生的東西。

這把我們帶到新聞報導的更危險構面。前面只談到對科學不敬的威爾和他的同事可以如何曲解言論，使它們聽起來十分正確，而事實不然。但資訊提供者透過他們供應的資訊，扭曲人們對世界的看法，則造成更普遍的影響。談到風險和機率，我們的大腦往往尋求膚淺的線索。這的確是個事實。這些線索大體上取決於我們產生什麼樣的情緒，或者我們心裡容易想到的事情。除了對風險的認知這類問題，風險偵測和風險規避都不是由大腦的「思維」部分調節，而是在很大的

程度內由情緒的部分調節（「感覺到的風險」理論），也是個科學事實，而且是叫人驚訝的事實。後果可不小：這表示理性思考和風險規避幾乎沒有關係。理性思考所做的大部分事情，似乎在於把某種邏輯硬套到個人行爲上，使行爲合理化。

就這種意義來說，新聞媒體表述的世界肯定不切實際。它們透過情感器官——這是交付感覺**最便宜的管道**——抓住你的注意力，可以大大愚弄你。以狂牛「威脅」爲例來說：這個話題熱了十年，卻只有數百人死亡（最高的估計值），而車禍死亡人數卻高達數十萬！——但新聞媒體報導後者，不會有商業利益（請注意因爲食物中毒或者前往餐廳路上發生車禍而死亡的風險，高於因爲狂牛病而死）。情緒化會將我們的注意焦點移轉到錯誤的地方：癌症和營養不良正因爲缺乏這種關注而受到最大的傷害。報導非洲和東南亞人民營養不良，不再能夠引起情感上的衝擊——因此這樣的新聞便淡出畫面。就這種意義來說，一個人的心理機率地圖側重於感覺，捨棄新聞反而能夠得到資訊利益。另一個例子和市場的波動性有關。在人們心裡，價格下跌的「波動性」遠高於價格激漲。此外，波動性似乎不是取決於實際的漲跌，而是由媒體的論調決定。二○○一年九月十一日之後的十八個月，市場的波動幅度遠低於之前十八個月——但不知何故，在投資人心裡，市場就是波動得十分厲害。新聞媒體探討「恐怖行動的威脅」，放大了這些市場波動在人們腦海中的影響力度。新聞媒體可能是今天讓我們最苦惱的東西之一，這是衆多原因裡面的一個——世界日益複雜，我們的心智卻被訓練得愈來愈簡單。

格言多得是

請不要把正確性和可理解性混爲一談。我們有一部分的世俗認知，喜歡能以相當快的速度解釋完畢的事情，以及「簡而言之」的事情——許多領域把這視爲法則。我上過法國公立中學，會背布瓦洛（Boileau）的這句格言：

> 容易理解的事，表達起來很清楚
> 不費吹灰之力便能說明白

長大成人後，我是隨機性的實踐者，發現大部分如詩般押韻的格言大錯特錯，讀者應該可以想見我的失望之情。前人的智慧可能不對。我必須花很大的力氣，才不會被說起來好聽的話影響。我提醒自己，要記得愛因斯坦講過的那句話：常識不過是十八歲以前學得的一堆誤解。此外，**交談或會議中，或者尤其是新聞媒體上，聽起來像是十分聰明的話，說穿了其實不無可議之處**。

翻閱科學史，可以看到科學證明可行的聰明事，剛被發現時，幾乎都像愚不可及的觀念。不妨想想，一九〇五年，向倫敦《泰晤士報》（*Times*）的記者解釋人在行進時，時間會減慢的觀念，會是什麼樣的情形？（連諾貝爾獎委員會也沒頒獎給愛因斯坦，表彰他在狹義相對論上的洞見。）

向沒摸過物理學的人說，宇宙中有些地方，時間不存在，他們會有什麼樣的反應？向甘尼解釋，雖然他手下的明星交易員「證明」其表現極爲優異，我卻有足夠的論證，能夠說服他相信自己是冒很大危險的白癡，他作何感想？

風險經理

企業和金融機構最近設立一個奇怪的職位，稱作風險經理，負責監視機構，查核它的業務有沒有過於深入玩俄羅斯輪盤。這些機構顯然被燒傷過幾次，所以有那個誘因，想找人盯著產生器，也就是導致盈虧發生的輪盤。雖然投入交易相形之下比較有趣，許多極爲聰明的朋友（包括讓─帕特里斯）卻被這種職位所吸引。風險經理的平均收入高於交易員，這個事實十分重要且吸引人（尤其是當我們考慮被淘汰的交易員人數：交易員的十年存活率是個位數，風險經理卻接近一〇〇％）。「交易員來來去去；風險經理卻一直待在那裡。」由於經濟上的理由（從機率來看，它的收入比較高），也因爲這個工作的知識成分多於只是買進和賣出的工作，以及讓人將研究和執行整合在一起，所以我一直考慮接受。最後，風險經理的血液中，有害的壓力荷爾蒙數量比較少。但是除了我個人想要享受從投機而來的痛苦和樂趣這個不理性的行爲，另外還有件事拉住了我。風險經理的工作讓人感覺相當奇怪：我們說過，現實的產生器是無法觀察的。它們的力量相當有限，難以阻止賺錢的交易員不去冒風險，因爲事後來看，他們身邊總有像威爾那樣的人，指責他們害股東失去賺錢的寶貴機會。可是，萬一陣亡，他們又必須負起責任。這樣的情況，如何

是好？

於是風險經理將心思集中在玩弄政治遊戲，以措辭含糊籠統的內部備忘錄掩護自己，警告交易員不要從事高風險活動，同時不極力譴責那樣的行為，以免丟了飯碗。就像醫生在兩類錯誤之間拿捏輕重：僞陽性（病人沒有罹患癌症，卻告訴他罹癌）和僞陰性（病人已經罹患癌症，卻告訴他很健康）。他們需要取得兩者之間的平衡，因爲他們那一行本質上需要某種誤差邊際。

副現象

從機構的觀點來看，風險經理的存在，和爲了實際降低風險比較沒有關係，和降低風險的印象比較有關係。休謨之後的哲學家和現代心理學家一直在研究副現象論（epiphenomenalism）的概念，或者什麼時候一個人會有因果關係的錯覺。是羅盤帶著船走嗎？「看著」你的風險，你能有效地降低它們，還是你因此給自己一種感覺，覺得你盡了本分？你像執行長，或者只是旁觀的新聞發布部門主管？掌控一切的錯覺有害嗎？

最後，談一下我在金融隨機性職涯的中心矛盾，以結束本章。依據定義，我必須和人反其道而行，所以我的風格和方法既不討人喜歡，也不容易理解。這沒什麼好驚訝的。但我陷入兩難之境：一方面，我和別人在眞實世界中合作，而眞實世界不只充滿不知所云和無足輕重的新聞從業人員。因此我希望人們普遍仍是被隨機性愚弄的傻蛋（這樣我才能和他們對作），但還是有夠多的少數一些聰明人，重視我使用的方法，願意請我爲他們效力。換句話說，我需要人們依舊是被

隨機性愚弄的傻蛋，但不是所有的人都不懂隨機性。我有幸遇上唐納德・蘇斯曼（Donald Sussman）。他相當於這種理想的搭檔；他在我職涯的第二階段，協助我從受雇於人的苦痛中解放出來。我承受的最大風險，是表現得太成功，因爲這表示我這一行就要消失了；所以說，我們這一行，眞是奇怪的行業。

3 用數學沉思歷史

以蒙地卡羅模擬法作為比喻，藉以了解一連串的隨機歷史事件。談隨機性和人造歷史。愈老愈美，幾乎總是如此，以及新和年輕通常有毒。請你的歷史教授去上抽樣理論入門課。

歐洲花花公子數學

純數學家給人留下的刻板印象，是臉色蒼白，鬍鬚蓬亂，指甲骯髒又不修剪，肩膀細瘦，挺著啤酒肚，在髒亂的辦公室裡，埋首於簡約卻雜亂的書桌上研讀。他忘我地工作，毫不在意周遭一團亂的環境。他在共產政權統治下長大成人，英語帶有濃厚低沉的東歐口音。吃東西時，食物殘渣會黏在鬍子上。日子一天天過去，他愈來愈沉迷於他專攻的純理論領域中，進入愈來愈高深的抽象層次。美國民眾最近遭到大學炸彈客（Unabomber）的威脅，便是這樣的一號人物。這個數學家蓄著一臉大鬍子，閉門獨居在小屋中，狠心殺害推展現代科技的人。沒有一位新聞記者能

夠描述他的論文「複雜界限」（Complex Boundaries）到底在寫什麼，因為找不到有助於我們理解的類似事物——那是一個複雜的數字，完全是抽象和想像的產物，包括負一的平方根，在數學世界以外的地方，找不到能用來類比的東西。

蒙地卡羅一詞，使人想起皮膚黝黑的歐洲花花公子型都市男子，帶著地中海的一陣微風竄進賭場。他擅長滑雪和打網球，也會下西洋棋和打橋牌。他開灰色跑車，穿燙得筆直的義大利手工西裝，談起日常不起眼但眞實的小事，用詞審愼卻口若懸河。新聞記者很容易以簡單扼要的句子，向一般人描述這些事情。在賭場內，他心思敏捷地數牌、很會計算賠率、深思熟慮地下注，同時精準地盤算最適當的賭注金額。他可能是詹姆士·龐德（James Bond）那個失散在外更聰明的兄弟。

談到蒙地卡羅數學，我想到的是兩個東西的愉快組合：蒙地卡羅男子毫不淺薄的務實作風，以及數學家不過度強調抽象概念的直觀。數學中的這門分支，實用價値的確很高，而且沒有數學常見的那種枯燥乏味。從我當上交易員的那一刻起，就迷上了它。它塑造了我對於和隨機性有關的大部分事物的看法。本書使用的大多數例子，都是用我的蒙地卡羅產生器製造出來的；本章將介紹這個產生器。不過，應該說它是一種思考方式，而遠非只是一種計算方法。數學主要是用來沉思的工具，不是拿來計算的。

各種工具

上一章討論的另類歷史概念，可以做很大的延伸，並在技術上做各式各樣的改良。這會把我們帶到我這個專業用於因應不確定性的一些工具。接下來我會說明。簡單的說，蒙地卡羅方法是用以下所說的概念，製造出來的人爲歷史。

先來談樣本路徑（sample path）。無形的歷史有個科學名稱，叫作**另類樣本路徑**（alternative sample paths）。這個名稱借自稱作或然過程（stochastic processes）的機率數學領域。路徑和結果的概念不同，不是單純的企管碩士式情境分析，而是要檢視隨著時間行進而出現的一連串情境。我們不只關心一隻鳥明晚會在哪裡過夜，也關心這段時間牠可能去的所有地方。我們不關心投資人（比方說）一年後有多少財富，但關心這段時間可能令人痛徹心扉的財富起落情形。**樣本**一詞強調我們只在一大群可能的結果中，看到其中實現的一個。樣本路徑可能已經確定，也可能隨機，因此而帶來如下所說的不同。

隨機樣本路徑也稱作隨機序列（random run），是從某一個日期開始，到另一個日期結束，一連串虛擬歷史事件的數學名稱，但不一樣的地方，在於它們受各種不同水準的不確定性影響。不過，不應該誤把**隨機**（random）當作等機率（equiprobable；也就是機率相同）。有些結果出現的機率高於其他結果。你那探險家堂弟最近一次感染傷寒，從開始到最後，每個小時量測的體溫，便是隨機樣本路徑的例子。我們也可以針對你偏愛的科技股，例如在前後一年的時間中，模擬它每

天的市場收盤價格。某個情境中，它最初的價格是一百美元，最後的價格是二十美元，但最高曾經升抵二百二十美元。另一個情境中，最後的價格漲到一百四十五美元，但其間曾經跌到十美元的低點。你晚上在賭場的財富變化，是另一個例子。你口袋裡一開始有一千美元，每十五分鐘數一次。某個樣本路徑中，到了半夜，你有二千二百美元，另一個樣本路徑，你卻只剩下二十美元，勉強能叫計程車回家。

或然過程是指隨著時間的流逝，事件往前開展的動態。stochastic 一字是希臘文 random 的時髦用語。這個機率分支領域，研究一連串隨機事件的演變——我們可稱之爲歷史的數學。一個過程的關鍵，在於它帶有時間因素。

蒙地卡羅產生器是什麼？你不必找木匠代勞，也能在頂樓複製一具完美的輪盤。我們可以寫一道電腦程式，模擬任何東西。它們甚至比木匠做的輪盤還要好（而且便宜），因爲實體輪盤可能因爲本身的斜度不良或者頂樓地板傾斜，使得某個數字比其他數字容易出現。這叫作偏誤。

在我的成人生活中，蒙地卡羅模擬比我見過的任何東西都更像玩具。我們可以用它產生數千、甚至數百萬個隨機樣本路徑，並且觀察其中一些特色呈現的普遍主要特質。電腦對這種研究很有幫助。指涉蒙地卡羅這個迷人的地方，可以在虛擬的賭場中模擬隨機事件。我們可以設定我們相信和現實常見狀況類似的條件，然後圍繞著可能的事件產生一組模擬結果。就算不懂數學，我們也可以用蒙地卡羅法，模擬十八歲的黎巴嫩基督徒爲了一筆錢，連續玩俄羅斯輪盤，觀察有多少次會使他致富，或者平均多長的時間會使他一槍斃命。我們可以把彈匣改成能裝五百發子彈，以降低死亡機率，然後觀察會有什麼不同的結果出現。

蒙地卡羅模擬法是洛斯阿拉莫斯（Los Alamos）實驗室研製原子彈時，在軍事物理學中首先發展出來的。一九八〇年代，財務數學流行使用這種方法，尤其是資產價格的隨機漫步理論。我們顯然有必要表示，俄羅斯輪盤的例子不需要使用到這種裝置，但是許多問題，尤其是和眞實生活狀況類似的問題，需要借重蒙地卡羅模擬器。

蒙地卡羅數學

沒錯，「眞正的」數學家不喜歡蒙地卡羅法。他們相信這種方法剝奪了數學的曼妙和優雅。他們說，這個方法用的是「蠻力」。我們能用蒙地卡羅模擬器（和其他的計算花招）取代一大部分的數學知識。舉例來說，缺乏幾何學正式知識的人，也能算出神祕得有如謎般的圓周率。怎麼算呢？在一個正方形內畫個圓，然後對著圖亂「射」子彈（就像在遊樂場那樣）。射到圖上任何一點的機率相同（這稱作均勻分布〔uniform distribution〕）。以圓圈內的彈孔數除以圈內和圈外的彈孔數，算出的比率會是神祕圓周率的倍數，精準度可能無限大。用電腦去做這種事，顯然不是很有效率的用法，因爲圓周率可以用分析的方式算出來，也就是以數學的形式計算，但是和一行又一行的方程式比起來，一些使用者會認爲用這種方式去了解這個主題更爲直觀。有些人的大腦和直觀，傾向於透過這種方式，比較能夠了解某些事情（我算是其中一位）。對人腦來說，電腦或許並不自然；數學也不自然。

我不是「土生土長」的數學家，也就是並非以數學爲母語，但有些人講起數學來帶有一點外

國腔。我對數學本身的特性不感興趣，只對它的應用有興趣，而數學家則會對如何（透過定律和證明）改進數學感興趣。除非遇上眞實的問題（加上一點點貪心），我已經證明沒辦法專心解開一條方程式；因此我所知道的，大都來自衍生性金融商品的交易——選擇權促使我去研究機率數學。許多衝動型的賭徒，智慧本來和平常人差不多，卻由於貪得無厭，學會驚人的數牌技巧。

我們也可以用文法來打比方；數學通常是單調沉悶且缺乏洞見的文法。有人只因爲文法而對文法感興趣，也有人只是因爲想避免寫出文理不通的文字，才研究一下文法。像我們這些第二類的人被稱作「數狂」（quants）——我們就像物理學家，對於如何運用數學工具的興趣，高於對工具本身的興趣。數學家是天生的，絕非後天能養成。物理學家和數狂也是。我並不在意所用數學的「優雅」和「品質」，只要我能得到我要的東西就行。一旦可行，我都會將蒙地卡羅機器派上用場。它們能把事情做好。用它們當教學工具，效果也好得多，所以本書會用它們來列舉各種例子。

機率確實是個內省的探索領域，因爲它影響一種以上的科學，尤其是所有科學之母，那就是知識。如果不容許知識的取得方式存有一些隨機性，以及不掃除若干論調，以便在知識形成的過程中偶然攙入一些東西，我們不可能評估所累積知識的品質。科學是以完全相同的方式對待機率和資訊。可說每位偉大的思想家都曾涉獵機率，而且大多數都沉迷其中。我認爲愛因斯坦和凱因斯（J. M. Keynes）是兩位最偉大的思想家。他們都帶著機率，踏上知識之旅。愛因斯坦在一九〇五年發表重要的論文，幾乎是以機率方式，探討一連串隨機事件（亦即靜態液體中懸浮粒子演進）的第一人。他所寫探討布朗運動（Brownian movement）理論的論文，可以作爲財務建模所用隨機

漫步方法的骨幹。至於凱因斯，在飽學之士眼裡，他不是穿花呢套裝的左翼分子喜歡引用的政治經濟學家，而是深具權威、內省、擲地有聲的《論機率》（*Treatise on Probability*）一書作者。凱因斯闖進晦澀的政治經濟學領域之前，是機率研究學者。他也擁有其他有趣的特質（他在賺得大錢之後，操作自己的帳戶卻陣亡——由此可見懂機率的人，不見得會身體力行）。

讀者猜想得到，這種機率內省的下一步，是進入哲學的領域，尤其是探索知識的哲學分支，稱做認識論、方法論，或者科學哲學。本書稍後才會談這個主題。

我的閣樓中樂趣無窮

製造歷史

一九九〇年代初，我和投入計量財務的許多朋友一樣，迷上了各種蒙地卡羅引擎。我學會自己動手做，因爲感覺像是**造物主**那樣在創造歷史而振奮莫名。創造虛擬歷史，然後觀察各種結果的分布情形，是非常刺激的一件事。從分布情形，可以看出抗隨機性的程度。所以我深信，我的事業生涯選擇極其幸運：計量選擇權交易員這一行，十分吸引人的面向之一，是我一天有將近九五%的時間，能夠自由思考、閱讀和研究（或者在健身房、滑雪道，或者更有效的是在公園座椅上「沉思」）。我也有幸可以經常在設備完善的閣樓「工作」。

電腦革命給我們的紅利，不是蜂擁而來、源源不絕的的電子郵件訊息和能夠進入聊天室，而

是突然之間有了很快的處理器可用，能夠一分鐘產生一百萬個樣本路徑。前面說過，我不曾熱切想要解開方程式，也沒本事做這種事——我比較擅長列出方程式，勝過會解方程式。突然之間，我的引擎讓我能以最小的力氣，解開最叫人頭痛的方程式。很少問題找不到解決方案。

佐葛魯伯充斥閣樓

蒙地卡羅引擎帶我做了一些有趣的冒險。當我的同行沉迷在新聞報導、中央銀行的公告、企業財務報表、經濟預測、運動比賽結果和辦公室政治之際，我開始在我的財務機率大本營的周邊領域玩它。對我這個業餘愛好者來說，進化生物學是很自然會去涉足的領域——它的訊息具有普遍性，也能用在市場上，所以很吸引人。我開始模擬氣候變化之後，一種稱作佐葛魯伯（Zorglubs）的快速突變動物的總數，並且得到始料未及的結論——第五章會談到其中一些結果。我這個純業餘愛好者，爲了逃離沉悶無聊的工作，只想發展業餘愛好者容易理解的那種直觀，針對這些事件提出一些直觀的看法，有別於專業研究工作者過度詳細和複雜的說法。我也玩分子生物學，曾經創造隨機產生的癌細胞，並且觀察到它們出現一些驚人的進化情形。當然了，製造佐葛魯伯物群的目的，是模擬不同的市場狀況（如市場奔向榮面和急轉直下的走勢）中，「白癡牛」、「浮躁熊」和「審愼型」的交易員各有什麼樣的行爲，並且探討他們短期和長期的存活情形。在這種結構下，「白癡牛」交易員因爲市場激漲而致富，會利用賺進的錢去買更多的資產，把價格推得更高，直到最後敗光。但是空頭交易員很少能在市場大漲時放空，然後等到市場重跌回補而

賺上一筆。我的模式顯示幾乎沒人能夠眞的活下去；空頭在市場的大漲走勢中紛紛中箭落馬，多頭到頭來也屍橫遍野，因爲當樂音一停，帳面上的利潤就會一掃而光。但有個例外：交易選擇權的一些人（我稱他們爲選擇權買家）擁有驚人的持久力。我想成爲其中的一員。他們是怎麼辦到的？他們可以買保險，以防陣亡；他們曉得，如果事業生涯受到威脅，絕不會是一天的結果造成的，所以他們平常高枕無憂。

如果本書的口氣看起來帶有達爾文主義和進化思想的文化，那絕不是來自我接受自然科學的正式薰陶，而是因爲我的蒙地卡羅模擬器教會我用進化方式去思考。

我想，我已經過了每次想要探索某個觀念時，便渴望去生成隨機序列的時期——但這麼多年來玩蒙地卡羅引擎，也養成了習慣，如果不看未實現的結果，我實在沒辦法想像已經實現的結果。我將這稱作「歷史之總和」。這個詞借自多采多姿的物理學家費曼（Richard Feynman）應用這種方法，探討次原子粒子動態時的表示方式。

利用我的蒙地卡羅去製造和再造歷史時，我想起一九六〇年代和一九七〇年代霍格里耶（Alain Robbe-Grillet）等炙手可熱的作者所寫的實驗小說（稱作新小說）。他們寫下和修改相同的一章，每一次都改變情節，好像另走一條新的樣本路徑。作者總是有辦法不受自己創造的過去狀況約束，而且縱容自己回頭改變劇情。

無視歷史

再從蒙地卡羅的角度來談歷史。梭倫的警世之言等古典故事中的智慧，促使我花更多時間和古典歷史學家爲伍，即使梭倫的警世之言等故事，是受益於時間的錮綠。不過，我這樣的作法和一般人背道而馳，因爲人的天性是不以歷史爲師。這個事實，可從現代市場無止無盡，重複出現結構相同的激漲和重跌走勢看得很清楚。我說的歷史，是指傳聞軼事，不是用什麼歷史理論或者氣勢恢弘的歷史主義，試圖在歷史的進化過程中，發現某些定律，形成理論，然後解讀各種事件。黑格爾哲學和僞科學歷史主義帶出了歷史終結的說法（這屬於僞科學，因爲它們從過去的事件擷取理論，卻不考慮這樣的事件組合可能來自隨機性；我們沒辦法在對照實驗中驗證它們的說法）。對我來說，歷史只在我想要的感覺層次上有用，方法是經由過去的事件，讓我更能吸取別人的觀念加以利用，同時矯正心理缺陷，以免阻礙我向別人學習的能力，而影響我想要的思考方式。這是我希望對前人發展出的尊重，以及強化我對長者本能上所感到的敬畏。但在我的交易員生涯中，這樣的尊重和敬畏逐漸消退，因爲在這一行，年齡和成功已經有點脫鉤。我其實是以兩種方式向歷史學習：閱讀前人以便向過去學習，以及利用我的蒙地卡羅玩具以便向未來學習。

火爐很燙

前面說過，人天生不會從歷史學習。我們有足夠的線索，相信人類的天賦不利於以文化的方式移轉經驗，而是透過選擇具備某些有利特質的人去移轉。有句老話說，孩子只會從自身的錯誤中學習；只有自己的手燙傷，才不會去摸發燙的火爐；別人再怎麼警告，他們也不會小心。大人也有這樣的情形。行為經濟學先驅卡尼曼和特佛斯基研究人們選擇高風險的醫療方法時，發現了這一點。不說別人，我自己就非常懶得去做身體檢查和預防（也就是說，我以為自己和別人不同，所以拒絕根據從別人計算出來的機率，推導本身承受的風險），卻極為積極治療病痛（也就是燙傷時，我總是過度反應）。這不像是處於不確定狀況下會有的理性行為。不是只有孩子或像我這樣的人，才會與生俱來無視於別人的經驗；它也影響非常多的企業決策者和投資人。

如果你認為只要讀歷史書，就會幫助你「從別人的錯誤」中學習，不妨看看下面所提的十九世紀實驗。在一個非常有名的心理學個案中，瑞士醫生克拉帕雷德（Claparede）必須面對一名十分嚴重的癡呆病患。她的病情惡化到醫生必須每十五分鐘就重新介紹自己，她才能記得他是誰。某天，他在手中暗藏一根針，和她握手。隔天，他準備伸手招呼她時，她很快就把手縮了回去，**但還是沒有認出他**。此後，關於癡呆病患的大量討論，顯示人有某種形式的學習，是他們自身沒有察覺到的，也沒有儲存在有意識的記憶中。有意識和無意識這兩個記憶的區別，科學名稱叫作陳述性（declarative）和非陳述性（nondeclarative）。來自經驗的風險規避，有不少是第二種的一部分。

我設法讓自己了解，我並沒有被設定成以教科書的那一套，從歷史中學習，才使自己對歷史生出尊重之心。

情況其實可以比這還要糟糕：在某些方面，我們並沒有從自己的歷史學習。幾個研究分支一直在探討我們爲何未能從自身對過去事件的反應中學習。例如，人沒有學到過去的經驗（正面或負面）引起的情緒反應是短暫的——可是他們卻持續保有一種偏見，認爲購買一樣東西會帶來長久、甚至可能永遠的快樂，或者挫折會造成嚴重且長期的悲痛（可是在過去，類似的挫折並沒有長久影響他們，而且購物的喜悅爲時短暫）。

我所知無視歷史的所有同行，後來都慘烈陣亡——我也還沒碰過這樣的人還沒陣亡。但眞正有趣的地方，在於他們使用的方法有驚人的相似之處。我會一再指出，這種陣亡和其他陣亡不同的地方，不只是承受金錢上的損失，更是在一個人不相信這種事實可能發生時賠了錢。一個人宣稱自己在冒險，後來遭到重擊，並沒有什麼不對，因爲他並不是宣稱所承受的風險很小或不存在。陣亡的交易員有個特色，那就是他們認爲自己對這個世界懂得夠多了，所以不能接受不利的事件可能發生。他們承受風險，並不是因爲勇敢，而是因爲無知。我注意到，一九八七年股市崩盤時陣亡的人、一九九〇年日本經濟委頓時陣亡的人、一九九四年債券市場慘跌時陣亡的人、一九九八年在俄羅斯陣亡的人、放空那斯達克（Nasdaq）股票而陣亡的人，有很多相似處。他們都宣稱「這次不一樣」或者「他們置身其中的市場不一樣」，而且提出（在經濟上）頭頭是道的知識論點，用以證明他們所說的很有道理；他們沒辦法接受別人的經驗就在那裡，伸手可及，每個人都能自由參考，而且每家書店都有在賣詳述崩盤慘況的書。除了這些一般性的系統化陣亡，我

也見過數以百計的選擇權交易員不聽這一行的前輩警告，於是像孩子觸摸火爐那樣，以愚蠢的方式陣亡之後，不得不黯然離去。我發現，他們的行爲和我本身對身體檢查及預防各種疾病的態度類似。每個人都相信自己相當不同，等到診斷出罹患某種疾病，「爲什麼是我？」的驚訝之情便會因此放大。

預測過去歷史的技能

我們可以從不同的角度來討論這一點。專家把無視歷史的一種表現，稱作**歷史決定論**。簡而言之，我們認爲歷史發生時，我們會知道；我們相信，見過一九二九年股市崩盤的人，那時知道他們活在一個嚴峻的歷史事件中，而且萬一這些事件重複發生，他們也會知道這種事實。對我們來說，生活塑造得像是一齣冒險電影，我們事先知道大事就要發生。很難想像親眼見證歷史的人，當時並不知道那一刻有多重要。我們對歷史可能表現的尊重，不知爲什麼沒有轉化爲用於面對當下的處境。

上一章提到的讓—帕特里斯，後來突然被一位有趣的公務員類型的人取代。那個人不曾涉足隨機性專業。他只是上對了公務員學校。人們在那裡學會寫報告，也在該機構擔任一些高階管理職位。和一般主觀評估的職位常見的那樣，他試著抹黑前任：把讓—帕特里斯說得很懶散和有欠專業。這個公務員做的第一件事，就是正式分析我們執行的交易；他發現，我們交易的次數有點太多，後檯作業支出因此很高。他分析外匯交易員很大的一部分交易，然後寫報告，說那些交易

只有將近一％產生很高的利潤；其餘不是發生虧損，就是利潤很少。交易員沒有執行更多賺錢的交易和減少賠錢的交易，令他驚訝不已。在他看來，我們顯然需要立即遵循他的指示。只要我們將賺錢的交易增爲二倍，整個機構的業績將十分可觀。你們這些坐領高薪的交易員，以前怎麼沒想過這麼做？

事情總是在發生之後，才看得比較清楚。這位公務員非常聰明，但這個錯誤比一個人所想的要普遍得多。這和我們的心智處理歷史資訊的方式有關。當你回頭看過去，過去總是已經確定，因爲只觀察到發生一件事。我們的心智在解讀大部分事件時，心裡想的不是以前的事件，而是用於後來發生的事件。不妨想像考試時已經知道答案。雖然我們知道歷史向前流動，卻很難理解我們是倒著去想像歷史。爲什麼會這樣？我們將在第十一章討論這一點，但這裡提出一個可能的解釋：我們的心智不是設計得相當好，可用於了解世界如何運作，而只是用於迅速擺脫困境和生育後代。如果心智是設計來讓我們了解事物，那麼它裡面會有一台機器，像錄影機那樣把過去的歷史放出來，從頭到尾，時間十分正確，而這會使我們的速度減慢許多，結果日常運作反而遇上麻煩。心理學家把由於知道後來的資訊，而高估自己在事件發生時所知道的事，稱作**事後諸葛偏誤**（hindsight bias），也就是「我早就知道會這樣」。

現在，這位公務員把賠錢的交易稱作「重大過失」，就像新聞記者稱候選人所做的決定，最後使他輸掉選舉，是個「錯誤」那樣。我會一再說明這點，直到聲音嘶啞爲止：錯誤並不是事後確定的，而是用直到那一點擁有的資訊去判斷的。

這種事後諸葛偏誤的一個更邪惡的影響，是長於**預測**過去的那些人，也認爲自己長於預測未

來，而且對於自己做這件事的能力滿懷信心。這就是爲什麼像二〇〇一年九月十一日那樣的事件，從來沒有教會我們，曉得自己生活在重大事件無法預測的世界中——連雙子塔（Twin Towers）的倒塌，當時似乎也能預測。

我的梭倫

我特愛梭倫的警世之言，還有一個理由。我回想起這個故事發生在東地中海的同一塊地方。我的祖先曾在短短一代之內，從巨富淪爲赤貧，轉折之大，我身邊記憶中生活日漸改善的人都覺得不可思議（至少在寫這本書的時候是如此）。周遭的人（到目前爲止）極少家道中落（除了走過經濟大蕭條），或者更普遍的是，他們缺乏充分的歷史感，不懂得回想從前。像我們這種信奉東地中海希臘正教和遭到侵略的東羅馬帝國公民，靈魂深處似乎記得大約五百年前那個悲慘的春天，土耳其人攻陷君士坦丁堡，我們成了亡國之奴，也成爲伊斯蘭世界中非常富有的少數族群——但那些財富很可能轉眼化爲雲煙。此外，祖父的威嚴，在我腦海中還是栩栩如生。他當過副總理，也是副總理之子（我眼中的他，總是衣冠楚楚）。他住在雅典一棟不起眼的公寓，財產已在黎巴嫩內戰期間遭到摧毀。順便一提，由於飽受戰火蹂躪，我發現沒有尊嚴的赤貧，遠比身體上的危險更難忍受（總之，我寧可保持尊嚴而死，也不肯低聲下氣過活，而這正是我不喜歡金融風險遠甚於身體風險的理由之一）。我敢說克羅伊斯憂慮亡國甚於個人生命的安危。

歷史思維有個相當重要的層面，或許比其他任何思維更適用於市場：歷史和許多「硬」科學

不同，沒辦法做實驗。但是整體而言，歷史在中長期內能夠交付大部分可能的情境，而且最後會埋葬壞蛋。我們在金融市場經常聽到別人說，壞操作遲早會逮住你。機率數學家給了它一個很炫的名稱：**遍歷性**（ergodicity）。大致的意思是說（在某些情況下）：很長的樣本路徑最後看起來彼此相似。非常長的樣本路徑，其特質將類似於一般較短路徑的蒙地卡羅特質。第一章談過有位警衛贏得彩券大獎。如果他活上一千歲，恐怕很難預期他買彩券會再中更多獎。擁有一技之長、生平運氣不好的人，最後會抬頭。幸運的傻瓜可能因為生命中的某些好運而受益；長期而言，他的狀況會慢慢趨近於運氣沒那麼好的白癡。每個人都會回歸自己的長期特質。

個人數位助理器上蒸餾後的思維

新聞快報

我一向討厭的新聞記者，是以威爾面對隨機結果的方式進入本書。接下來要說明我的蒙地卡羅玩具如何教會我要注意蒸餾後的思維。所謂蒸餾後的思維，我的意思是指把我們身邊的資訊去掉無意義卻令人分心的噪音，根據它們而形成的想法。雜訊和資訊之間的不同，正是本書的主題（雜訊的隨機性較大），並以新聞和歷史來做類比。新聞記者應該像歷史學家那樣看事情，並且淡化他所提供的資訊之價値，表現才會出色。例如他可以說：「今天股市上漲，但這個資訊不是很重要，因為主要是雜訊造成的。」如此輕視手頭上的資訊，他一定會丟掉飯碗。現在不只新聞記

者很難像歷史學家那樣思考，連歷史學家也愈來愈像新聞記者。

就觀念上來說，東西愈陳愈美（現在用數學來討論這一點爲時太早）。梭倫的警世之言，適用於充滿隨機性的生活，而這和當前媒體盛行的文化所傳遞的訊息剛好相反。這一點，更加強化我的本能，重視蒸餾後的思維更甚於比較新穎的想法，而不管後者表面上看起來是不是更爲精緻複雜。這是我床邊擺放老書的另一個原因（好吧，我承認我現在所讀的唯一新聞文章，是除了《經濟學人》〔*The Economist*〕，還有《閒談家》〔*Tatler*〕、《巴黎競賽週刊》〔*Paris Match*〕和《浮華世界》〔*Vanity Fair*〕中有趣得多的上流社會八卦）。老想法除了莊重得體，不同於新想法的粗製濫造，我也花了一些時間，以進化論和條件機率的數學觀念來表達這個看法。一個觀念能夠歷經那麼多循環而留存那麼長的時間，歷久彌新，可見相對合適。雜訊（至少**一些**雜訊）已經被過濾掉。從數學來說，進步的意思是指某個新資訊比舊資訊好，但並不是說一般的新資訊都會取代舊資訊。這表示，每當我們有所懷疑，最適當的作法是以系統化的方法排拒新觀念、資訊或者方法。這個道理很明顯，卻令人震驚。爲什麼？

主張接受「新事物」，甚至「新新事物」的論點如下所述：看看汽車、飛機、電話、個人電腦等新技術的到來，造成多麼急遽的變化。一般人所做的推論（不考慮機率的推論）會帶領我們相信所有的新技術和發明，都會使我們的生活起了革命性的變化。但是答案沒那麼清楚。我們似乎只看到贏家和只知計算它們的數目，卻排除了輸家（這就有如說演員和作家都很有錢，卻忽視演員幸運的話，大都當侍者爲生的事實，而運氣比較沒那麼好的作家，則在麥當勞賣薯條）。我們可以不看輸家嗎？星期六的報紙會登出能使我們的生活發生革命性變化的數十種新專利。人們

往往因爲看到某些發明使我們的生活起了革命性的變化，便推論我們應當支持發明和除舊布新。我的看法剛好相反。錯過飛機和汽車等「新新事物」的機會成本，和我們爲了找到珠寶（假設它們能夠改善我們的生活，但我經常懷疑這一點），必須在一大堆垃圾中搜尋，忍受它們的毒性相比，實在微不足道。

完全相同的道理可以套用在資訊上。資訊的問題不在於它們容易讓人分心，一般而言也沒有用處，而是在於它具有毒性。本書將以更技術性的方式，討論訊號過濾和觀察頻率，以檢視經常發生的新聞，其價值值得懷疑。這裡只想說，尊重老東西的論點，可用於拒絕與喋喋不休的現代新聞記者往來，並且告訴我們：做決定的人處於不確定的狀態時，應該盡量少接觸新聞媒體。大量轟炸我們的「緊急」新聞，如果有比雜訊好的東西，只能說是大海撈針。人們不了解新聞媒體是靠引起我們的注意才有收入。對新聞記者來說，沉默一向不是金。

我偶爾搭一早六時四十二分的火車前往紐約，看到一大堆抑鬱的通勤族（他們似乎寧可身在別處）把頭埋在《華爾街日報》中，總是十分詫異。他們瀏覽企業的瑣事，而這些公司，在本書撰稿時，恐怕已經關門大吉。我們很難斷定他們是因爲看報紙才顯得抑鬱，還是抑鬱的人喜歡看報紙，或者人離開了棲息地，就會看報紙，而且看起來睡眼惺忪，抑鬱寡歡。我剛踏進職場時，看到有人如此關注雜訊，心裡總是沒好氣，因爲我認爲，這種資訊缺乏統計顯著性，不足以推導出有意義的結論。不過，我現在可是樂見這種情形。很高興看到有那麼多白癡決策者，仔細閱讀報紙之後，投資下單時反應過度——換句話說，我現在把人們閱讀這種資料，看成是一種保單，因爲這樣一來，我才能繼續待在選擇權交易這麼有趣的一行，和被隨機性愚弄的傻蛋對作（一個

人需要投入很多心力去內省，才知道上個月花三十個小時或更多時間「研讀」新聞，對於那個月的作業沒有任何預測能力，對於世界的了解也毫無長進。這個問題和我們無力矯正過去的錯誤類似：就像買健身俱樂部會員證，以滿足新年新希望的作法，人們常常認爲，下一批出爐的新聞，肯定會使他們對事情的了解有所不同）。

再談席勒

關於資訊對整體社會有負面價值的看法，有不少是席勒提出的。不只在金融市場是如此，整體也一樣；席勒一九八一年發表的論文，可能是率先從數學的角度，省思整體社會處理資訊的方式。談市場波動性的這篇論文，使席勒出名。他說，如果股價是「某種東西」的估計價值（例如一家公司的折現現金流量），那麼和「某種東西」的有形表徵（他以股利爲代理變數）相較，市場價格的波動未免太大。價格波動的幅度，大於它們理該反映的基本面因素。它們有時明顯過度反應，價格漲得太高（價格因爲好消息而漲過頭，或者欠缺明顯的理由就上漲），有時則跌得太低。價格和資訊間的這種波動性差距，意味著「理性預期」並沒有發揮作用（價格上漲或下跌太多，沒有合乎理性地反映證券的長期價值）。市場一定錯了。席勒因此宣稱市場不像財務理論所說的那般有效率（簡單的說，效率市場是指價格應該反映所有能夠獲得的資訊，人完全無法預測價格，也沒辦法從中獲利）。這個結論引發傳統金融菁英下達宗教令，追殺異教徒席勒，因爲他以邪說混淆視聽。有趣且由於某種奇怪的巧合，同樣這位席勒就在前面一章慘遭威爾修理。

羅伯·莫頓（Robert C. Merton）是批評席勒的主力。他純粹基於方法論上的理由展開抨擊（席勒所做的分析極爲粗糙。例如他用股利代替盈餘的作法相當薄弱）。莫頓也爲正式的財務理論辯護，說市場需要效率，不可能把機會放到銀盤子上端給你。但是這位莫頓，後來成了一支避險基金的「合夥創辦人」，企圖從市場的無效率中獲利。先不提莫頓的避險基金後來因爲**黑天鵝問題**（特色是否定它存在）而陣亡，當初「創辦」這支避險基金，隱含的意義，是他同意席勒的市場缺乏效率的說法。不妨想想，現代金融信條和效率市場的捍衛者，竟然創立一支基金，想從市場的無效率中牟利！這就好比天主教教宗改信伊斯蘭教。

這一陣子，情況並沒有好轉。本書撰稿時，新聞供應商透過電子線路，無線供應各式各樣最新的「新聞快報」。沒有經過蒸餾的資訊相對於蒸餾過的資訊，比率不斷攀升，並且充斥市場。前人的訊息並不需要以突發新聞的形式傳給你。

這並不表示所有的新聞記者都被隨機雜訊的供應者愚弄：這一行還是有很多深思熟慮型的記者（我認爲，倫敦的阿納托爾·卡列茨基〔Anatole Kaletsky〕、紐約的吉姆·葛蘭特〔Jim Grant〕和艾倫·艾伯爾森〔Alan Abelson〕，是財金新聞記者中被人低估的這一類型代表；蓋里·史帝克斯〔Gary Stix〕則是科學記者中的代表）；可惜主流媒體的新聞依然不動腦筋，只顧提供捕捉人們注意力的雜訊，而且沒有區分兩者的機制存在。聰明的新聞記者其實反而遭到懲罰。就像第十一章提到的律師，並不關心眞相是什麼，只在意能用什麼論點，左右陪審團的意見；因爲他十分清楚陪審團心智上的弱點。新聞媒體也一樣，心裡想的只是用什麼樣合適的新聞話語，捕捉我們的注意力。學術界的朋友也不懂爲什麼我提到新聞記者明顯的行爲時要那麼激動；我這一行的問題，

在於必須依賴他們，才能獲得所需的資訊。

老而彌堅

如果你偏愛經過蒸餾的想法，那就表示你喜歡老投資人和老交易人，也就是在市場打滾最久的投資人。這和華爾街常見的實務相反。華爾街偏愛獲利最高和盡可能年輕的人。我利用蒙地卡羅法，模擬各種不同狀態（和歷史狀態很像）之下，成分複雜的交易員族群的表現，發現選擇年紀大的交易員，享有顯著的優勢。這些交易員的選擇標準，是看他們投入這一行的累積年數，不是看絕對的成功狀況（條件是他們沒有陣亡，活了下來）。投資媒體說爛了的「最適者生存」一詞，似乎沒人眞懂它的意思：從第五章將討論的狀態轉換（regime switching）來看，誰是眞正的最適者並不清楚，而且將生存下去的人，不見得是看起來像最適者的人。說來奇怪，能夠生存下去的，將是最老的人，原因很簡單，因爲年紀愈大，經歷稀有事件的時間愈長，而且更具抵抗力（這一點令人信服）。擇偶也有類似的進化論，發現這件事，令我覺得很好玩。也就是，整體而言，其他每件事都相同的話，女性擇偶時偏愛年紀較大的健康男性，甚於比較年輕的健康男性，因爲證據顯示前者的基因比較好。銀髮發出的訊號是生存能力改進——既然一個人能活到銀髮階段，顯然比較有可能耐得住變化無常的生命。說來奇怪，文藝復興時期義大利的人壽保險業者似乎也做出了相同的結論，對二十幾歲的人和五十幾歲的人收取相同的保險費，這表示他們的預期壽命相同；一個人一過了四十歲大關，就已經展現了能夠傷害他的病痛少之又少。現在我們要用數學來

重新表述這些論點。

蒙地卡羅中的斐洛斯特拉圖斯：論雜訊和資訊的不同

聰明人聽意義，傻瓜只顧雜訊。斐洛斯特拉圖斯（Philostratus）有句箴言說：「神看未來事，凡人看眼前事，智者看即將發生的事。」一九一五年，現代希臘詩人卡瓦菲（C. P. Cavafy）據此寫道：

> 他們全神貫注冥思時，接近他們的事物隱藏的聲音傳進他們耳裡，聽得十分真切，而置身於外面的街道上，什麼也聽不到。

我費盡心思，思索如何盡量不用數學來解釋雜訊和意義的不同，以及如何說明為什麼在判斷歷史事件時，時間尺度很重要。蒙地卡羅模擬器可以提供這種直觀給我們。我們從借自投資世界的一個例子談起，因為解釋它相當容易，但是同樣的概念可以用在任何事情上。

假設有個快樂的退休牙醫，住在陽光明媚的愉快小鎮。我們先驗性地知道他十分擅長於投資，賺得的報酬率可望比國庫券高一五%，每年的誤差率（也就是我們所說的波動性）是一〇%。這表示一百個樣本路徑中，預期有接近六十八個落在超額報酬率一五%加減一〇%的範圍內，也就是在五%到二五%之間（以技術術語來說：鐘形常態分布有六八%的觀察值落在負一和正一的

表 3.1 不同時間尺度的成功機率

尺度	機率
一年	93%
一季	77%
一個月	67%
一天	54%
一小時	51.3%
一分鐘	50.17%
一秒鐘	50.02%

標準差內）。這也表示有九十五個樣本路徑會落在負五%到三五%之間。

我們處理的狀況顯然非常樂觀。這位牙醫在閣樓爲自己精心布置了舒適的操作檯，希望市場有交易的每個日子，待在那裡，一邊輕啜著不含咖啡因的卡布奇諾，一邊緊盯著市場。他生性喜歡冒險，覺得做這種事，比替公園大道那些心不甘情不願的小老太太鑽牙齒有趣得多。

他訂了一種網路服務，源源不斷報價給他。現在這種服務的價格，比他喝的咖啡便宜許多。他把持有的證券放進電子試算表，好即時監控他的投機性投資組合的價值。畢竟我們活在連線的時代中。

一五%的報酬率、每年一〇%的波動性（或不確定性），換算成任何一年的成功機率爲九三%。但是如表3.1所示，從窄時間尺度來看，任何一秒成功的機率只有五〇・〇二%。在非常窄的時間尺度內，賺賠觀察值幾乎相抵。可是這位牙醫心裡不這麼想。由於情緒緊繃，螢幕一跳出紅字，表示有損失，他便心痛如絞。賺錢時，心情當然愉快，可是快樂的程度比不上賠錢的痛苦。

每天結束時，這位牙醫總是心力交瘁。由於他每一分鐘盯著投資組合的表現，表示每天（假設一天有八個交易小時）他會有二百四十一分鐘心情愉快，二百三十九分鐘不愉快。這相當於每年分別有六萬零六百八十八分鐘愉快和六萬零二百七十一分鐘不愉快。再考慮不愉快分鐘的不愉快程度大於愉快分鐘的愉快程度，那麼這位牙醫以很高的頻率檢視投資組合的表現，會承受很大的情緒赤字。

如果這位牙醫只在接到經紀公司寄來月報表時才檢視投資組合。由於有六七％的月份賺錢，所以他每年只心痛四次，卻有八次好心情。同樣這位牙醫，使用相同的策略，卻有不同的結果。再假設這位牙醫每年只看他的表現一次，那麼在可望有二十年的餘生中，他將體驗到十九次驚喜，只有一次不愉快！

隨機性的時間尺度特質通常會遭人誤解，連專業人士也不例外。我見過拿到博士學位的人為窄時間尺度的觀察值爭論不休（依任何標準來看，這種觀察值不具任何意義）。在進一步嗆新聞記者之前，我們似乎還有更多觀察值要看。

從另一個角度來談，計算雜訊相對於非雜訊的比率（也就是左欄除以右欄），便能以計量的方式檢視如下：一年內，我們觀察到每一件非雜訊，便有約〇．七件雜訊。一個月內，每一件非雜訊，觀察到約二．三二件雜訊。一個小時內，每一件非雜訊，就有三十件雜訊。一秒鐘內，每一件非雜訊，則有一千七百九十六件雜訊。

我們因此做成一些結論：

一、在短暫的時間增量內，我們觀察到的是投資組合的變異性，不是報酬率。換句話說，我們看到的是變異，沒看到其他。我總是提醒自己：一個人觀察到的，頂多是變異和報酬的組合，不只是報酬（但我的情緒不理會我告訴自己什麼）。

二、我們的情緒不是設計來了解這一點的。牙醫如果看月報表，會比更常看投資組合的表現，日子過得愉快。如果限制自己只看一次年報表，或許更愉快（如果你認為能夠控制自己的情緒，不妨想想有些人也相信能控制自己的心跳或頭髮的成長速度）。

三、當我看到有投資人在行動電話或手持式裝置上接收即時報價，監控投資組合時，我總是開心地一笑再笑。

最後，我想我不能自免於這種情緒上的缺陷。但我的因應之道，是不去接觸資訊，除非在極少數的情況中。同樣的，我寧可吟詩。如果某件事眞的很重要，它總會傳進我耳裡。後面會回頭再來談這一點。

同樣的方法可以解釋爲什麼新聞（高時間尺度）充滿著雜訊，以及爲什麼歷史（低時間尺度）中的雜訊大都已經剔除（但充斥著解讀的問題）。這可以說明爲什麼我寧可不看報紙（除了看訃聞）、爲什麼絕不閒聊市場，以及在交易室中，總喜歡找數學家和祕書談話，而不找交易員。這可以說明爲什麼最好在週一看《紐約客》(*The New Yorker*)，而不要每天早上翻閱《華爾街日報》(除了這兩份出版品的知識階級有很大的差距，我也根據發刊頻率，建議這麼做)。

最後，這解釋了爲什麼太密集注意隨機性的人會被燒傷，也會因爲經歷一連串的痛苦而心力

交瘁。不管人們怎麼說，一次負面的痛苦無法被一次正面的愉悅抵消（有些行為經濟學家估計，一般損失的負面效果，高達正面效果的二．五倍）；這會製造情緒上的赤字。

現在，你知道經常注意投資表現的牙醫，會暴露在更多的負面壓力和正面愉悅中，而兩者無法相抵。穿著實驗室制服的人，曾經探討這類負面痛苦對神經系統造成的可怕影響（一般預期的影響有：高血壓；比較少預期到的影響有：慢性壓力致記憶喪失、大腦可塑性減低和大腦損傷）。就我所知，沒有人研究過交易員心力交瘁的確切屬性，但是每天暴露在這麼高程度的隨機性中，如果不多加控制，一定會對人的生理產生影響（沒人研究過這種暴露對於罹患癌症風險的影響）。經濟學家長久以來所不明白的正激勵和負激勵（positive and negative kicks），原因出在它們的生物性和強度都不同。我們必須考慮它們是在大腦的不同部分調節——並且獲利之後做出的決定，和損失之後做出的決定，理性程度極為不同。

我們也要注意其中隱含的意義是：對一個人的福祉來說，財富不如一個人用於取得財富的路徑那般重要。

一些所謂的聰明人和理性人，經常怪我「忽視」日報中可能非常寶貴的資訊，而且他們拒絕將細枝末節的雜訊貶為「短期事件」。我的一些雇主怪我活在不同的星球上。

我的問題在於我不理性，而且十分容易淹沒在隨機性中，承受情緒上的煎熬。我知道自己需要到公園的座椅或者咖啡廳中沉思，遠離資訊。但只有去除一些資訊，我才有辦法這麼做。我這一生唯一的優點，在於曉得自己有一些弱點，主要是我面對新聞時，難以抑制情緒的起伏，以及沒辦法在觀察一種表現時保持頭腦清醒。沉默是金。第三部會更詳細說明。

4 隨機性、胡說八道和科學知識分子

進一步利用蒙地卡羅產生器，製造人為思想，並與嚴謹的非隨機建構相互比較。科學戰進入商業世界。為什麼我的審美觀樂於被隨機性愚弄。

隨機性與動詞

蒙地卡羅引擎可以帶我們進入文學味較濃的領域。科學知識分子和文學知識分子愈來愈涇渭分明——高潮稱作「科學戰爭」，文學界的非科學家和文學味並沒有較弱的科學家互槓起來。這兩種方法的分別，始於一九三〇年代的維也納，一群物理學家認爲，科學的顯著進步足以使它在原本屬於人文的領域占得一席之地。根據他們的看法，文學思想可能隱藏著許多動聽的胡言亂語。他們希望把思想從修辭中抽離出來（但適合文學和詩詞的思想除外）。

他們將嚴謹的態度引進知識生活，宣稱一句陳述只可能屬於兩類中的一類：**演繹或歸納**。前

者如「二＋二＝四」，也就是根據定義精確的公理架構（這裡是指算術規則）而來，無可辯駁。後者是指能以某種方式（經驗、統計等）證實的陳述，例如「西班牙現在下雨」或「紐約人普遍粗魯無禮」。其他陳述則純屬渣滓（用音樂取代形而上學可能好得多）。不必說也知道，歸納性陳述也許很難證實，甚至不可能證實，我們在談黑天鵝問題時會提到這一點——經驗帶給一個人信心，可能比其他任何形式的渣滓還糟（我得用上幾章的篇幅談這一點）。不過，要知識分子負起責任，爲他們的陳述提供某種形式的證據，是個不錯的起點。維也納學派（Vienna Circle）是巴柏、維根斯坦（晚年時）、卡納普（R. Carnap）和其他許多人所提上述觀念的發祥地。不管他們的原創觀念可能具有什麼價值，對哲學和科學實務的影響十分重大。他們對非哲學知識生活的一些影響正開始顯現，只是速度非常緩慢。

有一種方法可用於區分科學知識分子和文學知識分子，也就是科學知識分子通常能夠認出別人的著述，文學知識分子卻沒辦法分辨科學家和能說會道的非科學家兩者的字裡行間有什麼不同。當文學知識分子開始使用科學界的流行用語，例如「不確定性原理」、「哥德爾定理」（Gödel's Theorem）、「平行宇宙」或「相對論」，不管是斷章取義，還是經常取和科學截然相反的意義，上面所說的現象都更爲明顯。我建議讀者閱讀索克爾（Alan Sokal）令人拍案叫絕的《知識的騙局》（*Fashionable Nonsense*）一書，便能理解這樣的手法（我在飛機上看這本書，經常大笑，引來其他乘客側目）。在文章後面塞進一大堆參考文獻，另一位文學知識分子看了，會相信那篇文章就是科學文章。在科學家看來，科學顯然必須力求推論的嚴謹，不是把廣義相對論或量子不確定性等偉大的概念隨便列爲參考文獻就了事。這種嚴謹可以用普通語言達成。總之，科學重視方法和嚴

謹；在最簡單的散文體作品中可以發現科學。比方說，讀理察・道金斯（Richard Dawkins）的《自私基因》（*Selfish Gene*），很令我稱奇的一件事是，雖然書中沒有列出一條方程式，讀來卻好像是從數學語言翻譯出來似的。可是它仍算是藝術類散文。

反向杜靈測試

在這件事上，隨機性的助益可能很大。還有另一種遠爲有趣的方式，可以區分誰在胡說八道，以及誰在眞正思考。用蒙地卡羅產生器，有時可以複製某樣東西，讓人以爲那是文學論述，但我們不可能用隨機的方式建構科學論述。我們可以用隨機的方式寫成華麗的文詞，眞正的科學知識卻不行。這是杜靈（Alan Turing）測試人工智慧所做的應用，只是方向剛好相反。什麼是杜靈測試？杜靈是才氣橫溢的英國數學家，行事古怪，也是電腦的先驅，他提出如下的測試方法：如果電腦能夠（平均而言）騙過一個人，誤以爲它是另一個人，那麼電腦可說具有智慧。反過來說也對：如果我們能用電腦（我們知道電腦沒有智慧）複製一個人的言詞，並且騙人相信那是人寫的，那麼我們可以說那個人沒有智慧。我們能以完全隨機的方式，產生一篇作品，讓人誤以爲是法國哲學家德希達寫的嗎？

答案似乎是辦得到。索克爾（前文曾提到他寫了一本超搞笑的書）曾經惡作劇，寫出一派胡言，並且發表在某著名期刊上。除了他，也有人設計蒙地卡羅產生器，去寫這類文章和整篇論文。把「後現代主義派」的文章輸進這些蒙地卡羅產生器，它們可以用遞歸文法隨機組詞，產生

文法完美卻一點意義也沒有的句子，聽起來就像雅克・德希達或卡米兒・帕格里亞（Camille Paglia）等人寫的。由於文學知識分子的想法模糊不清，容易被隨機性所騙。

澳洲莫納什大學（Monash University）有一具由安德魯・布爾哈（Andrew C. Bulhak）打造的達達引擎（Dada Engine）。我拿這具引擎來玩，寫下一些文章，包含下列的句子：

> 但是魯西迪（Rushdie）作品的主題不是如現實辯證範式所說的屬於理論，而是前理論（pretheory）。新語義學論述範式的前提，意味著性認同具有意義，而這是很諷刺的。許多敘事文可能揭露了作者扮演觀察者的角色。我們可以說，如果文化敘事成立，我們就必須在敘事和新概念馬克思主義的辯證範式中做選擇。沙特（Sartre）的文化敘事分析指出，社會有客觀價值，而這相當矛盾。
>
> 因此，新辯證表達範式的前提，隱含的意思是意識或可用於強化層級，但只有在現實有別於意識的情況下才如此；如果不是這樣，我們可以假定語言具有內在意義。

有些商業辭令不折不扣屬於這一類，只是沒那麼優雅，而且所用的語彙類別和文學不同。我們可以隨機寫出一篇演說，仿效貴公司的執行長，保證不管他說什麼，都有價值，或者就算是某個幸運的人被放在那個位置，隨便胡說八道什麼都沒關係，修飾之後便可圈可點。怎麼做？請從下一段隨機選出五個短語，然後加入最少的字把它們串連起來，構成文法上沒有缺點的演說。

我們照顧客户的利益／前面的路／人員是我們的資產／創造股東價值／我們的願景／我們的專長在於／我們提供互動式解決方案／我們將自己定位於這個市場／如何為客户提供更好的服務／忍受短痛換取長期的利益／長期而言我們將獲得回報／我們發揮己長，並改善缺點／勇氣和決心將勝過一切／我們致力於創新和科技／快樂的員工有生產力／承諾追求卓越／策略性計畫／我們的工作倫理。

如果聽起來太像你剛聽過的貴公司老闆演說，我建議你換個新工作。

偽思想家之父

討論人造歷史時，很難不對所有偽思想家之父黑格爾講幾句話。他寫了一些莫名其妙的話，在別致的巴黎左岸咖啡館，或者遠離眞實世界，孤芳自賞的某些大學人文學系之外，一點意義也沒有。我們來看這位德國「哲學家」如下的一段話（這是卡爾．巴柏發現、翻譯和抨擊的一段話）：

聲音是隔離物質部分的具體狀況，以及否定這種狀況的變化；這只是那種規格的抽象或理想的理想性。但是因此，這種變化本身立即否定物質的具體存在；所以這是具體重力和凝聚力的真實理想性，也就是——熱。就像身體被打或摩擦，發聲體熱了起來，也就是熱的外觀，在概念上與聲音同一源頭。

連蒙地卡羅引擎也沒辦法像這位哲學思想大師那麼隨機(這需要很多樣本序列，才能把「熱」和「聲音」混合出來)。人們稱之爲哲學，也經常拿納稅人的錢去補助他們!現在黑格爾的思想和歷史的「科學」方法大致搭上關係；它已經製造出馬克思政權等結果，甚至還有個分支，稱作「新黑格爾」思想。這些「思想家」在發表見解之前，應該要他們去上大學部統計抽樣理論的課程。

蒙地卡羅詩

有些時候，我喜歡被隨機性愚弄。只要和藝術、詩詞有關，我對胡言亂語和長篇大論的厭惡會消失。一方面，我試著定義自己，並在行爲舉止上表現得像嚴肅的超現實主義者，努力釐清機運所扮演的角色。另一方面，我耽溺在各式各樣的個人迷信中，絲毫不受良心的譴責。我如何畫分界線?答案是美學。有些美學形式能夠投合我們內心的某種東西，不管它們是否源於隨機關聯或者單純的幻覺。人類的基因有某種東西會被語言的模糊和含混深深觸動；那麼何必去抗拒?

我對詩詞和語言的愛好，起初受到連詩遊戲的壓抑。這種遊戲能夠隨機構成有趣的優美詩句。把夠多的字丟在一起，根據組合法則，就會有一些不同尋常且發音美妙的隱喻浮現。我們無法否認其中一些詩句美得叫人心蕩神馳。如果它們能夠取悅我們的美感，何必在意它們是怎麼產生的?

連詩遊戲的故事如下所說。第一次世界大戰結束後，一群超現實主義詩人——包括他們的教皇安德烈・布荷東(André Breton)、保羅・艾呂雅(Paul Eluard)等人——齊聚咖啡廳，玩起一種

遊戲（現代文學評論家認爲，戰後人們心情抑鬱，需要逃避現實，於是有了這種遊戲出現）。他們每個人在一張摺起來的紙上，輪流寫下一個句子中預定的部分，但彼此不知別人寫了什麼。第一位寫形容詞，第二位寫名詞，第三位寫動詞，第四位寫形容詞，第五位寫名詞。如此隨機（和集體）安排文字，公開發表的第一句詩是：

吟詩連句喝新酒。

很美吧？用原本的法語發音，詩意更濃。相當美的詩句是以這種方式產生，有時更可借助於電腦。但不管是以隨機的方式，從一顆或多顆紊亂的頭腦中高聲吟誦，還是由一位刻意創作的人嘔心瀝血去寫而產生，人們讀詩，除了享受它的聯想之美，從來沒有多想其他。

不論詩是從蒙地卡羅引擎得到，還是由小亞細亞盲人的口中唱出，語言都有帶來愉悅和撫慰的力量。把它翻譯成簡單的邏輯論點，以測試它的知性效度，將剝奪它程度不等的力量，有時更會過度剝奪；沒有什麼東西比翻譯詩更平淡無味。語言扮演著重要的角色，一個令人信服的論點是，聖潔的語言歷經日常使用的嚴峻考驗，卻不遭毀壞，而留存下來。閃族的宗教（也就是猶太教、伊斯蘭教和原始的基督教）都了解這一點：語言不應爲了日常使用而合理化，也應該避免被方言所毀壞。四十年前，天主教會把服事和聖餐禮儀從拉丁文翻譯成地方語言；或許有人會懷疑這樣的作法是否導致宗教信仰滑落。突然之間，宗教被人以知識和科學的標準加以評斷，而不是用美學的標準去評斷。幸好希臘東正教教會犯下一個錯誤，將它的若干祈禱文從教會希臘語翻譯

成安提阿（Antioch）地區（在土耳其南部和敘利亞北部）的希臘敘利亞人說的閃語系方言，也就是選擇古典阿拉伯語這個完全死掉的語言。我的同胞因此有幸混合已經消失的共同語（Koiné；教會希臘語）和同樣消失的可蘭經阿拉伯語祈禱。

上面所說，和談隨機性的一本書有什麼關係？人性都需要一些小確幸。連經常以十分深奧的方式，逃避現實的經濟學家，也開始了解激勵人的東西，不見得是人裡面管計算的會計師部分。談到日常生活中的細節，我們不需要那麼理性和科學——只有在會傷害我們和威脅我們生存的狀況下，才需要那樣。可是現代生活卻似乎要我們做完全相反的事；談到宗教和個人行爲等事物，我們變得極其務實和知性，談到由隨機性主宰的事物（例如投資組合或不動產投資），卻盡可能不用理性。我遇過一些非常「理性」、一板一眼的同行，不了解爲什麼我特愛波德萊爾（Baudelaire）和聖瓊·佩斯（Saint-John Perse）寫的詩，或者埃利亞斯·卡內蒂（Elias Canetti）、波赫士（J. L. Borges）、華特·班雅明（Walter Benjamin）等沒沒無聞（而且經常不知所云）的作家。他們熱切收聽電視「名嘴」所做的「分析」，或者聽信開豪華轎車的鄰居報出的小道消息，買進自己一無所知的公司股票。維也納學派在吐槽黑格爾式又臭又長的哲學時說，從科學的觀點來看，它根本是垃圾，從美學的觀點而言，它又比不上音樂。我則必須指出，經常看波德萊爾的詩，遠比收看CNN的新聞或聽威爾胡說八道要愉快得多。

有句意第緒（Yiddish）諺語說：「如果我不得不吃豬肉，那麼最好給我上等豬肉。」如果我得被隨機性愚弄，那麼最好是美妙（而且無害）的那一種。本書第三部會再提到這一點。

5　最不適者生存——進化有可能被隨機性愚弄嗎？

兩樁稀有事件的個案研究。談稀有事件和進化。「達爾文學說」和進化的概念如何在非生物學界遭到誤解。生命並不連續。進化如何將被隨機性愚弄。為歸納問題揭開序幕。

新興市場奇才卡洛斯

以前我常在紐約的各種聚會上碰到卡洛斯。他的穿著無懈可擊，但遇到女士，便顯得有點害羞扭捏。每次見到他，我總會衝過去，向他請教他賴以為生的事，也就是新興市場債券的買賣。他人很好，問什麼，答什麼，但相當緊張；原來他英語雖然講得流利，卻得費上一些力氣，頭部和頸部的肌肉緊綳著（有些人天生不是講外語的料）。新興市場債券是什麼？「新興市場」是指一國的經濟不是很發達（我是很懷疑這種說法，所以不認爲「新興」一詞有那麼肯定），政治正確的委婉說法。新興市場債券就是這些外國政府發行的金融工具，主要是指俄羅斯、墨西哥、巴

西、阿根廷、土耳其。當這些國家的政府表現欠佳，債券交易價格便只剩幾分錢。可是一九九〇年代初，投資人突然湧進這些市場，而且買進愈來愈新奇的證券，把市場炒得更加火熱。所有這些國家都在大興土木興建飯店、提供美國的有線新聞頻道，健身俱樂部則配備跑步機和大螢幕電視機。它們因此躋身全球村之列。它們都接觸到同樣的名嘴和金融界的演藝人員。銀行前來投資它們的債券。這些國家再利用收進的錢，興建更好的飯店，吸引更多的投資人造訪。到了某個時點，它們發行的債券十分搶手，從數美分漲到數美元；對它們一無所知的投資人，竟然賺得龐大的財富。

卡洛斯應該是出身拉丁美洲的一個顯赫家庭，卻因一九八〇年代的經濟問題，家道由富轉貧。不過，我遇到從窮國來的人，很少不是家裡曾經擁有一整個省份，或者曾經供應化裝舞衣給俄國沙皇。他大學成績優異，接著到哈佛攻讀經濟學博士學位。當時拉丁美洲人都習慣做這種事（他們想要從非博士的惡魔手中拯救國家經濟）。他是個好學生，卻找不到像樣的博士論文題目。論文指導老師認爲他欠缺想像力，判斷他不是念博士的料。卡洛斯只好捧著碩士學位，在華爾街找事做。

一九九二年，紐約一家銀行新設的新興市場交易檯雇用了卡洛斯。他擁有成功的必要條件：懂得在地圖上找到發行「布雷迪債券」（Brady bonds）的國家，也就是低度開發國家發行的美元計價債務工具。他懂國內生產毛額是什麼意思，看起來十分認眞、腦筋靈敏，而且，雖然說話帶著濃厚的西班牙腔，卻能說會道。他是銀行覺得推到顧客面前很放心的那種人。這和缺乏磨練的其他交易員相比，可說天差地別！

卡洛斯正逢其時，遇到新興市場扶搖直上。他剛進入那家銀行時，新興市場債務工具的規模還小，交易員的工作地點位在交易廳內不甚理想的一角。但是他們的業務迅速成爲銀行很大的收入來源且繼續成長。

卡洛斯正是這個新興市場交易員社群的典型；他們是來自各新興市場、很有國際觀的上層人士。看到他們，我就想起華頓商學院的國際咖啡聯誼時間。我發現，極少人專精於自己的出生地市場，這事挺怪的。例如，倫敦的墨西哥人交易俄羅斯證券，伊朗人和希臘人專攻巴西債券，阿根廷人交易土耳其證券。他們通常文雅有禮，穿著得體，收藏藝術品，和我見過的眞正交易員不同，但他們不是知識分子。他們似乎太墨守成規，不可能成爲眞正的交易員。年齡大都介於三十到四十歲之間，因爲他們涉足的市場剛在成長。你可以猜到其中許多人買了大都會歌劇院的季票。我相信眞正的交易員穿著邋里邋遢，通常很醜，可是會表現出強烈的知識好奇心，對垃圾桶內能夠發現資訊的廢物，比牆上掛的塞尙畫作更感興趣。

卡洛斯是交易員，也研究經濟，因此十分吃香。他在拉丁美洲各國有龐大的朋友圈，非常清楚那裡發生的事。他買自己認爲有吸引力的債券，原因是它們支付相當高的利率，或者因爲他相信將來它們的需求會增加，因而推升價格。稱他爲交易員或許不對，因爲交易員會買也會賣（可以出售自己沒有的證券，以後再回補，好從價格的跌勢賺取利潤；這就是所謂的「放空」）。卡洛斯卻只買不賣——而且是大買。他相信持有這些債券能得到很不錯的風險溢酬，因爲借錢給那些國家，有經濟上的價値。依他之見，放空不具經濟意義。

卡洛斯在銀行內，就像新興市場的參考書。問他問題，很可能馬上就把最新的經濟數字給算

出來。他常和董事長共進午餐。依他之見，交易就是經濟學。就這麼簡單。他的表現十分稱職，一再升遷，最後成爲該機構的新興市場交易檯首席交易員。一九九五年起，卡洛斯在新工作上表現極其亮眼，可以運用的資金穩定增加（也就是說，銀行將更高百分率的資金交給他去操作）——速度快到他沒辦法用完新的風險限制。

賺錢的年頭

卡洛斯賺到錢的那些年頭，不只是因爲他買了新興市場債券後，它們的價值在那段期間上漲。獲利的主要原因，是他也逢低接手。當價格因爲短暫性的恐慌而急跌，他會加碼敲進。一九九七年，如果不是十月間他在股票市場假崩盤而致債券重挫時增添部位，這一年本來是賠錢的。能夠抓到這些小回檔而賺錢，令他感覺自己戰無不勝。他不可能犯錯，並且因此相信與生俱來的經濟直覺，會讓他做出很好的交易決定。市場重挫後，他會查證基本面，如果基本面仍然良好，他就買進更多證券，並在市場回升途中減量經營。回顧卡洛斯開始介入新興市場債券，到一九九七年十二月他領到最後一張獎金支票這段期間，我們看到市場一路向上，中間偶有回檔，例如一九九五年墨西哥貨幣貶值，之後又恢復相當長的漲勢。我們也能看到有些重跌走勢，後來證明正是「絕佳的買進機會」。

但一九九八年夏天，卡洛斯毀於一旦——這次市場重挫之後，久久沒有止跌回漲。到那時爲止，他只有一季發生虧損，但虧損糟到無以復加。這麼多年來，他總共爲銀行賺進接近八千萬美

元。可是才一個夏季，他就賠掉三億美元。到底發生了什麼事？六月間，市場開始重挫時，提供消息的友人告訴他，賣壓湧現純粹是曾在華頓商學院任教的教授經營的一家新澤西州避險基金「清倉」的結果。那個基金專營抵押證券，剛接獲指示，必須減少總持有數量。由於從事這一行的**收益豬**（yield hogs，人們稱呼這些基金的說法）都會努力建立「分散型」的高收益證券投資組合，所以它持有一些俄羅斯債券。

向下攤平操作

市場開始下跌時，他敲進更多的俄羅斯債券，平均價格爲五十二美元左右。卡洛斯的操作風格一向是向下攤平操作。他認爲，問題和俄羅斯毫無瓜葛，而且一位瘋狂學者經營的某個新澤西基金，也不會影響俄羅斯的命運。他對著質疑他買進是否恰當的人大吼：「仔細聽我說：那只是清—倉而已！」

到了六月底，他的一九九八年交易收入已經從賺六千萬美元減爲賺二千萬美元。他很氣這件事，但估量著：要是市場漲回新澤西基金賣盤殺出前的水準，他就會賺進一億美元。他斷言市場肯定回漲，說那些債券的交易價格絕對不會低於四十八美元。他冒的風險極低，可能的獲利卻那麼高。

七月接著來了，市場跌得更多。俄羅斯的指標債券價格現在是四十三美元。他的部位已經賠錢，卻還是加碼操作。這一年到現在，他已經賠了三千萬美元。主管開始緊張起來，他卻依然告

訴他們，俄羅斯不會垮。他重彈老調，說俄羅斯大到倒不了。他估計俄羅斯的紓困成本很低，卻對全球經濟大有助益，所以現在沒道理出清部位。他一再表示：「這是買點，不是賣點。這些債券的交易價格非常接近可能的違約價值。」換句話說，萬一俄羅斯違約無力履行債務，缺乏美元支付債務利息，這些債券還是很穩。這樣的想法是從哪裡來的？他和其他的交易員、新興市場經濟學家（或者交易員兼研究經濟的那一型）討論過後，有了這種想法。卡洛斯把個人財富淨值的一半左右（那時是五百萬美元）投入俄羅斯本金債券。他向下單執行這筆交易的證券營業員說：「我要靠這次賺得的利潤退休。」

持續探底

市場繼續盤跌。八月初，交易價格來到三十多美元。到了八月中旬，只剩二十多美元。卡洛斯還是沒有採取任何行動。他覺得螢幕上的價格，和他買「價值」的這一行毫不相干。

他的言行開始露出久戰後的疲憊，愈來愈神經質，不再那麼冷靜沉著。一次會議上，他對著某個人大吼：「笨蛋才會認賠停損！我不會高買低賣！」以前連番告捷時，他學會了瞧不起不做新興市場證券的交易員。現在，他又搬出以前常說的那一套：「要是一九九七年十月我們慘賠後出場，那年的業績就不會那麼出色。」他也向管理階層說：「這些債券的交易價格非常低。現在投資這些市場，將來會實現可觀的報酬。」每天早上，卡洛斯花一個小時和全球各地的市場經濟學家討論當前的情勢。他們的看法似乎相近：市場賣過頭了。

卡洛斯的交易檯也在其他的新興市場發生虧損。俄羅斯國內的盧布債券市場，他也賠了錢，而且愈賠愈多，卻總是告訴管理階層，說比他們的銀行規模要大的其他一些銀行發生很大的虧損。他覺得有必要讓人知道「他的表現相對於業界還算不錯」。這是發生系統性問題的徵兆；由此可見整個交易員社群都在做完全相同的事。說其他交易員也出了事，等於承認自己也惹上麻煩。交易員應有的心態，其實應該指引他去做**其他人不會做的事**。

接近八月底的時候，市場指標俄羅斯本金債券的交易價格低於十美元。卡洛斯的財富淨值近乎腰斬。他遭到解雇。頂頭上司，也就是交易部門的主管遭到池魚之殃，同樣捲鋪蓋走路。銀行總裁被降級到一個「新創的職位」。董事會不懂的是：爲什麼他們的銀行要投資那麼多錢在發不出薪水給公務員的一國政府——更叫人不安的是，連武裝士兵也領不到薪餉。全球各地的新興市場經濟學家彼此談了那麼多，卻忘了考慮這件小事。資深交易員馬提．歐康奈（Marty O'Connell）把這種現象稱作消防隊效應。他觀察到，消防隊員閒著沒事幹的時間太長，彼此聊得太多，很多事情的看法就會相同，但客觀的局外人會覺得那些看法荒唐可笑（他們會發展出非常類似的政治見解）。心理學家賦予它更別致的名稱，但我的朋友馬提沒學過行爲科學。

原來，俄羅斯政府做了假帳，騙過國際貨幣基金（International Monetary Fund）的書呆子。不要忘了，人們評斷經濟學家的好壞，是以他們讓人覺得有多聰明而定，不是以科學量數去觀察他們的現實生活知識。但是債券價格可不會上當。價格懂得比經濟學家多，也懂得比新興市場部門中的卡洛斯那種人多。

隔壁桌的資深交易員魯伊多年來一再遭到這些有錢的新興市場交易員的冷嘲熱諷，現在終於

風水輪流轉，能夠一吐悶氣。魯伊那時五十二歲，生於布魯克林，長於布魯克林，三十餘年來歷經不計其數的大小市場循環，活了下來。他冷眼旁觀保安人員把卡洛斯送到大門，就像被俘的士兵被送進競技場。他用布魯克林腔喃喃自語：「**什麼鬼扯經濟學。一切其實都是市場動態。**」

卡洛斯現在被踢出了市場。將來某個時點，歷史可能證明他是對的，但這和他是爛交易員的事實無關。他確實具有思慮縝密的紳士特質，也會是理想的女婿。但他擁有爛交易員的大部分特質。而且，在任何一個時點，最有錢的交易員往往是最爛的交易員。我將這稱爲**橫斷面問題**（cross-sectional problem）：在市場中的任一時點，最成功的交易員可能最適合最近的一個循環。牙醫師或鋼琴家不太常碰到這種事情——因爲這些專業的隨機性免疫力較強。

高收益交易員約翰

我們在第一章談過尼洛的鄰居約翰。他現年三十五歲，從佩斯大學的魯賓商學院畢業後，就一直待在華爾街當企業高收益債券交易員，已經七年。他在創紀錄的極短時間內升任主管，領導由十個交易員組成的一支團隊——這要感謝他在兩家性質相近的華爾街公司之間跳槽。它們開給他優渥的分紅合約，同意他從每個曆年結束時的利潤中領取二〇%。此外，他在交易時，也可以投資個人的資金——這是難得享有的特權。

約翰不能說是絕頂聰明的人，但一般相信他很有生意腦筋。大家都說他「務實」且「專業」，給人生來就是個生意人的印象，絕不說什麼不尋常或不得體的話。大部分時候，他十分冷靜，很

少發洩個人的情緒。即使偶爾咒罵（這裡畢竟是華爾街！），聽起來也很專業。

約翰的穿著毫無瑕疵，一部分原因是他每個月到倫敦一趟。他的單位在那裡設有分支機構，督導歐洲的高收益證券交易活動。他穿薩佛街（Savile Row）量身訂做的深色西服，打菲拉格慕（Ferragamo）領帶——足以留下華爾街成功專業人士縮影的形象。尼洛每次無意中遇到他，離開時總覺得自己穿得很破爛。

約翰的交易檯主要做「高收益」交易，買進「廉價」的債券，收益率可能爲一〇%，而他所服務機構的借款利率只有五．五%，因此淨賺四．五%。這也稱値作**利率差距**——利差似乎不大，但他可以運用槓桿，讓這樣的利潤發揮槓桿效應。他在不同的國家都這麼做，依當地的利率借款，並且投資於「高風險」資產。他輕而易舉跨越數大洲，累積起面値超過三十億美元的這種交易。他賣出美國、英國、法國和其他國家的債券期貨，爲他的利率曝險交易做好避險措施，因此限制他的賭注於兩種工具之間的差價。他認爲這套避險策略可以保護他——有如裹著保護層（他是這麼想的），能夠防範討厭的全球利率波動。

懂電腦和方程式的數狂

約翰找亨利當他的助理。亨利是外國來的數狂，英語講得人家總是聽不懂，但是風險管理方法據信至少和約翰不相上下。約翰不懂數學，只好靠亨利。他老愛這麼說：「他的腦袋加上我的生意經是絕配。」亨利會把整個投資組合的風險評估結果交給他參考。每當約翰覺得不放心，就

會要亨利另交一份新報告。約翰招聘亨利時，後者還是學作業研究的研究生，他的專攻領域稱作運算財務，聽名字似乎只是半夜在跑電腦程式。亨利的收入三年內從五萬美元跳升為六十萬美元。

約翰為機構創造的大部分利潤，其實不是來自上面所說金融工具之間的利率差距，而是來自約翰所持證券價值的變化，主因是其他許多交易員模仿約翰使用的交易策略買進它們（結果導致這些資產的價格上揚）。利率差距愈來愈接近約翰所相信的「合理價值」。約翰認為他用於計算「合理價值」的方法相當健全。整個部門協助他分析和判斷哪些債券具有吸引力，並且具有資本增值潛力。一段時間內賺得那麼高的利潤，對他是家常便飯。

約翰為雇主賺進穩定的收入。其實，不能說只是穩定而已。每一年，他創造的收入幾乎都是前一年的兩倍。他在公司服務的最後一年收入飛升，因為分配給他交易的資金，超過他曾有過的最狂野期望。他領到高達一千萬美元的獎金（稅前金額，需要繳將近五百萬美元的稅）。約翰三十二歲時，個人財富淨值有一百萬美元。到了三十五歲，財富超過一千六百萬美元。這些錢大都是靠獎金累增的——但也有不少是個人投資組合的獲利。一千六百萬美元中，他堅持撥出一千四百萬美元左右，繼續投資於他的業務。由於可以運用槓桿（也就是利用借來的錢），他們允許他操作五千萬美元的投資組合，其中三千六百萬美元是向銀行借的。不過，槓桿有利也有弊，小損失會很快滾成大雪球，把他掃出市場。

短短幾天，一千四百萬美元就化為烏有——約翰也丟了工作。和卡洛斯一樣，事情發生在一九九八年夏天，高收益債券價值一蹶不振。市場進入動盪期，他投資的幾乎每一樣東西，走勢同

時對他不利。他的避險策略不再管用。他對亨利火冒三丈，怪他沒有算出這種事有可能發生，也許程式裡面有臭蟲。

損失剛開始出現時，他的反應很典型，也就是不理會市場的走勢。他說：「一直聽市場的情緒變化，你會瘋掉。」這句話的意思是說，「雜訊」會回歸平均數，也就是可能會被反方向的「雜訊」抵消掉。亨利向他解釋的說法，轉成一般話語，就是這個意思。但是，他面對的「雜訊」，一直往相同的方向累增。

就像聖經中所說的週期，約翰經過七年才成爲英雄，但短短七天就毀了。約翰現在成了狗熊；他失去工作，沒人回他的電話。他的許多朋友處境相同。怎麼會這樣？他掌握那麼多資訊，紀錄無懈可擊（因此，在他看來，他的智力和能力高人一等），也有複雜的數學供他運用，怎麼會落到這步田地？他有可能忘掉隨機性朦朧的身影嗎？

由於事件的發展十分迅速，加上他被震得暈頭轉向，約翰花了很長時間，才弄清楚到底發生了什麼事。市場並沒有跌很多，但他動用的槓桿太大了。更令他瞠目結舌的是，他們計算這種事件發生的機率是一、〇〇〇、〇〇〇、〇〇〇、〇〇〇、〇〇〇、〇〇〇、〇〇〇、〇〇〇、〇〇〇年才有一次。亨利說這是「十個希格瑪」事件。後來亨利把概率提高爲兩倍，但影響不大。事實上，發生的機率是一、〇〇〇、〇〇〇、〇〇〇、〇〇〇、〇〇〇、〇〇〇、〇〇〇、〇〇〇、〇〇〇年有二次。

約翰什麼時候才能從這場苦難中恢復過來？或許永遠無法翻身。這不是因爲約翰賠了錢。好交易員已經習慣賠錢。原因在於他陣亡了；約翰賠掉的錢多於他計畫賠掉的。他個人的信心被摧

毀了。但約翰可能永遠無法東山再起，還有另一個原因。原來約翰一開始就拙於交易。他只是某件事發生時，碰巧在場的人之一而已。他可能看起來很像樣，但看起來像樣的人多了去。

事情發生之後，約翰說自己「毀了」；可是他的財富淨值還有將近一百萬美元，地球上超過九九．九%的人看了他的財富，可能只有嫉羨的份。可是由上而下掉到某種財富水準，和由下而上掙到那種財富水準，兩者是不一樣的。從一千六百萬美元減為一百萬美元，一路上不會像從零到一百萬美元那麼愉快。除此之外，約翰羞愧難當；他現在還是會擔心在街上撞見老朋友。

他的前雇主可能應該是對整體結果最不滿意的一個。約翰經歷這場浩劫，還留下一點錢，也就是他存下來的一百萬美元。他應該感謝這段慘劇沒有奪走他的一切——除了情緒上筋疲力盡。他的財富淨值沒有成為負數。可是他的最後一位雇主卻不是這樣。約翰在七年內為他做過事的紐約投資銀行賺進二億五千萬美元左右，卻在短短幾天內，害最後一位雇主賠掉六億美元以上。

他們共有的特質

有必要提醒讀者：不是所有的新興市場和高收益交易員的言行都像卡洛斯和約翰。只有最成功的交易員才像，或者在一九九二年到一九九八年多頭市場走勢期間，表現最成功的交易員可能才像。

以約翰和卡洛斯的年齡來看，他們還有機會開創另一番事業生涯。到目前的專業之外另尋出路，才是他們的明智之舉。他們在這一行很可能活不下去。為什麼？因為和他們其中任何一位討

論市場情勢，很快就會看出他們都具備急性成功的隨機性傻蛋的特質，而且都在隨機性最強的環境中操作。更叫人擔心的是，他們的主管和雇主也有相同的特質。他們也永遠被市場掃地出門。我們會在本書一再看到這些特質。同樣的，這些特質可能缺乏明確的定義，但當你看到，就能一眼認出。不管約翰和卡洛斯做什麼，他們仍將是不懂隨機性的傻蛋。

被隨機性常數愚弄的市場傻蛋一覽

以下提到的大部分特徵，都和表P.1的上欄與下欄混爲一談相同；並且指出它們如何被隨機性愚弄。概要說明如下：

不管是像卡洛斯那樣相信經濟學，還是像約翰那樣相信統計學，他們都高估自己所持信念的準確性。他們從沒想過，以前用經濟變數去操作行得通，或許只是一時巧合而已，更糟的是，也可能是因為經濟分析適用於過去的事件，而掩飾了它的隨機元素。有那麼多可能的經濟理論可用，很容易找到合情合理的一個，用於解釋過去或者過去的一部分。卡洛斯進入市場之際，碰巧那個理論行得通，但他不曾在市場和良好的經濟分析反其道而行時測試過它。有些時期，經濟理論會害到交易人，有些時候則會幫助他們。

一九八○年代初，美元匯價漲得太高（也就是外國貨幣匯價跌得過低）。交易人根據經濟直覺，買進外國貨幣，都被洗出場外。但後來這麼做的交易人卻賺了大錢。這就是隨機性

在發揮作用！一九八〇年代末放空日本股票的人，也落到相同的下場——他們很少在一九九〇年代的股價崩跌期間轉虧為盈。上個世紀快結束時，一群叫作「宏觀」交易人的操作者紛紛不支倒地，例如「傳奇性」（應該說是幸運）投資人朱利安·羅伯森（Julian Robertson），本來像顆熠熠閃亮的明星，卻在二〇〇〇年關門大吉。後面討論存活者偏誤時，還會深入了解這件事，但是他們在交易上看似十分嚴格地運用經濟分析，其實並沒有那麼嚴格。

他們傾向於死守部位。有句話說，差勁的交易人離婚的速度，比放棄部位要快。對交易人、科學家或任何人來說，死守某些觀念都不是好事。

他們傾向於改變說詞。賠錢時，他們就成了「長線」投資人。他們總是依最近的財富轉折，在交易人和投資人兩種身分之間變來換去。交易人和投資人的不同，在於下賭的時間長短和對應的金額。「長線」投資絕對沒有什麼不對的地方，只要不和短線交易混為一談就行——許多人在賠了錢之後，就變成長線投資人。他們因為否認眼前發生的事，所以延後做出賣出的決定。

沒有事先訂定明確的作戰計畫，以因應發生虧損的可能性。他們根本沒有察覺到有這種可能性存在。兩人都在市場重跌後買進更多債券，而不是根據預定的計畫這麼做。

從他們沒有以「認賠停損」的行動修正原來的作法，可以看出他們欠缺批判性的思維。平庸的交易人不喜歡在「價值更高」時賣出。他們不會想到用來決定價值的方法或許有錯，而是認為市場沒有接納他們的價值量數。他們也許沒錯，卻沒有留下餘裕，以防他們的方法可能犯錯。我們會談到，喬治·索羅斯雖然有不少缺點，但他在檢討對自己不利的結果時，

似乎很少不先測試本身的分析架構有無錯誤。

否認。發生虧損時，他們沒有明顯接受已經發生的事。螢幕上的價格對他們而言失去真實性，他們轉而偏愛抽象的「價值」。他們存在典型的否認心態，經常表示：「這只是清倉，賣盤殺出造成的。」他們繼續忽視現實發出的訊息。

本書所提，犯下每一項錯誤的交易人，怎麼還能那麼成功？這是和隨機性有關的一個簡單原則造成的，也是存活者偏誤的一個明證。我們總認爲交易人會成功，**是因為他們是好交易人**。其實，我們可能倒果爲因：因爲他們賺了錢，所以我們才認爲他們是好交易人。一個人有可能完全靠隨機性，在金融市場賺到錢。

卡洛斯和約翰都屬於因爲市場週期而受益的那一類人。他們能夠賺到錢，不只因爲他們踏進正確的市場，也因爲他們的交易風格，非常適合那段期間市場經歷的漲勢特質。他們都是**逢低買進的交易人**。事後來看，那正是一九九二到一九九八年夏天，兩人所專攻特定市場的最理想特質。那段歷史期間，剛好擁有那種特質的人，大都能縱橫於市場之中。他們賺進較多的錢，擠下了可能比較優秀的交易員。

天眞的進化論

卡洛斯和約翰的故事，說明了差勁的交易人相對於好交易人，如何擁有中短期的生存優勢。

接著我們將論點提升到更高的一般性層次。一個人一定是瞎了，或者蠢了，才會排斥達爾文的自我選擇（self-selection）理論。但是這個簡單的概念，吸引了一群業餘人士（以及一些專業科學家）盲目相信連續不斷和絕無錯誤的達爾文學說適用於所有的領域，包括經濟學在內。

生物學家雅克・莫諾（Jacques Monod）數十年前嘆道，每個人都相信自己是進化專家（金融市場其實也沒有兩樣）。現在情況變得更糟。許多業餘人士相信植物和動物只會單向變得更加完美。把這個觀念用到社會上，他們相信，由於競爭（以及需要每季發表財務報告），公司和組織只會變得更好，不會逆轉。最強者將生存，最弱者會滅絕。至於投資人和交易人，他們相信，讓他們彼此競爭，最優秀的會大放異彩，最差的只好去學新的一技之長（例如到加油站打工，或者有時是當牙醫）。

情況並沒有那麼簡單。我們將忽視達爾文的觀念遭到濫用的基本情形，因爲事實上，組織並不會像大自然的活生物那樣繁殖——達爾文的觀念是用來談繁殖的適應性，不是談生存的適應性。問題出在隨機性，這和本書提到的其他每件事一樣。動物學家發現，一旦把隨機性注入一個系統，結果可能令人相當瞠目結舌：看起來像是進化的現象，其實可能只是轉向，或者是退化。舉例來說，史帝文・傑伊・古爾德（Steven Jay Gould；遭人指責比較像是普及者，不是真正的科學家）發現，很多證據顯示有他說的「基因雜訊」或「負突變」存在。他的說法觸怒了若干同行（他把觀念推得有點太遠）。學術辯論因此展開，學者並將古爾德拿來和道金斯等人比較，認爲後者的隨機性數學學養較爲深厚。負突變指從繁殖適應性的觀點來看，特質雖然變得比所取代的要糟，卻還是能夠生存下去，但是不能期望這些特質維持幾代以上（即在所謂的時間加總〔temporal

aggregation〕的情況下）。

除此之外，當隨機性的形貌改變，例如發生狀態轉換，情況可能變得更叫人驚訝。一個系統的所有特質，變得讓觀察者難以辨識，就叫狀態轉換。達爾文的適應性適用於很長時間內發展的物種，短期內觀察不到——時間加總消除了隨機性的不少影響；就像人們所說的，長期而言，不同的事情（我覺得就是**雜訊**）會互相抵消。

由於突然發生的稀有事件，我們不是活在事物連續不斷，往改善的方向「**趨同**」的世界中。生命中的各種事情，也不是以**連續不斷**的方式變動。我們的科學文化根深柢固地相信事情是連續變化的，直到二十世紀初才改變。以前人們說，**大自然不會躍進**；拉丁文說起來很好聽：Natura non facit saltus。一般將這個觀念歸因於十八世紀的植物學家林奈（Linnaeus），但他顯然大錯特錯。萊布尼茲也用它作爲微積分的運算基礎，因爲他相信，不管我們怎麼分解，事情都是連續的。和許多聽起來「很有道理」的說法（這種動態的知性意義十分完美）一樣，後來都證明全錯了。量子力學推翻了這樣的說法。我們發現，很小的粒子是在不同的狀態間跳躍（離散不連續），而不是在這些狀態之間滑動。

進化會遭隨機性愚弄嗎？

本章最後要談以下所說的觀念。略懂隨機性問題的人，相信一種動物一定最能適應當時的狀況。其實進化論不是這個意思；平均起來，動物會適應環境，但不是每一隻動物都能適應，而且

不是時時都能適應。一隻動物有可能因為牠的樣本路徑很幸運而生存下來。依據同樣的道理，某個行業「最好的」操作者可能來自一小群操作者，他們因為過度適應某一樣本路徑而生存下來——這條樣本路徑沒有遭遇進化的稀有事件影響。這裡面有個討厭的特質：這些動物愈久不曾遭遇稀有事件，牠們愈顯得脆弱。如果將時間無限延長，那麼**依據遍歷性推斷**，那個稀有事件肯定會發生——於是物種會滅絕！進化的意思是說只適應一個時間序列，而不是適應所有可能環境的平均值。

由於隨機性結構的討厭特質，像約翰那樣在一段期間賺得利潤的交易員，長期而言肯定是輸家，因此不適生存。但是他短期內非常合格，基因傾向於繼續增殖。我們談過荷爾蒙對行為舉止的影響，也能對其他可能的配偶發出訊號。他的成功（或者因為相當脆弱，所以應該說是僞成功）會顯現在他受人矚目的特色上。不知情的可能配偶會被騙，（無條件地）認為他擁有優異的基因組成，直到後來發生稀有事件才真相大白。梭倫似乎懂得其中的道理；但把這個問題解釋給企業中天眞的進化論者或者對面有錢的鄰居聽，恐怕沒人聽得下去。

6 偏態與不對稱

介紹偏態的概念：為什麼在動物學以外的領域，「牛」和「熊」的意義相當有限。搗蛋小孩毀了隨機性。認識論不透明性問題入門。談歸納問題之前的倒數第二步。

中位數不是訊息

散文家兼科學家古爾德（有一陣子是我的典範）四十歲時，被診斷出胃壁有致命的癌細胞形成。關於他的存活機率，第一個資訊是這種病的存活期**中位數**約爲八個月；他聽到這個資訊，覺得很像聖經中的先知以賽亞（Isaiah）告訴希西家王（King Hezekiah）：料理好後事等死。

這樣的診斷，尤其是如此嚴重的疾病，會促使一個人去深入研究，尤其是像古爾德這種多產的作家，會想和我們待在一起更長的時間，多寫幾本書給我們看。古爾德進一步研究後，找到和他最早得到的資訊很不一樣的說法；不同的地方，主要在於存活期**期望值**（也就是平均值）遠高

表 6.1

事件	機率	結果	期望值
A	999/1000	$1	$.999
B	1/1000	-$10,000	-$10
		合計	-$9.001

於八個月。他注意到**期望值**和**中位數**的意思根本不同。中位數的意思是，約五〇%的人不到八個月就死亡，五〇%的人則活到八個月以上。但是活下來的人，生命長得多，大致上和普通人一樣長，活到保險死亡表所預測的平均七十三．四歲左右。

這裡面有不對稱存在。死去的人很早就死亡，活下來的人則活很久。每當結果出現不對稱，存活期**平均值**和存活期**中位數**就沒有關係。古爾德因此花了一番工夫，了解偏態的概念，並且嘔心瀝血地寫下〈中位數不是訊息〉（The Median is Not the Message）一文。文章的要點是：醫學研究使用的中位數概念，缺乏機率分布的特性。

我將簡化古爾德的論點，用比較沒那麼病態的例子——賭博——來介紹平均數（也稱作**平均值**或**期望值**）的概念。我舉的例子會同時提到不對稱機率和不對稱結果，以解釋想要表達的論點。不對稱機率的意思是，每一事件的機率不是五〇%，一邊的機率高於另一邊的機率。不對稱結果的意思是報償（payoffs）不相等。

假設我參加的賭局，一千次裡面有九百九十九次可以賺到一元（事件Ａ），一千次有一次賠上一萬元（事件Ｂ），如表6.1所示。我的期望值是賠約九元（將機率乘以對應的結果再加總而得）。賠錢的**頻率**或**機率**本身完全不重要；必須和結果的**大小**合起來判斷才行。本例中，Ａ發生的

可能性遠高於B。我們如果賭事件A會發生，贏錢的機率很高，但這麼賭不是好主意。

其中的道理相當平常又簡單；玩過簡單賭局的人都知道。可是我這輩子，卻得費盡脣舌，和金融市場那些似乎沒將這件事內化的人爭執不下。我說的這些人並不是新手，而是有高等學歷的人（例如企管碩士），卻始終不明白其中的差別。

人們怎麼會漏掉這個道理？他們怎麼會將機率和期望值混爲一談，也就是搞不懂機率和機率乘以報償是不同的？這主要是因爲大多數人接受的學校教育，舉的例子都是來自對稱的環境，例如擲硬幣，於是這種差別便無關緊要。事實上，所謂的鐘形曲線是完全對稱的，在社會中似乎普遍適用。我們會再談到這一點。

牛和熊動物學

新聞媒體拿**看漲**（bullish；譯註：bull是公牛，市場上漲有時譯作牛市）和**看跌**（bearish；譯註：bear是熊，市場下跌有時譯作熊市）之類的概念轟炸我們，分別指金融市場的價格預期將上漲（看漲）或下跌（看跌）。但是我們也聽到有人說「我**看漲**強尼」，或者「我**看跌**後面那個傢伙納西姆，實在搞不懂他」，用以表示我們相信某個人這輩子起落的可能性。我想說的是，**看漲**或**看跌**經常是空話，在充滿隨機性的世界中沒有用處——尤其是如果像我們的世界結果不對稱的話。

我在一家大型投資公司的紐約辦事處服務時，有時必須一週一次參加令人厭惡的「討論會」。

會中找來紐約交易室的大部分專業人員。我並不掩飾討厭這種集會的心情，不只因爲占用我上健身房的時間。雖然這種會議有找交易員（也就是考評是依據數字績效的人）參加，卻主要是業務員（一味巴結討好顧客的人）和稱作華爾街「經濟學家」或「策略師」之類的演藝人員高談闊論的講壇。他們大談市場將來的命運，卻不必承受任何形式的風險，所以他們的成敗取決於言詞，不是根據可檢定的事實。與會者討論時，必須提出個人對世界現狀的看法。對我來說，這種會議只是在污染知識而已。每個人都有想和別人分享的故事、理論和某些卓見。我討厭有些人，因爲他們沒去圖書館埋首做功課，就以爲自己在某一主題上擁有原創性和卓越的見解（我尊重有科學頭腦的人，例如我的朋友斯坦．喬納斯〔Stan Jonas〕。他覺得有必要花好幾個晚上，大量閱讀某個主題的資料，試著了解別人在那個主題做了什麼，才敢發表意見——讀者會聽不讀醫學論文的醫生提出的意見嗎？）。

我不得不承認，爲了緩和無聊和對那些自信滿滿的陳腔濫調生出的厭惡之心，我能做的最好事情，是盡可能多講話，同時完全不聽別人的回答，只顧著在腦海裡解方程式。講很多話可以幫助我澄清自己的思緒，而如果運氣稍微好那麼一點點，下個星期我就不會「受邀」回來參加（也就是被迫出席）。

有一次會議上，有人請我發表對股市的看法。我裝作愼重其事地說，我相信下個星期市場略微上漲的機率很高。有多高？「大約七〇％。」這樣的意見，算是很強了。可是有人插嘴問：「但是，納西姆，你剛剛才大著嗓門，說你大量放空標準普爾五百種股價指數（SP500）期貨，這表示你賭市場會下跌。爲什麼改變了主意？」「我沒有改變主意！我懷著很強的信心那樣下注的！

表 6.2

事件	**機率**	**結果**	**期望值**
市場上漲	70%	漲 1%	0.7
市場下跌	30%	跌 10%	-3.00
		合計	-2.3

（聽的人笑了起來。）其實我現在想多賣些！」會議室內其他人似乎完全聽不懂。策略師問我：「你到底是看漲，還是看跌？」我回答說，除了單純動物學上的意思，我不懂**看漲**或**看跌**是指什麼。就像上例中的事件A和事件B，我的看法是市場比較有可能上漲（「我看好後市會上漲」），但操作上最好是放空（「我看壞結果」），因爲萬一市場下跌，會跌得很慘。會議室內非常少數的交易員突然之間明白我的意思，開始發表類似的看法。後來，我沒被強迫參加下一次的討論。

假使讀者同意我的意見，也就是認爲下個星期市場上漲的機率是七○%，下跌的機率是三○%。但是再假設如果上漲，平均只漲一%，下跌則平均跌掉一○%。讀者會怎麼做？是**看漲後市**，還是**看跌後市**？

因此，不必在不確定性狀況下執行業務的人（例如電視評論員），或者沒有處理風險經驗的人，才會使用**看漲**或**看跌**這樣的詞。我們不是以機率支付投資人和企業；支付他們的是鈔票。所以說，某個事件發生的可能性爲何，對他們並不重要。應該考慮的是那件事發生後，能賺多少錢。賺得利潤的頻率有多高無關緊要；結果多大才要緊。除了評論員，很少人帶回家的支票，和他們**多常**做對或做錯連上關係。這是單純計帳上的事實。他們領到的是利潤或損失。至於評論員，他們的成功是和他們多常說對或說錯有關係。這一類人包括大型投資銀行的「首席策略

師」，一般人可以在電視上看到他們，說來也沒比藝人好多少。他們相當有名，講起話來似乎井井有條，不斷丟給你數字，但是就他們的功能而言，只是用來娛樂我們——他們的預測要具有任何效度，必須先有統計檢定架構才行。他們的架構不是精心檢定的結果，是靠一張嘴巴得到的。

傲慢自負的二十九歲兒子

除了在那些膚淺的會議上，爲了製造娛樂效果之外，我拒絕以交易員的身分「預測市場」，結果得罪一些親朋好友，造成私人關係緊繃。某日，家父的一位朋友——那種有錢又有自信的人——來紐約，打電話給我（他一開始就把啄序講得很清楚，在電話中立刻表示他是搭協和客機來的，然後對於那種舒適的交通工具說了幾句不滿的話）。他想知道我對一些金融市場的看法。可是我眞的沒什麼概念，也不想絞盡腦汁說出什麼看法，而且我對市場一點興趣也沒有。那位紳士不斷拋出經濟狀況、歐洲各國央行的問題；東問西問，無疑是想拿我的意見，去和紐約某大投資公司經手他帳戶的某位「專家」相互比較。我毫不掩飾自己茫無頭緒，也沒有爲這一點感到抱歉。我對市場沒興趣（「沒錯，我是交易員」），不做預測。就這樣。我接著向他解釋我對隨機性結構的一些觀念，以及市場預測的可驗證性，但他還是纏著要我用更精確的方式，說明耶誕節前歐洲債券市場的可能動向。

他掛上電話後，覺得我對他不敬之至；這件事幾乎毀了家父和這位有錢又自信的朋友之間的關係。那位紳士打電話向他抱怨：「我問律師法律問題，他會很有禮貌，回答得一清二楚。我問

醫生醫療問題，他會給我意見。沒有一位專家不把我放在眼裡。可是你那傲慢自大的二十九歲兒子，竟目中無人，不肯回答我市場走向的問題！」

稀有事件

我終生在市場做的事，最好的描述方式是「偏一邊投注」。也就是說，我設法從稀有事件獲利。這種事件不常重複發生，可是正因爲這樣，一發生，報償就很大。我設法不常賺錢、盡可能不常賺錢，道理很簡單，因爲我相信稀有事件並沒有得到合理的估價，而且事件愈稀有，價格愈是遭人低估。除了我本身的經驗，我想，交易有違直觀的層面（以及我們的情感通路並沒有接納它的事實），給了我某種形式的優勢。

爲什麼這些事件的估價不良？那是因爲心理偏誤作祟的關係；我的事業生涯中，周遭的人搭乘火車時，都太專注於記憶《華爾街日報》第二疊的內容，結果沒有適當地思考隨機事件的屬性。或者，也許他們在電視上看了太多名嘴講話。或者，也許他們花了太多時間升級掌上型個人數位助理器。連經驗豐富的交易老手，似乎也不懂頻率不重要的道理。「傳奇性」投資人吉姆・羅傑斯（Jim Rogers）這麼說過：

> 我不買選擇權。買選擇權是住進救濟院的另一個好方法。有人為證券管理委員會（SEC）做過研究，發現九〇%的選擇權到期時都虧損。哦，我算過，如果九〇%的選擇

權多頭部位都賠錢，那就表示九〇%的選擇權空頭部位賺錢。如果我看壞後市，想交易選擇權，我會賣出買權（calls）。

如果我們不考慮其餘一〇%的選擇權部位平均獲利有**多少**，全部的選擇權部位有九〇%賠錢這個統計數字（也就是**頻率**），顯然是沒有意義的。當選擇權屬價內（in the money），如果我們平均賺得賭注的五十倍，我敢說，買選擇權是住進豪宅大廈而不是救濟院的另一個好方法。羅傑斯先生似乎不懂機率和期望值的差別，所以他這輩子似乎賺太多了（很奇怪，心思複雜的索羅斯是靠稀有事件賺大錢，卻找羅傑斯當合夥人——後面還會再談談索羅斯這個人）。

一九八七年股市崩盤，就是這樣一個稀有事件，我因此成了交易員，也讓我有很多時間研究各式各樣的問題。第一章中，住較小房子的尼洛，設法避開稀有事件，以免受到傷害——大致上這屬於防衛性的作法。我的方法比尼洛激進得多，因爲我會更進一步；我已經將自己的事業生涯和業務安排好，能從這些稀有事件獲利。換句話說，我的目標是用不對稱的賭注，靠稀有事件賺錢。

對稱與科學

在大多數的學科中，這種不對稱並不重要。在不是通過就是不通過的學術環境中，累積下來的成績無關緊要，只有頻率才重要。在這之外，重要的是大小。遺憾的是，經濟學使用的技術往

往是從其他領域引進的——金融經濟學仍然是年輕的學科（肯定不是「科學」）。金融經濟學之外，大部分領域中的人很容易在不同結果的報償差距不顯著時，把極端值從樣本中剔除。教育和醫學大致屬於這一類。教授在計算學生的平均分數時，會剔除稱作**離群值**（outliers）的最高和最低觀察值，然後計算其餘分數的平均值。不這麼做，算出來的結果不好。不必嚴謹預測天氣時，也可以如此處理極端的溫度資料——因爲異常的觀察值可能扭曲整體的結果（不過後面會提到，預測冰帽未來的特性時，這麼做可能犯下大錯）。財務學的研究者借用這種技術，並且忽視不常見的事件，卻沒注意到稀有事件造成的影響，可能導致一家公司破產。

物理世界中的許多科學家也是這樣愚蠢，錯誤解讀統計數字的意義。全球暖化的辯論便是很引人注目的一個例子。許多科學家沒有注意到全球暖化現象初現的早期階段，因爲他們相信溫度突升不可能再度發生，所以把它們從樣本中剔除。規劃度假行程而計算平均溫度時，剔除極值可能是好主意。但是研究氣候的物理性質，卻不能這麼做——尤其是當我們在意累積效果時。這些科學家起初忽視罕見的溫度突升會對冰帽的累積融化增添不成比例的影響。財務領域也一樣：罕見的事件如果會造成巨大的後果，就不能忽視。

幾乎每個人都高於平均值

不只羅傑斯犯下混淆平均數和中位數這種傳統的謬誤。平心而論，知名哲學家羅伯・諾齊克（Robert Nozik）等靠思考爲生的一些人，也犯下相同的錯誤（除此之外，諾齊克是令人敬佩和見

解深刻銳利的思想家；在他英年早逝之前，或許是他那一代最受敬重的美國哲學家）。他在《理性的本質》（*The Nature of Rationality*）一書中，和典型的哲學家一樣，提出業餘者的進化論點說：「然而比平均值富有的人不超過五〇%。」其實比平均值富有的人當然超過五〇%。假設你的社區中非常貧窮的人很少，其餘都是中產階級。這一來，平均數將低於中位數。假設有十個人，其中九個的財富淨值是三萬美元，一個的財富淨值是一千美元。這一來，平均財富是二萬七千一百美元，而且十個人裡面，九個人的財富高於平均值。

圖6.1畫出一段期間內，一系列的點從最初水準W_0起，直到最後結束於W_t。這張圖可以是你偏愛的交易策略假設或已實現的績效、一位投資經理的績效紀錄、文藝復興時期佛羅倫斯一般豪宅每呎的價格、蒙古股票市場的價格走勢、美國與蒙古股市的走勢差距。它由W_1、W_2等一系列的觀察值依序構成，右邊的觀察值是在左邊那一個觀察值**之後**產生。

如果我們處理的是確定性的世界——也就是沒有隨機性的世界（44頁表P.1中的下欄）——而且我們相當確定情況就是這樣，那麼事情處理起來會相當容易。這個序列型態會揭露許多預測性資訊。你可以在一天前、一年前，甚至可能十年前，就準確說出會發生什麼事。我們甚至不需要依賴統計學家；二流的工程師就夠了。他甚至不需要攻讀現代的學位；在拉普拉斯（Laplace）指導下接受十九世紀訓練的人，就能解開**微分方程式**或者**運動方程式**——因爲我們研究的是一個實體的位置，隨時間而變化的動態過程。

如果我們處理的世界能把隨機性畫出來，事情處理起來也會一樣容易，因爲我們已經爲它創

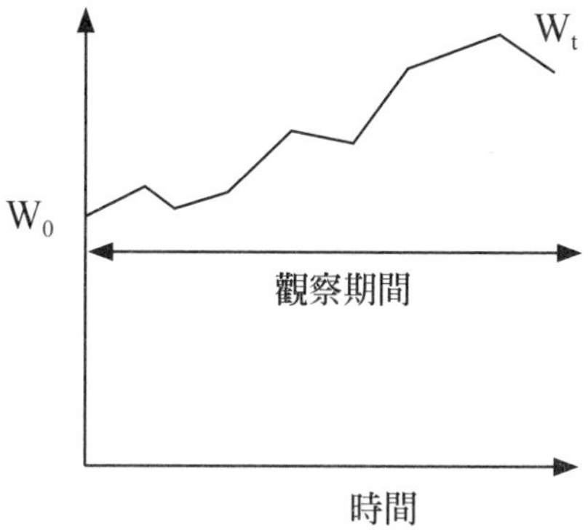

圖 6.1 時間序列入門

造出一整個領域，稱作**計量經濟學或時間序列分析**。你可以去找友善的計量經濟學家（我接觸到的計量經濟學家，通常彬彬有禮，而且對實務工作者很友善）。他會用他的軟體跑資料，然後提供他的診斷結果，告訴你是否值得投資於產生某種績效紀錄的交易員，或者是否值得採用某種交易策略。你甚至可以用不到九百九十九美元的價格，買到他的學生版軟體，就算下個週末遇到下雨，也能自己跑程式。

但是我們不確定我們生活其中的世界是不是已經把圖畫得清楚明白。我們會見到，分析過去的屬性而做出的判斷，有時可能有用，也可能毫無意義，有時更會誤導你，往相反的方向走。有些時候，市場資料成了簡單的陷阱；這些資料讓你看到和它相反的性質，使你投資錯誤的證券，或者害你管理風險不當。舉例來說，歷史上最穩定的貨幣，卻最容易暴跌。投資人因爲馬來西亞、印尼、泰國的貨幣緊盯美元，以爲十分安全而選擇它們，沒想到一九九七年夏天慘遭痛擊（這些貨幣盯住美元，匯率因此沒有波動，後來卻突然劇貶）。

我們可能以太過寬鬆或者太過嚴格的方式，接受過去的資訊，以預測未來。我一向懷疑這種作法，沒辦法接受單以過去的一個時間序列，作爲未來績效的指標；我需要遠比資料多的東西。我的主要理由在於**稀有事件**，但還有其他許多理由。

這裡所說的，表面上似乎違背了先前的討論。我曾經指責人們沒有從歷史學到夠多的東西。問題是，我們讀了太多膚淺的近代史，說出「以前不曾發生這種事」之類的話，卻沒有根據整體的歷史發表看法（某個領域以前不曾發生的事，最後往往會發生）。換句話說，歷史告訴我們，以前不曾發生的事，後來確實發生了。它能在狹義的時間序列之外，教我們許多東西。眼光愈寬廣，我們學到的教訓愈好。換言之，歷史教我們要避開幼稚的經驗論，不要只根據偶然看到的歷史事實，學習教訓。

稀有事件謬論

詐欺之母

稀有事件善於掩藏，能以多種不同的樣貌現身。人們首先在墨西哥看到它的身影，學者稱它爲**披索問題**。一九八〇年代，墨西哥經濟變數的表現，令計量經濟學家困惑不解。貨幣供給、利率或者略有關係的類似量數，走勢陰晴不定，阻礙了他們建模的許多努力。這些指標的行爲怪異反覆，時而維持穩定一段時間，時而在沒有預警的情況下，短暫激烈波動。

推而廣之，我開始給稀有事件貼上標籤，凡是「風平浪靜，提高警覺」這句格言用得上的地方，都稱之爲稀有事件。一般人常警告，看起來低調有禮，像優良公民的老鄰居，說不定哪天在全國性報紙上看到他的照片，才知道他是喪心病狂的殺手。在那之前，沒人曉得他犯過罪。我們無法預測那樣的病態行爲可能出自這樣一個好人。我認爲，稀有事件會出現，和人們狹隘地解讀過去的時間序列，因此誤解可能的風險有關。

稀有事件總是出乎意料地來到，否則就不會發生。典型的情況一如下面所說。你投資某支避險基金，享有穩定的報酬率，不曾激烈波動，直到有一天，接到一封信，劈頭就說：「由於無法預見和**出乎意料**，被視爲罕見的事情發生……」（出乎意料用黑體標示，是我用來強調的）。但是稀有事件會存在，原因正是在於它們出乎意料。它們通常是恐慌造成的，本身是清倉的結果（投資人爭相奪門而逃，同時想要盡快倒出手上持有的任何東西）。如果基金經理人或交易員早就預期到會有這種事，他和想法類似的人，當初就不會去投資，稀有事件也就不會發生。

稀有事件不限於一種證券。它很容易影響整個投資組合的表現。例如，許多交易人買進抵押證券，並以某種方式避險，以沖抵風險和消除波動，希望得到超過財政部公債報酬率（被人們當作某項投資最低期望報酬率的基準）的利潤。他們使用電腦程式，也請應用數學、天體物理、粒子物理、電機工程、流體力學的博士鼎力相助，有時更（雖然很少）找來財務學博士。這樣的投資組合，提供長期穩定的報酬率。可是接著，突然之間，好像出了意外（我不認爲有什麼事是意外），投資組合的價值重挫四〇%，而你本來研判最糟不過下跌四%。你打電話給投資經理，表達你的憤怒，但他告訴你，不是他的錯，可是你們之間的關係還是急遽變化（眞的就是這樣）。

他向你表示，類似的基金也遭遇相同的問題。

我們說過，有些經濟學家把稀有事件稱作「披索問題」。披索問題這個名稱，似乎是當之無愧的刻板印象。一九八〇年代初起，美國南鄰墨西哥的貨幣一直沒有好轉。原來，墨西哥長期的穩定吸引一大堆銀行貨幣交易員和避險基金操作者，前往投資風平浪靜的墨西哥披索；他們樂於持有這種貨幣，因爲可以獲得很高的利率。可是，想不到他們「出乎意料」陣亡，賠掉投資人的錢，丟掉自己的工作，被迫轉換跑道。然後，出現一段新的穩定期。新來的貨幣交易員不記得那裡曾經發生慘事。他們被墨西哥披索吸引，於是故事重新上演。

大部分固定收益金融工具都有稀有事件，是挺怪的一件事。一九九八年春天，我花了兩個小時，向當時相當重要的一位避險基金操作者解釋披索問題的概念。我費盡脣舌，說明這個概念已經普及到任何一種投資形式，只要是以天眞的方式，解讀過去時間序列的波動性都適用。想不到他回答：「你說得對極了。還好我們不碰墨西哥披索，只投資俄羅斯盧布。」幾個月後，他陣亡了。在那之前，俄羅斯盧布的利率十分誘人，各式各樣的收益豬爭相擁抱。一九九八年夏天，他和投資盧布計價工具的其他人，賠了將近九七％。

我們在第三章提到的那位牙醫，不喜歡波動，因爲會產生次數很多的痛苦。他愈是密集觀察自己的表現，經歷的痛苦愈多，因爲更高的解析度會有更大的變動性。因此，投資策略如果會產生**罕見但巨大**的變動，單單由於情緒上的理由，便會吸引投資人。這叫作把隨機性塞進地毯底下。心理學家最近發現，人傾向於在意某種刺激存在或者不存在，而不在意刺激的大小。這表示，虧損起初只被視爲虧損，進一步的含義以後再說。獲利也是一樣。代理人會喜歡虧損次數低

和獲利次數高，而不是取得最佳的總績效。

我們可以從另一個層面來觀察這個問題；設想有個人埋首於科學研究之中。他每天與世隔絕，在實驗室中解剖老鼠。也許過了好幾年，他一試再試，還是拿不出什麼成果。**這個菜鳥**每天晚上回家，身上總帶著老鼠的尿騷味，老婆或許失去了耐性。但是某一天，他中了大獎，研究有了成果。如果只是觀察他那一行的時間序列，會判斷他絕對一事無成，可是每過一天，他在**機率上**會更接近最後有所突破。

出版商的情形也是一樣；它們出版了一本又一本銷路欠佳的書，經營模式引人質疑，但只要每隔十年賣到一本像《哈利波特》（*Harry Potter*）那樣的超級暢銷書，就撐得下去——也就是說，它們必須不斷發行大獲好評機率低的高品質書籍。相當有趣的經濟學家亞特．德華尼成功地將這些觀念應用在兩個領域：電影業和他自己的健康與生活風格。他估算出電影所獲報償的偏態特性，並將它們帶到另一個層次：第十章將討論的不可測不確定性這個狂野的概念。同樣有趣的是，他發現大自然把我們設計得在體力活動上出現極爲偏態的現象：狩獵採集人在激烈耗費精力之後閒閒沒事幹。亞特六十五歲時，據說體格和歲數小他約一半的男人不相上下。

金融市場中，有一類交易人是靠**反向**稀有事件賺錢。在他們看來，波動往往是好消息。這些交易人常常賠錢，但是金額不大。他們很少賺錢，卻一賺就是一大筆。我把他們叫作危機獵人，也很高興我是他們其中的一員。

為什麼統計學家無法察覺稀有事件？

在外行人看來，統計學似乎相當複雜，但今天使用的統計學，背後的概念簡單到我的法國數學家朋友沒好氣地說，就像料理那般容易。整個統計學基於一個簡單的概念：得到的資訊愈多，你對結果愈有信心。問題來了：多有信心？一般的統計方法指出，信賴水準隨觀察次數呈非線性比例關係而穩定升高。換句話說，樣本數增加 n 倍，我們的知識會增加 n 的平方根。假設我從裝有紅球和黑球的甕內抽球，那麼抽了二十次之後，我對甕內紅球和黑球的相對比例懷有的信心水準，不是抽了十次之後的兩倍，而是只乘以 2 的平方根（也就是 1.41）。

當分布不對稱，如上面所說的甕，統計學就會變得複雜且令人一籌莫展。如果在黑球居於多數的甕內，找到紅球的機率很低，那麼我們對甕內**沒有**紅球的知識會增加得很緩慢——比乘以 n 的期望平方根要慢。另一方面，一旦找到一顆紅球，我們對甕內**有**紅球的知識會急速增加。這種知識的不對稱可不是件小事；它是本書的核心——對大衛．休謨和巴柏（本書稍後會討論）等古代的懷疑論者來說，這是中心的哲學問題。

要評估一位投資人的表現，我們需要更敏銳、較不依賴直觀的技術，或者可能必須限制自己想要評估的情況，是所做的判斷和這些事件發生的頻率無關者。

搗蛋小孩換上黑球

但是情況可能更糟。有些時候，如果找到紅球的次數隨機分布，我們會永遠不知道甕內的組成。這稱作「平穩性（stationarity）問題」。假使甕底有個洞，我在抽樣時，一個調皮小孩在我不知道的情況下，加進某種顏色的球。這時我再怎麼推論都沒意義。我可能推論甕內有五〇%的紅球，而那個調皮小孩一聽，馬上把所有的紅球換成黑球。這使得我們從統計得到的不少知識變得相當不可靠。

市場也會發生相同的影響。我們將過去的歷史看成是單一的同質性樣本，並且相信我們從觀察過去的樣本，對於未來的知識因此大爲增加。如果頑皮小孩改變甕內的組成，那會怎麼樣？換句話說，如果事情變了，那會如何？

包括在學校課堂上和擔任計量衍生性金融商品交易員，我有半輩子以上的時間（十九歲之後）都在研究和應用計量經濟學。計量經濟學這門「科學」，包括將統計學用在不同時期取得的樣本（我們稱之爲「時間序列」）。它研究經濟變數、資料和其他事物的時間序列。起初，當我幾乎什麼都不知道（也就是說，甚至比今天知道的還少），很想知道時間序列如果反映了已經死亡或者已經退休者的活動，在預測未來時是不是重要。比我懂很多這些事情的計量經濟學家，不問這個問題；那表示這十之八九是愚蠢的疑問。知名的計量經濟學家哈西姆·裴薩朗（Hashem Pesaran）回答過類似的問題，建議提問人去研究「更多和更好的計量經濟學」。我現在相信大部分的計量

經濟也許沒有用處——金融統計學家知道的不少東西不值得知道。總和爲零的事情，即使重複十億遍，加起來依然是零；同樣的，如果沒有堅實的基礎，再怎麼累積研究和更加精進，還是一片空白。研究一九九〇年代的歐洲市場，對歷史學家肯定大有幫助；但是現在，機構和市場的結構已經變了許多，我們還能做什麼樣的推論？

經濟學家羅伯・盧卡斯（Robert Lucas）認爲，如果人是有理性的，那麼理性會促使他們從過去研判出可用以預測未來的型態，並且採取因應行動，因此過去的資訊在預測未來時將完全沒有用處（他以非常數學化的形式闡述這個論點，並且贏得瑞典中央銀行紀念艾爾佛烈德・諾貝爾〔Alfred Nobel〕的經濟學獎）。這個說法，重重打擊計量經濟學。我們是凡人，會根據已有的知識去採取行動。這些知識已經把過去的資料整合在裡面。我可以用以下的比喻來說明他的論點。如果理性的交易人察覺股價有在週一上漲的型態，那麼這種型態會立刻爲人所知。於是人們會在週五買進，期待從這種現象獲利，結果反而把原來的型態給消除了。在經紀公司開戶的每個人，如果都能利用某些型態，那麼去尋找這些型態將毫無用處；一旦被人發現，它們就會自行消除。

不知爲什麼，「科學家」並沒有繼續接納後來大家所說的**盧卡斯的批評**。人們深信能將工業革命的科學成就帶進社會科學，尤其是馬克思主義等運動。僞科學有一大批理想主義色彩濃厚的書呆子，試圖創造量身打造的社會。中央計畫制度正是它的縮影。經濟學最有可能如此使用科學；你可以用一堆方程式來掩飾欺騙行爲，沒人能夠抓到你的小辮子，因爲根本沒有對照實驗的那種東西存在。這種方法的精神被它的背叛者（像我這樣的人）稱作唯科學主義，延續到馬克思主義之後，進入財務這門學科，因爲一些技術人員認爲他們的數學知識有助於他們了解市場。

「金融工程」的實務帶有濃厚的僞科學成分。這些方法的實踐者衡量風險時，是以過去的歷史能作爲未來的指標爲工具。我們只要指出，單單由於分布有可能欠缺平穩性，整個概念看起來就像個代價慘痛（也許非常慘痛）的錯誤。這把我們帶到一個更爲根本的問題：下一章就要探討的歸納問題。

7 歸納的問題

論天鵝的色動力學。將梭倫的警世之言帶到哲學的領域。維克多・尼德霍夫教我實證主義；我加進了演繹。為什麼太正視科學反而不科學。索羅斯推廣巴柏。第十八街和第五大道口的那家書店。帕斯卡的賭注。

從培根到休謨

現在，我們從比較寬廣的科學知識哲學的觀點來討論這個問題。推論時，有個歸納問題很有名。科學界被這個問題困擾很長的時間，但是硬科學受到的傷害不像社會科學那樣大，尤其是經濟學，它的分支金融經濟學受害更大。爲什麼？因爲隨機成分使它造成的影響變本加厲。歸納問題在交易世界的嚴重性，甚於其他任何地方，而且更遭人忽視！

黑天鵝

蘇格蘭哲學家休謨在他寫的《人性論》（*Treatise on Human Nature*）中，以下述方式探討這個問題（十九世紀的英國哲學家與經濟學家約翰·史都華·穆勒〔John Stuart Mill〕改以現在非常有名的黑天鵝問題一詞稱之）：**看到白天鵝的次數再怎麼多，我們也沒辦法推論所有的天鵝都是白的，但是只要看到一隻黑天鵝，就足以推翻那個結論。**

休謨厭惡他那個時代（十八世紀）的科學從完全根據演繹推理（不強調觀察眞實世界）的士林哲學，因爲受法蘭西斯·培根（Fransic Bacon）的影響，而過度反應，轉爲天眞且無結構的實證主義。培根主張不要在幾無實證成果的情形下，「結成學習蜘蛛網」（使得科學像神學）。由於培根的影響，科學轉爲強調實證觀察。問題是，如果不用適當的方法，實證觀察會引導你走上岔路歧途。休謨警告我們不要接受這樣的知識，並且強調收集和解讀知識時，需要抱持嚴謹的態度——這稱作認識論（epistemology，從希臘文的 episteme 而來，意指學習）。休謨是第一位現代**認識論者**（在應用科學中運作的認識論者，常被稱爲方法論者或科學哲學家）。我在這裡所寫，不是十分忠於原意，因爲休謨說過遠比這還要糟糕的事；他抱持極度懷疑論的態度，從不相信兩個項目之間可以建立起眞正的因果關係。但本書將略微淡化他的說法。

尼德霍夫

維克多．尼德霍夫（Victor Niederhoffer）的故事既悲哀又有趣，因爲可以看出將極端的實證主義與邏輯融合在一個人身上有多難——單純的實證主義必然被隨機性愚弄。我舉這個例子，是因爲尼德霍夫在某方面和培根類似，反對芝加哥大學的學習蜘蛛網，以及一九六〇年代情況最糟時，人們篤信的效率市場理論。他和金融理論家奉行的士林哲學相反，所做的研究致力於觀察資料，希望從中找出異常型態。他確實發現了一些異常。他也研判看新聞沒有用處，因爲讀者沒辦法從讀報得到預測優勢。他是從祛除偏見、評論和故事的過去資料，得到這個世界的知識。在那之後，稱作**統計套利客**的這種操作者，構成的一整個行業欣欣向榮；初期表現出色的一些人是他訓練出來的。尼德霍夫的故事，說明了實證主義可以和方法論分離開來。

尼德霍夫所用**方法**的核心，在於他持有的信條是：任何「可以檢定的」陳述都應該加以檢定，因爲當我們依賴模糊的印象，我們的心智會犯下許多實證錯誤。他的建議，道理很清楚，卻很少有人**實踐**。我們視爲理所當然的效應，有多少可能不存在？可以檢定的陳述是指可以細分成計量的成分，並且進行統計檢查。例如像這樣一句經驗式的世俗認知陳述：

車禍發生在離家較近的地方

可以用車禍發生地點和駕駛人住處的平均距離來檢定（比方說，約二〇%的車禍發生在住家半徑十二哩的範圍內）。但是我們必須十分小心地加以解讀；天眞的人看了結果之後會告訴你，說在住家附近開車，和在遠地開車比起來，發生車禍的可能性比較高。這正是典型的天眞實證主義的例子。爲什麼？因爲車禍比較可能發生在離家較近的地方，只是因爲人們在住家附近開車的時間比較多（例如人有二〇%的時間，是在住家方圓十二哩的範圍內開車）。

但是天眞的實證主義有更爲嚴重的問題。我可以利用資料反證一個命題，卻永遠無法證明某個命題。我可以用歷史駁斥某項推測，卻永遠無法證實它。例如這個陳述

任何三個月的一段期間內，市場不會下跌二〇%

可以檢定，但就算證實，也全無意義。我可以找到反例，從數量上否定這個命題，但我不可能單單因爲過去任何三個月的期間內市場不曾下跌二〇%，就接受這句話（你不能在邏輯上從「不曾下跌」隨便跳到「不會下跌」）。理由很多：樣本可能非常不充分；市場可能改變；我們可能無法從歷史資訊去充分了解市場。

用過去的資料去否定假說，而不是證實假說，會比較保險。爲什麼？拿下面的陳述來說：

陳述A：沒有一隻天鵝是黑的，因為我看了四千隻，沒見到一隻黑的。

陳述B：不是所有的天鵝都是白的。

不管我這一生可能連續看過多少隻白天鵝，以及將來可能再看到多少隻，都不能合乎邏輯地說出陳述Ａ（當然，除非我享有特權，看過了所有的天鵝）。但是只要發現一個反例，就有可能說出陳述Ｂ。在澳洲見到黑不溜丟的黑天鵝（cygnus atratus）品種之後，確實已經否定了陳述Ａ！由於這兩個陳述存在強烈的不對稱性，讀者將見到巴柏的觀念之一端；此外，這種不對稱性存在於知識的基礎中。它也存在於我在不確定情況下做決策時的操作核心中。

我說過，人們很少檢定可以檢定的陳述；這對無法處理推論後果的人可能比較好。下面這句歸納性陳述說明了不以方法論或邏輯，單純解讀過去的資料所發生的問題：

> 我剛對布希總統的一生進行完整的統計檢視。從五十八年來，接近二萬一千次的觀察值，發現他不曾有一次死掉。所以我可以宣稱他將萬壽無疆，而且統計顯著性很高。

尼德霍夫後來操作失利，被新聞媒體報了出來。他檢定並假設過去他見到的，可以概化為將來可能發生的事。他根據這樣的假設賣裸選擇權，沒想到跌了個鼻青眼腫。他憑仗的是「市場不曾做過這件事」這句陳述，所以他出售的賣權，是在這句陳述正確時賺進小錢，但會在這句陳述不對時賠很多錢。當他陣亡，將近二、三十年的獲利，被只持續幾分鐘的一件事一筆勾銷。

這種歷史陳述的邏輯缺陷，在於當一件大事發生時，你經常聽到「以前不曾發生」這樣的話，好像過去的歷史沒見過這件事，它才令人驚訝似的。那麼，為什麼我們認為在我們自己的過去發生的最糟糕事情，是可能發生的最糟糕事情？如果令你驚訝的過去，不像它之前的過去（我稱之

爲過去的過去），爲什麼我們的未來會像我們的過去呢？

他的故事給了我們另一個教訓，而且也許是最重要的教訓：尼德霍夫面對市場，似乎把它們當作獲得自豪、身分，以及戰勝「對手」（像我這樣的人）的管道，就像他在規則明確的競賽中會做的那樣。他是壁球冠軍，有過亮眼的競賽紀錄；可是現實不像運動比賽，有相同的封閉式與對稱式法則和規定。這種競賽特質，促使他拚命努力要「贏」。我們在上一章說過，市場（和生活）不是簡單的非輸即贏狀況，因爲輸的成本和贏的獲利金額可能顯著不同。當一個人使用的策略可能包含偏態，也就是大賠的機率低，小賺的機率高，則將贏的機率極大化，不會使競賽的期望值極大化。如果你用的是俄羅斯輪盤式策略，大賠的機率低，也就是每隔幾年才會使你破產，那麼幾乎所有的樣本中，你可能都是贏家——除了你死掉的那一年。

我提醒自己，絕對不能不感謝一九六〇年代這位實證主義者提出的眞知灼見和他早年的貢獻。可悲的是，我從尼德霍夫那裡學到不少，但主要是相反的事情，尤其是從最後一個例子學到最多：不要把任何事情都當作**非贏不可的競賽**，當然除非那是個競賽。此外，我不喜歡競爭式比賽令人窒息的結構，以及從數字績效得到的自豪不斷遞減的層面。我也學會要遠離擁有競賽特質的人，因爲他們有個傾向，喜歡將世界商品化和分門別類，例如他們在某一年發表了多少篇論文，或者他們在排行榜中排第幾。將一個人的自豪和自我，投資到「我的房子/圖書室/汽車比同類的人要大」，這種事情帶有非哲學意味——一直坐在定時炸彈上，卻宣稱自己是所屬那一類中的第一名，未免愚不可及。

總而言之，極端的實證主義、競爭，以及一個人的推論缺乏邏輯結構，會是相當爆炸性的組

合。

巴柏的推廣者

接著要來談談我如何經由另一位交易人（或許是我唯一眞正尊重的人），發現了巴柏。儘管我狼吞虎嚥地閱讀，行爲卻極少（以任何持久的方式）受所讀的內容影響。我不曉得別人是不是也是這樣。一本書可能讓我留下強烈的印象，但在某個較新的印象（一本新書）取代腦海裡的舊印象之後，前者往往會慢慢消退。我必須靠自己去發現一些事情（如第三章「火爐很燙」一節所說）。自行發現的東西才持久。

但是巴柏的觀念則屬例外，一直留存在我腦海裡。我是拜讀交易人兼自稱爲哲學家的索羅斯寫的作品，發現（或者也許應該說是重新發現）巴柏。索羅斯似乎將他的生活塑造得如同巴柏觀念的推廣者。我從索羅斯那邊學到的東西，不太像他或許希望我們從他那裡學到的那樣。談到經濟學和哲學，我不同意他的說法。首先，雖然我對他敬佩不已，卻同意專業思考者說的，索羅斯的**長才**不在哲學思辨上。可是他自認爲是哲學家——這使得他不只在某一方面受人喜愛。拿他寫的第一本書《金融鍊金術》（*The Alchemy of Finance*）來說，一方面，他丟下「演繹律則」（deductive-nomological）等看起來大頭大腦的名稱，似乎想要討論科學解釋的觀念，但是這些東西早已引人懷疑，因爲會讓人想起後現代作家利用複雜的參考文獻，裝作哲學家兼科學家。另一方面，看不出他有多了解這些概念。舉例來說，他執行了他所說的「交易實驗」，然後根據交易成功，推斷

背後的理論正確有效。這樣的說法荒唐可笑：我可以擲骰子以證明我的宗教信仰，並以有利的結果作爲我的理念正確的證據。索羅斯的投機性投資組合獲利，不能用來證明任何事情。我們不能從隨機環境的單一實驗，推斷太多事情——一個實驗需要能夠重複進行，才能顯現某種因果成分。其次，索羅斯不分青紅皂白指責整個經濟科學，雖然所說可能很有道理，但他沒做好家庭功課。比方說，他寫到他歸類爲「經濟學家」的那群人相信事情會趨同於均衡水準，但這只適用於新古典經濟學的**某些**例子中。有無數的經濟理論相信偏離某個價格水準，會使得價格進一步離散，並且造成串聯式反饋迴路。賽局理論（哈薩尼〔Harsanyi〕和納什〔Nash〕的研究）或資訊經濟學（史迪格里茲〔Stiglitz〕、艾克洛夫〔Akerlof〕和史賓斯〔Spence〕的研究）等領域，對那種效應所做的研究相當多。把所有的經濟學丟進一個籃子裡，有點不公平，也欠嚴謹。

但儘管他寫的東西有些胡說八道，也許目的是爲了說服自己，相信他不只是個交易人，或者正因爲如此，我才拜倒在這位匈牙利人的魅力之下，因爲他和我一樣，都以身爲交易人爲恥，希望本身的交易是知識生活的小小延伸，即使所寫的文章並沒有多大的學術價值。我不曾佩服有錢人（這一生遇到許多這樣的人），絲毫不將他們當作學習的榜樣。不但如此，情況可能正好相反。我大致上對有錢人相當反感，因爲迅速致富的人，態度上經常自以爲是史詩中的英雄。索羅斯似乎是與我價值觀相同的唯一一人。他希望受到正視，被人看成是中歐的教授，只是碰巧因爲他的觀念正確有效而掙得大錢（但因爲無法獲得其他知識分子的接納，所以他試著透過金錢，取得和他們相同的優越地位。這有點像是男人使盡全力之後，最後不得已，只好訴諸紅色法拉利跑車等身外之物誘惑女人）。除此之外，雖然索羅斯沒有寫出什麼有內涵的東西，但他懂得如何保持批

判性的開放心胸，而且處理隨機性時，絲毫不以改變意見爲恥（副作用是他視人如餐巾）。他到處說自己容易犯錯，卻擁有那麼強的力量，因爲他懂得這個道理，其他人卻將自己看得太高。他了解巴柏。不要用他的文字評斷他，因爲他過著巴柏的生活。

順帶一提，巴柏的觀念對我來說並不新。十幾二十來歲在歐洲和美國接受教育時，我曾經短暫聽過巴柏的大名。但當時我不了解他的觀念，也不認爲那些觀念對生命中的任何事情有什麼重要性（和形而上學一樣）。那樣的年紀，總覺得有必要樣樣都讀，不能停下腳步思考。在這樣的急迫感驅使之下，很難察覺巴柏有什麼重要。也許我是受到當時主流知識文化（太多柏拉圖、太多馬克思主義、太多黑格爾、太多僞科學知識分子）、教育體系（將太多的臆測說成是眞理）的調教，或者因爲我太年輕和讀了太多東西，以至於沒有銜接上現實。

巴柏接著從我心裡溜逝，沒有固著在任何一個腦細胞中——欠缺經驗的男孩，行李中沒什麼東西能夠緊緊抓住它。此外，開始在市場交易後，我進入了反知識的階段；我需要賺非隨機而來的錢，以重拾因爲黎巴嫩戰爭而剛蒸發掉的未來和財富（在那之前，我的願望是像過去兩個世紀以來家族中的幾乎每個人那樣，過著閒雲野鶴的舒適生活）。我突然覺得財務很沒保障，而且害怕淪爲某家公司的員工，變成需要遵守「工作倫理」的企業奴（每當我聽到**工作倫理**一詞，就想到**效率低落的庸碌之輩**）。我需要有銀行帳戶作爲後盾，好購買時間去思考和享受生活。我最不需要的是滿口哲理，卻落到在附近的麥當勞打工。在我看來，哲學是給時間太多的人耍嘴皮子用的；它是保留給不熟計量方法和不事生產的人做的；它是供深夜時分在校園附近的酒吧喝了幾杯、無所事事的人消遣用的——如果這些人隔天醒來就忘了前晚曾經聒噪不休的話。談太多這種

事，可能讓人陷入麻煩，或許成為馬克思空想家。我投入交易員的生涯之後，巴柏才再度現身。

地點，地點

據說人們通常記得被某個重大觀念感動的時間和地點。宗教詩人和外交官保羅・克洛岱爾（Paul Claudel）記得他在巴黎聖母院改信（或者重新改信）天主教的確切位置，是在一根柱子附近。我也記得十分眞切，一九八七年，受到索羅斯的激勵，我在第十八街和第五大道口的邦諾書店（Barnes and Noble），讀了五十頁的《開放社會》（*The Open Society*），並且瘋狂買下抱得動的所有巴柏的著作，擔心賣光了買不到。

我後來發現，巴柏和我本來所以為的「哲學家」恰好相反；他不講廢話。這時我當選擇權交易員已經兩三年，並且因為受騙於學術界的財務研究人員而深感氣憤，尤其是因為我得靠他們的模式失靈而賺取收入。我已經涉足衍生性金融商品的交易，所以開始和財務學者討論，卻很難讓他們了解金融市場的一些基本要點（他們有點過於相信自己的模式）。我總是隱約覺得這些研究人員錯失了什麼要點，但不是很清楚到底是什麼。困擾我的不是他們懂的東西，而是怎麼弄懂的。

巴柏的答案

關於歸納的問題，巴柏提出了一個重要的答案（在我看來，那是**唯一的**答案）。巴柏對科學家研究科學的方式所發揮的影響力，沒人比得上——但是許多專業哲學家同行認爲他相當天眞（依我之見，這反而值得讚美）。巴柏的看法是：不需要如同科學所以爲的那樣正視它（巴柏和愛因斯坦見面時，不把他看成他所認爲的半神半人）。理論只有兩類：

一、理論經過檢定，並以適當的方式拒斥（他稱它們遭到否證），已經知道是錯的。

二、還不知道是錯的理論或者還沒遭到否證的理論，但是會被證明是錯的。

爲什麼理論絕不**正確**？因爲我們永遠不會知道是不是所有的天鵝都是白的（巴柏借用康德〔Kant〕的觀念，認爲我們的認知機制有瑕疵）。我們的檢定機制可能有缺點。但是我們可以提出「有隻黑天鵝」這樣的陳述。一個理論沒辦法被證實。再引用棒球教練貝拉的話來說，**過去的資料裡面有很多好東西，但不好的是它有不好的部分**。我們只能暫時接受它。不屬於這兩類的理論不是理論。一項理論如果不提出它會被視爲錯誤的一組條件，就叫作騙術——少了那些條件，我們不可能拒斥它。爲什麼？因爲占星家總是能夠找到理由去適配過去的事件，例如說**火星可能回復直線軌跡，但不是太直**（同樣的，對我來說，如果沒有一件事會改變一位交易員的看法，那麼他

不是交易員）。牛頓物理學（已經被愛因斯坦的相對論否證）和占星術的不同點，在於下面說來諷刺的道理。牛頓物理學是科學，因爲它容許我們否證它，而且我們已經知道它是錯的，可是占星術卻不能證明錯誤，因爲它沒有提出一些條件，讓我們在那些條件下拒斥它。由於一些輔助性假說，我們沒辦法反證占星術。這一點成了區分科學和胡說八道的基礎（稱作「分界問題」（the problem of demarcation））。

巴柏覺得統計學和統計學家很有可議之處，我覺得這一點更切合實際。他拒絕盲目接受知識總能隨著增量資訊而增加的觀念——這是統計推論的基礎。有些時候或許是這樣沒錯，但我們不知道是哪些時候。凱因斯等許多見識不俗的人，也各自做成相同的結論。巴柏觀念的批評者認爲，相同的實驗一而再、再而三重複得到有利的結果時，應該會使我們對它「行得通」更加放心。我第一次見到稀有事件摧殘交易室之後，更能了解巴柏的看法。巴柏擔心某類知識不會隨著資訊增多而增加——但到底是哪一類，我們無法斷定。我覺得他對我們這些交易人來說很重要，理由在於他認爲，知識和發現，在處理我們已知的事物上，沒有比處理我們不知道的事物重要。他講了一句非常有名的話：

> 這些人持有大膽的觀念，卻大力批判自己的觀念；他們試著先發現自己的觀念是否可能不對，以判斷自己的觀念是否正確。他們大膽推測，然後非常努力設法駁斥自己的推測。

「這些人」是指科學家，但也可以是任何東西。

把巴柏這位大師放到他所在的時代背景中去觀察，可以看出他致力於反抗科學的成長。那個時候，哲學急遽轉變，從清談和高論走向科學和嚴謹，如第四章所說的維也納學派的崛起。十九世紀孔德（Auguste Comte）在法國倡導實證主義運動之後，這些人有時被稱作實證哲學家。實證主義的意思，是將各種事物（太陽底下的幾乎每一樣事物）科學化。這等於把工業革命帶進軟科學。我不細談實證主義，但要指出巴柏正是實證主義的解毒劑。在他看來，我們不可能去證實什麼理論。只求證實，傷害會多於其他任何事情。推到極端，巴柏的觀念看起來相當天眞和粗糙——但行得通。批評者稱他是**天真的否證論者**。

我是極度天眞的否證論者。爲什麼?因爲當這種人，我能生存下去。我極其熱愛巴柏的學說，並以如下所說的方式執行。我所有的投機活動根據的理論，代表我對這個世界的某種看法，但條件是：不能讓任何一個稀有事件傷害我。事實上，我但願所有可以想像得到的稀有事件都幫助我。我對科學的看法，和在我身邊走動、自稱科學家的人不同。科學只是猜想，以及形成推測而已。

開放社會

巴柏的否證論和開放社會的觀念，關係十分緊密。一個開放社會，不會有永久的眞理存在；這種社會允許相反的觀念出現。巴柏和他的朋友、行事低調的經濟學家海耶克分享他的觀念。海耶克支持資本主義，因爲價格能夠散布的資訊，是官僚式社會主義所箝制的。雖然聽起來有違直

觀，否證和開放社會這兩個觀念，都和我當交易員的日常工作，需要以嚴謹的方法處理隨機性的觀念有關。處理隨機性顯然需要開放的心胸。巴柏相信任何烏托邦的觀念必然屬於封閉式，因爲它會窒息自我駁斥的能力。認爲一個良好的社會模式不容遭到否證，這種簡單的觀念會形成極權主義。我除了從巴柏那裡得知開放社會和封閉社會不同，也了解開放心胸和封閉心胸不一樣。

沒人是完美的

關於巴柏這個人，我有一些令人美夢破碎的資訊。見過他私生活的人，發現他相當不巴柏。哲學家及牛津大學特別研究員布萊安．墨基（Bryan Magee）和他相交近三十年，形容他不問世事（年輕時除外），只顧埋頭做研究。漫長的事業生涯（巴柏享年九十二）中，後面五十年與外界隔絕，不接觸滾滾紅塵的紛擾和刺激。巴柏也「對別人的生涯或私生活提供頭頭是道的建議，本人卻對兩者幾乎一無所知。所有這些當然和他在哲學上宣稱（且眞心）的信念與實務南轅北轍」。

年輕的時候，他也沒有好多少。維也納學派的成員避他唯恐不及，理由不是他的觀念與人不同，而在於他本身是個社會問題。「他才氣煥發，卻老是以自我爲中心，不可靠且傲慢自大，性情暴躁，自以爲是，不聽別人說話，也總是不計任何代價，只求爭贏。他不懂得在群體中與人互動，也沒能力和人磋商事情。」

人們常說，有些人提出觀念，另外一些人則將觀念付諸執行。我不談這種論述，只談有趣的行爲問題。我們喜歡高談合乎邏輯且理性的觀念，但不見得樂於執行它們。說來奇怪，這一點直

到最近才被人發現（我們還會談到人的基因並不適合表現理性和採取理性的行動；我們只適合以最高的機率，在某個不複雜的環境中，將我們的基因傳承下去）。另一件說來奇怪的事，是極力自我批判的索羅斯，專業行爲似乎比巴柏更巴柏。

歸納與記憶

人的記憶是一台專做歸納推論的大機器，想想看什麼事情容易記憶：湊合在一起的一組隨機事實，還是由一連串合乎邏輯的事情串連起來的故事？答案是：有因果關係的事情容易記憶。因爲這麼一來，我們的大腦只要做較少的事情，就能保有資訊。體積會比較小。歸納到底是什麼？歸納是指從許多特例中理出通則來。這會十分便利，因爲通則在人的記憶中占用的空間遠低於一群特例。壓縮的結果，是被察覺的隨機程度降低。

帕斯卡的賭注

最後我要說明我自己處理歸納問題所用的方法。哲學家帕斯卡（Pascal）表示，人的最佳策略，是相信上帝存在。如果上帝眞的存在，那麼相信的人會得到獎賞。如果祂不存在，相信的人不會有什麼損失。因此我們應該接受知識上的不對稱：有些情況中，使用統計學和計量經濟學有幫助。但我不希望生命依賴它們。

就像帕斯卡，我因此要說出如下的論點。如果統計學在任何事情上對我能有幫助，我會去用它。如果它構成威脅，我就不用。我要接受過去能給我的最好東西，但不受其害。因此我會利用統計學和歸納方法積極下注，但不會用它們管理我承受的風險。叫人驚訝的是，我所認識存活下來的所有交易員，似乎也採取相同的方式。他們根據某種觀察（包括過去的歷史）得到的想法去操作，但和巴柏學派的科學家一樣，他們確保犯錯時必須付出的成本相當有限（而且機率不是從過去的資料推算出來）。他們和卡洛斯、約翰不同，執行操作策略之前，就知道哪些事件會證明他們的推測錯誤，並且預留操作錯誤的迴旋空間（我們說過，卡洛斯和約翰利用過去的歷史下注，也用以衡量他們的風險）。一旦犯錯，他們會結束交易。這稱作**認賠停損**，也就是在預設的出場點，保護自己不受黑天鵝傷害。我發現非常少人這麼做。

謝謝梭倫

最後，在結束第一部之際，我必須坦承，有關梭倫眞知灼見的著述，對我的思想和私生活影響極大。第一部的內容令我更有信心，覺得遠離媒體和商業界的其他人（主要是我愈來愈看不起的其他投資人與交易人）是對的。由於我根深柢固地渴望和人群、文化打成一片，我相信自己一定克服不了自己，最後必然和他們很像；完全遠離，我才更能控制自己的命運。我正享受著古典文學帶來的震撼，而這是童年以來不曾有的感覺。我現在想到了下一步：重新創造一個資訊少、更確定的古時候，例如十九世紀，但同時受益於我們這個時代，科技的若干進步（像是蒙地卡羅

引擎）、所有的醫療突破和所有的社會公義進步。這麼一來，我就擁有最美好的每一樣東西。這才叫作進化。

第二部

打字機前的猴子

存活者偏誤和其他偏誤

找來數量無限多的猴子，讓牠們坐到打字機前亂敲（打字機做得很堅固）。我們敢說，其中一隻肯定會打出一字不差的《伊里亞德》。深入探討，這個想法可能不像第一次提到時那麼有趣：這種機率微乎其微。但我們往前一步推論。現在，假設我們已經發現猴子中的大文豪，會有任何讀者願意拿畢生的積蓄，去賭那隻猴子下次會寫出《奧德賽》（*Odyssey*）嗎？

這個假想實驗中，有趣的是第二步。過去的表現（這裡指的是打出《伊里亞德》）有多少有助於預測未來的表現？同樣的道理，也可用於根據過去的表現做任何決策，也就是只依賴過去時間序列的屬性。假設那隻猴子帶著以前的驚人作品，出現在你家門口。嘿，牠可是寫出了《伊里亞德》那本巨著。你會怎麼想？

整體而言，推論的一個大問題，是靠資料做結論爲專業的人，往往比別人更快和更有信心地掉進陷阱之中。我們擁有的資料愈多，被淹沒的可能性愈高。稍懂機率法則的人，一般都根據以下的原則做決定：如果不做對某件事，一個人很不可能持續表現優異。績效紀錄因此極爲重要。他們想到這種成功序列發生的可能性，並且告訴自己：如果某人過去的表現比其他人好，那麼將來表現優於別人的機率也高——也非常擅長於做那件事。但是像一般常見的情形那樣，一個人只有少許的機率知識，會比完全不懂機率，落到更慘的下場。

取決於猴子的數目

我不否認某人過去的表現優於他人，據推測將來也能有更好的表現。但是這種推測也許相當

薄弱、非常薄弱，以至於在做決策時沒有用處。爲什麼？因爲一切取決於兩項因素：他所從事專業的隨機內容，以及有多少猴子在運作。

起初的樣本數多寡非常重要。如果只有五隻猴子，我會覺得寫出《伊里亞德》的那隻猴子相當了不起，懷疑牠是那位古詩人的化身。要是猴子的數目高達十億的十億次方，那就沒有什麼大不了——事實上，如果沒有一隻猴子只憑運氣，寫出知名的作品（但不確定是如何知名；或許是像卡薩諾瓦〔Casanova〕寫的《我的一生》〔*Memoirs of My Life*〕），我才會驚訝。甚至說不定會有一隻猴子打出前副總統高爾（Al Gore）寫的《瀕臨失衡的地球》（*Earth in the Balance*），但少了陳腔濫調。

這個問題也帶進了商業世界，而且比其他行業更爲邪惡，因爲商業世界高度依賴隨機性（我們已經詳細對比過依賴隨機性的商業和牙醫業）。商業人士愈多，其中之一純靠運氣而有驚人成績的可能性愈高。我很少見到有人去數猴子有多少隻；同樣的，很少人會去數市場中的投資人有多少，以計算一段市場歷史中，在那麼多投資人操作的情況下，創造成功序列的條件機率，而不是只算成功機率。

惡毒的現實生活

猴子的問題，還有另一個層面得提；現實生活中，其他的猴子數也數不清，更別提是不是都看得到。有些隱藏了起來，我們只看得到贏家——失敗者自然徹底消失。所以我們看到的是存活者，也只看到存活者，以至於對概率產生錯誤的認知。我們不是對機率有所反應，而是對社會所

評估的機率有反應。就像我們見到的尼洛．屠利普，即使學過機率，面對社會壓力也會有愚蠢的反應。

關於本部

第一部說明人們在哪些情況中不了解稀有事件，而且似乎不接受它的發生機率、不接受發生之後的慘痛結果。這一部也談到我個人的觀念，但其他的文獻似乎不曾探討。可是，探討隨機性的一本書，除了提到稀有事件造成的扭曲，不談人可能有哪些偏誤，便不算完整。第二部的內容比較普通；我將以很快的速度，綜合整理目前這個主題中無數的著作討論的隨機性偏誤。

這些偏誤可以概述如下：(a)存活者偏誤（也就是打字機前的猴子），起於我們只看到贏家，對於概率持有扭曲的看法（第八章和第九章，「百萬富翁太多」與「煎蛋」），(b)極端的成功最常見的理由是機運（第十章「輸家通賠」），(c)人的生物構造無力了解機率（第十一章「隨機性和我們的大腦」）。

8 隔壁的百萬富翁太多

存活者偏誤的三個例子。為什麼應該住在公園大道的人很少。隔壁的百萬富翁穿得很爛。專家多如過江之鯽。

如何消除失敗的刺痛

就是快樂

馬克和妻子珍娜、三個孩子住在紐約市的公園大道。他一年賺五十萬美元，但得取決於景氣的榮枯——他不相信最近突然綻現的榮景能夠維持長久，心理上還沒調適近來激增的所得。馬克年近五十，身材圓胖，皮膚鬆軟，看起來比實際年齡老十歲。他過著紐約市律師表面上優裕舒適（但緊張忙碌）的生活，住在曼哈頓寧靜的角落。馬克顯然不是那種喜愛泡酒吧或者參加翠貝卡

和蘇活區（SoHo）深夜聚會的人。他和妻子有一棟鄉間別墅和一座玫瑰花園，而且和同年齡、心態、條件的許多人一樣，（依序）關心物質享受、健康和身分地位。平常工作的日子裡，他都要忙到晚上九點半以後才回家，有時更在辦公室待到半夜。到了週末，馬克累得要命，驅車回「家」的三個小時，總是睡得死去活來；週六大部分時間也都躺在床上恢復元氣。

馬克生長於中西部一座小鎮，父親是稅務會計師，沉默寡言，總是用削得很尖的黃色鉛筆工作。他十分在意鉛筆尖不尖，所以口袋總是隨時放著削鉛筆刀。馬克從小就聰穎過人，中學成績優異，念哈佛大學，然後進耶魯法學院，學歷相當傲人。踏進職場後，投入企業法律業務，先在一家著名的紐約法律事務所接大案子，忙得沒時間刷牙。這麼說一點都不誇張，因爲他幾乎每一頓晚餐都在辦公室吃，一邊累積脂肪，一邊累積當合夥人的印象分數。他後來在一般的七年時間內，當上合夥人，卻也賠上了常見的代價。第一任妻子（念大學時認識的）離他而去，因爲她受不了律師老公總是不在家，也厭倦了他的談話內容日益低俗——不過說來也好笑，她後來和另一位紐約律師同居並且嫁給他；那個人嘴裡也許沒有比較多的象牙，卻讓她比較快樂。

工作太多

雖然馬克偶爾會來個突擊式減肥，身材還是慢慢鬆垮了下來，訂做的西裝每隔一段時間，就需要回頭找裁縫師修改。過了勞燕分飛的鬱悶期之後，他開始和法律助理珍娜約會，兩人很快就走上紅毯，然後快馬加鞭，接連生了三個孩子，買下公園大道的公寓和鄉村別墅。

珍娜認識的人，是孩子在曼哈頓的私立學校念書的父母，以及和他們住同一棟公寓大樓的鄰居。從物質觀點來說，他們落在這一群人的底端，甚至可能剛好就在最底層。他們是所認識的人群內最窮的，因爲那棟公寓大樓，住的都是事業極其有成的企業高階主管、華爾街交易員和財大氣粗的企業家。孩子所念的私立學校，還有第二群孩子，他們是企業併購家和他們打勝仗後娶得的妻子生的——如果考慮其他母親的年齡差距和模特兒般的特徵，甚至也許有第三群。相較之下，馬克和他的妻子珍娜散發出擁有鄉村別墅加玫瑰花園的那種樸實氣息。

你是失敗者

馬克住曼哈頓，這可能是理性的選擇，因爲需要花費心力的工作時間很長，不可能通勤上下班。但是妻子珍娜付出的成本卻很高。爲什麼？因爲和別人比起來，他們顯得相對不成功——就他們所住的公園大道社區來說。大約每個月有一次，珍娜會因爲到學校接送小孩，遭到其他某個媽媽奚落而感到緊張和羞辱，或者搭乘公寓大樓電梯時，看到某位女士戴比較大顆的鑽石，而幾近崩潰；他們住的是公寓中最小的單位。爲什麼她先生那麼不成功？他很聰明，工作也十分賣力，不是嗎？他的學業性向測驗（SAT）成績不是接近一千六百分嗎？那個叫隆納德什麼的，他太太甚至從沒和珍娜點過頭。她先生上過哈佛和耶魯，智商那麼高，爲什麼存款戶頭沒什麼錢？

馬克和珍娜的個人生活陷入契訶夫困境（Chekhovian dilemmas），我們不想談太多，但他們的

例子可以用來說明**存活者偏誤**（survivorship bias）十分常見的情緒效應。珍娜覺得她先生相較之下不如人，但她是以非常不對的方式計算機率——她用錯誤的分布去評斷身分地位。馬克的表現和全體美國人相比，顯得非常之好，比九九．五％的同胞要好。他的表現和中學時期的朋友比較，顯得十分突出；要是有時間去參加不時舉辦的同學會，他可以親自體會一下他確實高人一等這個事實。他的表現比九〇％的哈佛其他同學要好（當然是指財務上），也比六〇％的耶魯法學院同學好。但和同一棟公寓的鄰居相比，卻落在底層！為什麼？因為他選擇和成功人士同住，那裡排除了失敗者。換句話說，失敗者不會出現在樣本中，因此使他看起來好像表現欠佳。住在公園大道，身邊不會有失敗者，只會看到贏家。當我們生活在非常小的社區中，便很難走出狹窄的居住地，從外面評估自己的處境。就馬克和珍娜來說，他們承受很大的情緒困擾；這裡有位女子，嫁給事業極其有成的男子，但她只感受到比上不足，因為她沒辦法在情感上拿他和能給他公平待遇的樣本相比較。

除了對一個人的表現持有錯誤的認知，還有社會跑步機效應存在：你富有之後，搬到有錢人的社區去住，卻因此顯得貧窮。除此之外，另有心理跑步機效應；你習慣了財富之後，就會回到一個固定的滿意點。有些人永遠不會對（超過了某一點的）財富眞正滿意的這個問題，成了技術性討論快樂的主題。

有人會很有理性地告訴珍娜：「不妨去讀一位數學型交易員針對生活中機運扭曲的現象，寫的《隨機騙局》一書。它會告訴你如何從統計的觀點去看事情，這樣你會覺得好過些。」我是這本書的作者，當然很樂意以十四．九五美元的價格，提供一帖萬靈丹，但還是要說句良心話：這

本書恐怕只能提供約一個小時的安慰。珍娜需要的是更猛的藥。我一再表示，人天生不會變得更有理性，也不會不因被人看貶而情緒激動，至少就我們目前的生物結構設計來說是如此。我們沒辦法從理性的推論找到慰藉——身爲交易員，我早就學會反其道而行，強迫自己保持理性，終究是無效的。我會建議珍娜搬出來，住到藍領階級的社區，她就比較不會覺得遭到鄰居羞辱，而且啄序會升高到超越他們原本的成功機率。換句話說，他們可以往反方向去利用扭曲。如果珍娜在意身分地位，我甚至會建議住進一些大型樓宇。

雙重存活者偏誤

更多的專家

我最近拜讀了暢銷書《隔壁的百萬富翁》。兩位「專家」寫出這本謬論連篇的書（但相當有趣），試著推論富人常見的一些屬性。他們檢視了現在有錢的一群人，發現他們不可能過著豪奢的生活。他們稱這些人爲聚財者；他們願意延後消費，以便累積錢財。這本書最大的吸引力，在於簡單但有違直觀的事實：這些人看起來比較不可能像是非常有錢的人——一個人顯然必須花很多錢，更別提需要騰出時間去花錢，才能使外表和行爲看起來有錢。要過富足的生活很花時間——你必須去選購時髦的衣服、談起波爾多葡萄酒如數家珍、知道哪裡有昂貴的餐廳可去。所有這些活動，必須花費很多時間去做，也使人無法全神貫注地投入眞正該做的事，也就是累積名目（和

帳面）財富。這本書給我們的啓示是：最有錢的人看起來比較不像有錢人。反過來說，行爲和外表看起來有錢的人，財富流失得很快，經紀帳戶會受到不可逆轉的巨大傷害。

我不覺得累積錢財有什麼特別值得一提的地方，尤其是如果一個人笨到不試著從財富產生一些有形利益的話（姑且不提經常數錢的樂趣）。我不是很樂意犧牲個人的習慣、知性上的愉悅和個人的標準，好成爲華倫．巴菲特那樣的億萬富翁。如果我必須養成斯巴達式（甚至更刻苦）的習慣，一直住在首次購買的房子裡，那我更看不出成爲億萬富翁有什麼意義。盛讚他富有卻過著儉樸的生活，我不懂道理何在。如果樸素過日子是目標，那麼他應該去當僧侶或社會工作者——我們應當記住：致富只是自私的行爲，不是社會行爲。資本主義的優點，在於社會能夠利用人們的貪婪而運作，不是靠他們的慈悲。此外，我們也不需要讚美這種貪婪是一種道德（或知識）成就（讀者很容易發現，我除了索羅斯等極少數例外，對有錢人缺乏好感）。有錢不直接等同於道德成就，但這不是那本書的嚴重缺點所在。

前面說過，聚財者是《隔壁的百萬富翁》一書中的英雄。他們省下支出，拿去投資。這種策略無可否認可能奏效；錢花掉就不能創造成果（姑且不提物質享受）。但這本書談到的好處，似乎過於誇大。更仔細閱讀他們的論點，可以發現他們的樣本包含雙重劑量的存活者偏誤。換句話說，這本書錯上加錯。

贏家衆所矚目

第一個偏誤在於他們的樣本選到的富人，是打字機前的幸運猴子。作者只看到贏家，而且根本不設法改正他們的統計方法。他們沒有提到積攢錯誤東西的「聚財者」（我的家族成員很擅長做這種事，例如保有即將貶值的貨幣和後來倒閉的公司股票）。我們沒看到他們提及有些人很幸運，能夠投資到贏家。這些人毫無疑問可以躋身他們寫的書內。有個方法能夠矯正這種偏誤：例如，將你所選富翁的平均財富降低五〇％，理由是作者的偏誤導致我們觀察到的百萬富翁平均財富增加了這麼多（這麼一來，會產生將輸家加進樣本的效果）。這麼做，肯定會修正結論。

那是多頭市場

第二個缺失更爲嚴重，就是我已經討論過的歸納問題。他們講的故事，集中在歷史上一段不尋常的期間；如果接受他們的論點，就等於接受目前的資產價值報酬率永遠不變的說法（一九二九年起的大崩盤之前，同樣的信念也盛行）。這一波資產價格漲勢，是有史以來最強勁的多頭市場（本書撰稿時，多頭市場還沒結束），二十年來價值急速竄升。一九八二年投資一元買一般股票，已經成長將近二十倍——而這還只是一般股票而已。我們所選的樣本，可能包含所投資的股票表現優於平均水準的人。幾乎所有的人都已經因爲資產價格上漲，也就是一九八二年起，近來

的金融票券和資產價格上揚而致富。一個投資人在市場漲勢沒有那麼凌厲的時候，運用相同的策略，能說給別人聽的故事當然不同。不妨想像那本書如果寫於一九八二年，也就是股票經通貨膨脹調整，價值長期滑落之後，或者寫於一九三五年，也就是人們對股票市場失去興趣之後，內容會變得怎麼樣。

或者，如果美國股市不是唯一的投資管道。有些人不花錢買昂貴的玩具或者去度假滑雪，而是購買以黎巴嫩里拉計價的國庫券（像我祖父那樣），或者向麥可・米爾肯（Michael Milken）購買垃圾債券（一九八〇年代，我的許多同行都這麼做），命運將如何？進一步回溯歷史，如果聚財者買的是沙皇尼古拉二世簽名發行的俄羅斯帝國債券，並且在蘇俄政府還本之後還買更多，或者在一九三〇年代購置阿根廷的不動產（像我曾祖父那樣），下場會是怎麼樣？

長久以來，連專業人士（或者尤其是專業人士）也犯下忽視存活者偏誤的錯。怎麼會這樣？因爲我們受過的訓練，是要善用眼前的資訊，忽視沒有看到的資訊。本書撰稿時，美國和歐洲的退休基金與保險公司不知爲什麼，接受「長期而言，股票**總是**有九%報酬率」的說法，並以統計數字作爲佐證。統計數字是對的，但它們是過去的歷史。我的看法是：我可以在四萬種買得到的證券中，找到一種，每年的漲幅高達這個數字的兩倍，絕不出錯。這麼說，我們應該拿社會安全資金去買它嗎？

來做個簡短的小結：上面說明了我們如何傾向於將所有可能的隨機歷史中實現的一個，誤當成最具代表性的一個，而忘了還有其他的可能性。概括而言，存活者偏誤的意思是說，**表現最好的一個能見度最高**。爲什麼？因爲輸家並沒有現身。

大師的意見

基金管理業到處都是大師。這個領域顯然充滿隨機性，大師勢必掉進陷阱，尤其是如果他沒有受過適當的推論訓練的話。本書撰稿時，有個這樣的大師，養成非常不幸的習慣，寫書談這個主題。他和一位同行計算了「羅賓漢」式投資政策的成功機率。這種政策是指投資於一群經理人中表現最差的那個。根據這樣的政策，你必須把錢從贏家那裡收回來，分配給輸家。這和一般人所想，應該把錢從輸家經理人那裡撤回，改投資於贏家經理人的作法恰好相反。他們執行這種「紙上策略」（也就是像「大富翁」遊戲，並非在眞實的生活中進行）獲得的報酬，遠高於緊抱贏家經理人。在他們看來，這個假設例子似乎證實了我們不應該像平常會做的那樣，緊守最優秀的經理人，而應該轉向擁抱最差的經理人。至少他們似乎想要傳達這樣的論點。

他們的分析呈現一個嚴重的缺失，任何研究生應該一眼就能指出。他們的樣本只有**存活者**，根本忘了考慮混不下去而退出這一行的經理人。這樣的樣本包括模擬期間有在操作、且**迄今仍在操作**的經理人。沒錯，他們的樣本包括表現欠佳的經理人，但他們是從表現不好中翻身，並沒有退出這一行。所以投資於某個時點表現欠佳、但後來績效轉好（這是一種事後之明）的經理人，顯然可以獲得正報酬！要是他們的表現繼續差勁，他們就會退出這一行，不會包括在樣本中。

模擬要如何執行才適當？舉例來說，我們可以找五年前有在操作的一群經理人，然後展開模擬，直到今天。離開這群經理人的人，屬性顯然偏向於失敗；在獲利這麼豐饒的這一行，會因爲

極其成功而退出的成功者少之又少。在我們用比較技術性的方法探討這些問題之前，先稍微談一下樂觀情緒這種相當理想化的流行用語。據說從一個人是否樂觀，可以預測他會否成功。預測？其實我們也可以預測他會失敗。樂觀的人對於成功機率過度自信，當然會冒比較多的風險；勝出的人名利雙收，失敗的人則從分析樣本中消失。眞是糟糕。

9 買賣比煎蛋容易

存活者偏誤的技術申論。談生活中「巧合」的分布。寧可靠運氣，不靠能力（但你可能被抓個正著）。生日詭辯。更多的江湖郎中（以及更多的新聞記者）。有工作倫理的研究人員如何能從資料中找到任何東西。談沒吠的狗。

今天下午我約好去看牙醫（主要是牙醫想問我巴西債券的事）。我可以在某種程度上，相當放心地說他懂得怎麼治療牙齒，尤其是如果我捧著牙痛進診所，出來時疼痛減輕，這種信心會更強。不懂怎麼治療牙齒的人，很難減輕我的疼痛，除非他那一天運氣特別好——或者這輩子很幸運，雖然對牙齒一無所知，卻還是當上牙醫。看到他牆上掛的文憑，我相信他單單依賴隨機性，考卷上的問題一再答對、畢業前練習補幾千顆蛀牙補得令人滿意的機率非常小。

那天晚上稍後，我進卡內基音樂廳。我不是很清楚那位鋼琴家的背景，甚至忘了她那不常見的外國發音名字，我只知道她在莫斯科某所音樂學校深造。但我依然期待能聽到美妙的鋼琴演奏。我們很難見到有人過去演奏得很棒，所以能進卡內基音樂廳表演，現在卻只靠運氣維持盛

名。遇到招搖撞騙的人在台上亂敲琴鍵，發出不和諧的聲音，機率的確很低，所以我將這種可能性完全排除在外。

上個星期六我在倫敦。星期六的倫敦很神奇：人群摩肩接踵，卻少了平常上班日子中，機械工業的忙碌景象，或者週日收假前的鬱悶心情。我沒戴錶，也沒什麼計畫，卻發現自己走到了維多利亞亞伯特博物館（Victoria & Albert Museum），站在我喜愛的卡諾瓦（Canova）雕塑前面。我的專業素養立即質疑隨機性在這些大理石雕像雕刻的過程中是不是扮演重要的角色？這些雕像很像眞人，但比大自然的創作更爲和諧與平衡（我想起羅馬詩人奧維德〔Ovid〕說的「鬼斧神工超越作品」）。如此精美的作品，有可能是運氣的產物嗎？

我可以對在實體世界或在隨機性很低的行業中運作的任何人，說相同的話。但是和商業世界有關的任何事情，都有個問題。我現在有點煩，因爲很討厭明天得和一位基金經理人見面。他想請我和我的朋友幫忙找投資人。他宣稱自己的績效紀錄良好。我只能推測他只不過學會買賣而已，而買賣比煎蛋容易多了。唔……他過去有賺錢這個事實或許有點重要，但不是挺要緊。這個意思不是說情況永遠如此；有些時候，我們可以信賴績效紀錄，但可惜這種情形不是很多。讀者現在肯定知道，那位經理人提起過去的績效時，一定會被我修理，尤其是如果他沒有表現出最起碼的一點謙卑之心或者自我懷疑的話；我覺得，工作必須面對隨機性的人，應該是這樣。我可能會拋出他被過去的成果蒙蔽，也許沒想到會被人問到的問題。我說不定會告訴他，馬基維利（Machiavelli）認爲人生至少有五〇%靠運氣（其餘是靠機靈和勇氣），而這話是在現代市場創設之前說的。

我將在本章討論績效紀錄和歷史時間序列一些有違直觀的有名特質。本章所提的概念，常聽到一些類似的名稱，例如**存活者偏誤**、**資料採擷**（data mining）、**資料探索**（data snooping）、**過度配適**、**回歸平均數**等等，基本上是指觀察者誤解隨機性的重要性，因而誇張過去績效的現象。這個概念，顯然帶有相當令人不安的含義。它也可以延伸到隨機性可能扮演某種角色的比較一般性狀況，例如選擇醫療方法或者解讀巧合事件。

如果要我表示意見，說財務研究將來對一般科學可能有什麼樣的貢獻，我會提到資料採擷的分析和存活者偏誤的研究。這些，已在財務學中研究得更加精進，但可以延伸到科學的所有探究領域。爲什麼財務是那麼豐富的領域？因爲很少研究領域像它那樣擁有許多資訊（以大量的價格序列的形式呈現），卻無法如同物理學般執行實驗。依賴過去的資料，成了它明顯的缺憾。

被數字愚弄

安慰劑投資人

經常有人問我這個問題：「你自以爲是什麼人，竟敢告訴我，我在生活中可能只是純靠運氣而已？」唔，眞的沒人會相信自己運氣很好。關於這一點，我用的方法是：我們的蒙地卡羅引擎可以製造完全隨機的狀況。我們可以做出和傳統方法完全相反的事情，也就是不分析眞人，好從中找到某些屬性，而是製造出屬性已經確知的一些人。這樣一來，就能製造完全取決於純粹機運

的狀況，不需要靠一絲絲技能或表 P.1 所說的非機運因素。換句話說，我們可以用人造的方式，製造一些無名氏來嘲弄；我們把他們設計得不具任何能力（完全像安慰劑）。

第五章說過，人可以如何因爲他們的特質恰好暫時適應特定的隨機性結構而存活。這裡談的，則是遠爲簡單的狀況，也就是**我們已知隨機性結構**；符合這種狀況的第一個例子，是一句老話：**即使是壞掉的鐘，一天也會正確兩次**。我們將稍微往外延伸，談到統計學是一把兩刃之刀。我們要用前面介紹過的蒙地卡羅產生器，製造一萬位虛擬的投資經理人（產生器並不是非有不可，因爲我們也可以擲硬幣，甚至用上代數，但產生器比較容易說明且有趣）。假設每位經理人的賺賠機率剛好各半：年底時每個人都有五〇％的機率賺進一萬美元，五〇％的機率賠掉一萬美元。除此之外，再多加一個限制條件；一旦一位經理人某年的表現很差，便從樣本剔除，說再見，並祝福他。這種運作方式很像傳奇性的投機客索羅斯。據說他曾把經理人都找來，說：「明年你們會有一半的人離開。」（帶東歐口音。）我們和索羅斯一樣，把標準訂得極高：只留下毫無污點紀錄的經理人。我們對表現欠佳的經理人沒耐性。

蒙地卡羅產生器會擲出硬幣：擲出**正面**，那位經理人那一年會賺一萬美元；擲出**反面**，則會賠一萬美元。第一年結束時，預期會有五千位經理人各賺一萬美元，五千位經理人各賠一萬美元。接著模擬第二年。同樣的，我們預期會有二千五百位經理人連賺第二年；再一年，有一千二百五十位；第四年，有六百二十五位；第五年，三百一十三位。在輸贏各半的遊戲中，現在有三百一十三位經理人連賺五年。這是純靠機運得來的。

在此同時，如果我們把其中一位成功的交易員丟進眞實世界中，一定會聽到有人發表有趣且

實用的評論，讚美他那出色的投資風格、他那敏銳的心思，以及有助於他取得那種成功的各種影響因素。有些分析師可能將他的成就，歸因於兒時經驗中的某些元素。爲他寫傳的人，會談到父母給他立下優良的榜樣；書的中間，會插進好幾頁黑白照片，見證一位成形中傑出人物的一生。下一年，萬一他的表現不再出色（他某一年有好表現的機率仍然是五〇％），他們會開始怪東怪西，說他的工作倫理鬆懈下來，或者生活風格趨向於揮霍。他們會找到他以前成功時做過，後來不再做的某件事，並將失敗原因歸咎於它。但真相卻是——他的成敗完全取決於機運。

沒人需要能力強

現在來將以上的論點進一步延伸，讓它更有趣些。我們創造出的一大群人，完全由能力差的經理人組成。我們將能力差定義爲**期望報酬**是負值，相當於機運對他們不利。我們現在要蒙地卡羅產生器從甕中抽球。甕中有一百顆球，四十五顆是黑的，五十五顆是紅的。抽完再放回去，所以紅球相對於黑球的比率始終相同。如果抽到黑球，經理人賺一萬美元。抽到紅球，他賠一萬美元。因此，每位經理人可望有四五％的機率賺進一萬美元，五五％的機率賠掉一萬美元。平均而言，經理人每一回合會賠一千美元——但這只是**平均值**而已。

第一年結束時，我們預期會有四千五百位經理人獲利（占全部經理人的四五％），第二年，其中的四五％是二千零二十五位。第三年，有九百一十一位；第四年，有四百一十位；第五年，有一百八十四位。我們給存活下來的經理人命名，讓他們穿上西裝。沒錯，他們占原始群體的不

到二%。但他們會成爲衆所矚目的焦點。沒有人會去提另外的九八%。我們能做出什麼樣的結論？

有違直觀的第一點是：完全由能力差的經理人構成的一群人，會產生少數一些很好的績效紀錄。事實上，假使有位經理人不請自來，出現在你家門口，你根本不可能判斷他是好是壞。就算整群人完全由長期而言預期將賠錢的經理人構成，結果也不會有顯著的變化。爲什麼？因爲由於波動性，其中有些人會賺到錢。由此可見波動反而對壞的投資決策有幫助。

有違直觀的第二點是，我們關心的績效紀錄**極大值的期望值**（expectation of the maximum），受到原始樣本大小的影響，比受到每位經理人的個別成功概率的影響大。換句話說，某個市場中，績效紀錄出色的經理人數目有多少，主要得看踏進投資這一行（而不是進牙醫學校）的經理人數目有多少，而且這一點遠比經理人創造獲利的能力重要。這也取決於波動性。爲什麼我使用極大值的期望值的概念？因爲我根本不關心平均績效紀錄。我只看表現**最好**的經理人，不是看所有的經理人。這表示，如果二〇〇一年開始從事交易的全部經理人多於一九九三年，那麼二〇〇六年的「卓越經理人」會多於一九九八年——我敢這麼說。

回歸平均數

「籃球熱手」是誤解隨機序列的另一個例子：一個非常大的球員樣本中，很可能某個人的好手氣，時間長得不尋常。事實上，我們很不可能找不到某個球員的好手氣長得不尋常。這是稱作

回歸平均數的機制表現。我可以解釋如下：

一直擲硬幣，擲很久的時間，正反機率各半，並將結果記在紙上。如果序列夠長，你可能看到連續八次正面或者連續八次反面，甚至各有十次之多。可是你曉得，儘管連續出現多次正面或反面，下次擲出正面或反面的條件機率還是五〇％。設想這些正面或反面可以爲一個人的金庫贏錢或輸錢。多出的正面或多出的反面，偏離了常態，完全可歸因於機運。換句話說，它們可歸因於變異，和假設中的玩家擁有的技能無關（因爲擲出正面或反面的機率相同）。

一個結果是，在現實生活中，偏離常態愈大，來自運氣而非技能的機率愈大：就算一個人擲出正面的機率有五五％，連贏十次的勝算還是很小。從非常有名的交易人（例如我以前經常在交易室中看到的英雄）迅速回歸平淡的故事，很容易得到明證。這可以用在人的身高或者狗的體型上。就後者來說，假設兩隻體型普通的公狗和母狗，產下體型很大的小狗。體型最大的狗，如果偏離平均體型太大，通常會生下體型比牠們要小的後代，反之亦然。我們在歷史上見過大離群值的這種「返祖」現象，而且以回歸平均數來解釋。請注意：偏離愈大，它的效應愈重要。

要再次提醒讀者：偏離並非都來自這種效應，但是有非常高的百分率確實如此。

遍歷性

這節進入更技術性的層次，我必須指出，人相信他們能從所見到的樣本，研判分布的特質。談到取決於極大値的事情，那完全是推論出來的另一種分布，也就是表現最佳者的分布。我們把

這種分布的平均值，以及贏家和輸家都在內的無條件分布兩者間的差，稱作存活者偏誤——這裡指的是前面討論的原始群體中，有約三%連續五年賺到錢的事實。此外，這個例子也說明了遍歷性的特質，也就是時間會消除惱人的隨機性效應。展望將來，儘管過去五年這些經理人有賺錢，我們預期未來任何一段期間，他們會變成不賺不賠。他們的表現不會比原始群體中比較早失敗的人好。我們要看的是長期。

幾年前，我對那時的「太空超人」甲說，績效紀錄沒他所想的那般要緊，他覺得這話非常傷人，氣得拿雪茄點火器丟我。這件事教我懂得很多。務必記住：沒人會接受自己的成功帶有隨機性，只有失敗時，才會接受那種看法。那時他領導一個「出色的交易員」部門。他們在市場上賺了一大筆錢，並認爲原因出在他們的業務、眼光或者他們的智慧可圈可點。他因此自視甚高。他們後來在一九九四年紐約的寒冬中不幸陣亡（由於艾倫・葛林斯潘〔Alan Greenspan〕出人意料地提高利率，使得債券市場應聲崩跌）。有趣的是，幾年後，我幾乎沒看到他們有什麼人仍在市場上交易（這就是遍歷性）。

我們說過，存活者偏誤取決於原始群體的規模。一個人過去賺到一點錢這個資訊，單單它本身既無意義，也無關緊要。我們需要知道他來自的群體是大或小。換句話說，如果不知道有多少經理人嘗試過且失敗了，我們無法評估績效紀錄是不是有效。如果原始群體只有十位經理人，我會不眨一下眼睛，就把一半的存款交給表現優異的人。要是原始群體由一萬位經理人組成，我不會在意他們的成果。後面這種情形經常見到；這些日子，許多人被吸引到金融市場。不少大學畢業生把交易員當作第一件工作，失敗之後再去念牙醫學院。

如果這些虛構的經理人如同童話故事般能夠化爲眞人，其中之一也許是明天上午十一時四十五分我要見的人。爲什麼我選十一時四十五分？因爲我會問他採取什麼樣的交易風格。我需要知道他的操作方法。要是對方過度強調自己的績效紀錄，我會藉機說有個午餐約，必須趕快過去而脫身。

人生無處不巧

接下來探討我們對巧合分布的了解偏誤延伸到眞實生活的情形。

神祕函

一月二日，你接到一封匿名信，告訴你這個月市場會上漲。市場後來果然上漲，但你不覺得那有什麼了不起，因爲所謂的元月效應，人盡皆知（歷年來，一月的股價都會上揚）。二月一日，又接到一封信，告訴你市場將下跌。這一次，它又說對了。三月一日再接到一封信——情形一樣。到了七月，你對寄信來的那位匿名人士竟有那樣的先見之明很感興趣。對方建議你投資某個特別的境外基金。你把畢生的積蓄一股腦投了進去。兩個月後，那些錢有去無回。你趴在鄰居的肩上泣不成聲。他說，他記得也接過兩封同樣的神祕函，但之後就沒再寄來了。他說，第一封信的預測正確，第二封卻不對。

到底是怎麼回事？騙徒玩的把戲原來如下所說。他從電話簿抽出一萬個人名，寄出後市看漲的信給其中一半的人，後市看跌的信則寄給另一半的人。下個月，有五千個人接到的信，證明預測正確，他用同樣的手法寄第二封預測信給他們。再一個月，對剩下的二千五百人做同樣的事，如此直到名單縮減爲五百人，其中可望有二百人上鉤。只要投資價值幾千元的郵票，便可能撈進數百萬元。

被打斷的網球賽

收看電視上的網球比賽，常常有一些基金大打廣告。它們在（直到此刻的）某段期間內，表現確實優於其他基金好幾個百分點。但是同樣的，如果表現沒有恰巧比別人好，怎麼好意思打廣告？向你推銷的投資，就算操作成功，也有很高的機率是完全靠隨機性而來。這種現象就是經濟學家和保險業者所說的逆向選擇（adverse selection）。由於這種選擇偏誤，評估來到眼前的投資所用的標準，應該比你自己去尋找投資標的要嚴格。舉例來說，我主動去找一萬位經理人時，有二％的機會找到假存活者。但是待在家裡，門鈴一響，前來兜售的人是假存活者的可能性接近百分之百。

反存活者

到現在爲止，我們討論的是假存活者，但同樣的邏輯也可以用在技能高強的人身上——機運雖然對她極其有利，最後還是跌個鼻青眼腫。這種效應剛好是存活者偏誤的相反。廁身投資業的人，即使機運非常有利，卻只要兩年的表現很糟，冒險犯難的生涯就此終結的可能性還是很高。他們必須做些什麼以求存活？他們是用冒黑天鵝風險的方式，使自己待在業內的機率提升到最高（就像約翰和卡洛斯那樣）——他們大部分時候的表現很好，卻得承受陣亡的風險。

生日詭辯

要向不懂統計的人說明資料採擷的問題，最直觀的方式是透過所謂的生日詭辯。但這其實不算詭辯，只是人在認知上覺得難得一見的奇事。隨便找一個人，你和他碰巧同一天生日的機率是三六五．二五分之一。碰巧同年同月同日生的機率則低得多。因此，和某個人同一天生日，是你會在晚餐桌上拿出來談笑的巧合。現在，假設房間內有二十三個人。任何兩個人同一天生日的機會有多少？大約五〇％。由於我們沒有指定哪些人必須同一天生日，任何兩人都行，所以機率並不低。

世界好小！

在怎麼想都想不到的地方，巧遇某位親朋好友，這樣的機率也有類似的誤解。人們常常語帶驚訝地說：「好巧，世界眞小！」但這種事情並非沒有發生的可能——這個世界遠比我們所想的要大。其實那只是因爲我們不是眞正檢定在特定的時間、特定的地點、遇見特定的人的機率。相反的，我們只是檢定任何偶遇的機率，也就是和過去認識的任何人，在將來任何時間、任何地方巧遇的機率。後者的機率高得多，或許是前者的幾千倍。

統計學家觀察資料以檢定某一關係，例如研判發生某件事（像是政府發表聲明）和股市波動之間的關係，結果很可能讓人信以爲眞。但當我們用電腦去處理資料以尋找任何關係時，肯定會有某種假關聯出現，例如股市的走勢和婦女裙子的高度有關。和碰巧同一天生日一樣，人們看到這種結果總是嘖嘖稱奇。

資料採擷、統計學與信口雌黃

買新澤西州彩券中兩次的機率是多少？十七兆分之一。偏偏伊芙琳・亞當斯（Evelyn Adams）就是這樣的幸運兒。讀者可能猜想命運之神一定特別眷顧她。研究工作者普爾西・戴康尼斯（Percy Diaconis）和佛烈德瑞克・莫斯特勒（Frederick Mosteller）利用上面我們發展的方法估計，某人在

某個地方，以完全未指定的方式，發生那麼幸運巧事的機率是三十分之一！

有些人把資料採擷作業帶進神學的領域——古地中海人也是用鳥的內臟讀出重要的訊息。邁可．卓思寧（Michael Drosnin）寫的《聖經密碼》（*The Bible Code*），把資料採擷做了有趣的延伸，用於聖經的詮釋上。卓思寧當過新聞記者（似乎不懂統計學），在一位「數學家」的研究協助之下，解讀一段聖經密碼，而「預測」以色列前總理拉賓（Yitzhak Rabin）將遇刺。他把這件事告訴拉賓，但拉賓顯然不很在意。《聖經密碼》在聖經中發現統計上的不規則性；這些，有助於預測一些這樣的事件。不用說，這本書賣得很好，所以出了續集，繼續以事後之明，預測更多這樣的事件。

陰謀論的形成，背後也是相同的機制。它們和《聖經密碼》一樣，邏輯看起來十分完美，會使本來的聰明人信以爲眞。我可以下載一位藝術家或一群藝術家的幾百幅繪畫，在所有那些畫作中（從數十萬個特質裡面）找到一個常數，進而根據所有畫作共有的一個神祕訊息，編造某個陰謀論。這似乎是暢銷書《達文西密碼》（*The Da Vinci Code*）的作者所做的事。

我看過最好的一本書！

我很喜歡逛書店，腦子放空，毫無目標地翻閱一本又一本的書，決定值不值得花時間去讀。我往往根據膚淺但具有暗示意味的線索，一時衝動就買下某本書。我經常只看書衣就決定要不要買。書衣常有某人（不管有沒有名氣）寫的讚辭，或者從書評摘錄下來的一段文字。備受敬重的名人或知名雜誌寫的好評，會使我怦然心動而買書。

這有什麼問題嗎？原來我常把書評和最好的書評混為一談。書評是指評估一本書的品質，最好的書評卻遭到相同的存活者偏誤污染。我把一個變數的極大值分布，誤當成那個變數本身的分布。出版公司只會把最好的讚辭放在書衣上，不會什麼都放。有些作者更進一步，從反應冷淡、甚至不利的書評中，斷章取義地挑一些看來好像在讚美的文字。其中一個例子是，聰明過人和倜儻不群的英國財務數學家保羅．魏爾莫特（Paul Wilmott）說我給他「第一個壞評」，卻摘了一些話，放在書衣當讚辭（我們後來成為朋友，他才允許我收回那些讚辭）。

我生平第一次被這種偏誤愚弄，是十六歲那年，看了書衣上法國作家和「哲學家」讓—保羅．沙特的讚辭，就掏錢買下美國作家約翰．多斯．帕索斯（John Dos Passos）寫的《曼哈頓轉運》（*Manhattan Transfer*）。沙特說的話，意思是推崇多斯．帕索斯為當代最偉大的作家。簡短的一段話，很可能是在狂喜或者情緒激昂的狀態中脫口而出，使得多斯．帕索斯成了歐洲知識界必讀的作家，因為沙特的話被誤為是人們對多斯．帕索斯作品品質的一致看法，而不是許多看法中最好的讚辭而已（儘管人們對多斯．帕索斯的作品產生這種興趣，他後來還是回歸平淡）。

回測程式

有位程式設計師幫我設計了一套**回測程式**（backtester）。這種軟體程式，連接到歷史價格資料庫，能讓我探討複雜性普通的任何操作準則假設性的過去績效。我可以只用機械式的操作準則，例如那斯達克的上市股票只要收盤價比上個星期的平均價高一．八三％，我就買進，並且立即了

解這種操作方式，會使過去出現什麼樣的績效。螢幕上會跳出和那個操作準則有關的假設性績效紀錄。如果我不滿意得到的結果，可以把漲幅調整爲（例如）一．二%。我也可以把準則設定得更爲複雜。如此一直測試下去，直到找到績效令我滿意的操作準則爲止。

這到底是在做什麼？沒錯，這正是在一組可能可行的操作準則中，尋找存活者。我做的事，是拿操作準則去**配適**資料，稱作**資料探索**。只要靠運氣，我試得愈多次，愈有可能找到適用於過去資料的某個準則。一個隨機序列一定會有可察覺的某種型態存在。我相信西方世界有某種有價證券的價格和蒙古首都烏倫巴托的氣溫變化百分之百相關。

技術面還有更糟糕的延伸。沙利文（Sullivan）、提默曼（Timmerman）、懷特（White）最近發表一篇精彩的論文，進一步談到今天成功使用的準則，有可能是存活者偏誤的結果。

> 假設在一段時間內，投資人從非常寬的空間中，挑出各種技術性操作準則來做實驗——這個空間原則上包含各式各樣不同準則的數千個參數。隨著時間往前推進，以前恰好表現不錯的準則愈來愈受人注意，被認為是「不容忽視的挑戰者」，不成功的操作準則比較有可能遭到遺忘……一段時間內，如果考慮的操作準則數量夠多，那麼即使樣本很大，有些準則就算真的無法預測資產報酬率，也會單單因為機運，而產生非常出色的績效。這種情況中，只根據一小群存活下來的準則去推論，當然可能造成誤導，因為這並沒有考慮原來的整組準則；選出來的準則大都不可能表現得較差。

我必須批評一下我在個人的事業生涯中，親眼見到回測法的一些濫用實例。市場上有一種叫作歐米茄交易站（Omega TradeStation）的回測軟體，就是爲了做這種事而設計的，而且做得非常好，有成千上萬的交易人使用它。它甚至提供本身的電腦語言。利用電腦操作的當日沖銷交易人如果晚上睡不著，就會拿資料去做測試，希望從裡面找到一些特質。他們所做的事，就像把一群猴子丟到打字機前面，不指定要牠們寫出什麼書，所以牠們會在某個地方挖到傳說中的黃金。他們之中的許多人盲目相信這一套。

有個同行，學歷顯赫，卻日益相信這種虛擬世界，到了完全不理會現實的地步。我不知道他是不是還留有一點常識，只是在一大堆模擬結果之下，那些常識迅速消失不見，還是他根本一點常識也沒有，所以才會做那種傻事。我仔細觀察他的行爲，發現他即使保有天生的懷疑，也會在資料的壓力下，使得懷疑之心消失得無影無蹤——或者，他擁有的懷疑心極強，卻用錯了地方。喔，我想起了休謨！

擴大引伸更叫人不安

醫學一向依賴反覆試驗摸索以累積知識——換句話說，是靠統計方法。我們現在知道，某些病有可能完全是意外治好的，以及醫療實驗中，有些管用的藥物純粹是隨機發現的。我沒辦法宣稱自己懂醫學，但五年來毫不間斷閱讀一部分的醫學文獻，時間長到足以關切他們使用的標準。下一章會說到這些事情。醫學研究人員很少是統計學家；統計學家也很少是醫學研究人員。許多

醫學研究人員甚至壓根兒不知道有這種資料採擷偏誤存在。沒錯，偏誤也許只占很小的分量，但確實存在。最近有份醫學研究報告指出，抽菸可以降低乳癌風險。這和以前所有的研究發生衝突。根據邏輯，我們會懷疑這個結果可能純屬巧合。

盈餘發表季：被業績數字愚弄

大體而言，華爾街的分析師都受過訓練，能夠察覺企業隱匿盈餘所玩弄的會計花招。這場爾虞我詐的遊戲中，他們傾向於（偶爾）贏過企業界。但他們沒有受過訓練，不知如何思考和處理隨機性（也不懂得內省，了解他們所用的方法受到的限制——股票分析師過去的績效紀錄比氣象預報員差，卻以為自己過去的績效紀錄比氣象預報員好）。一家公司的盈餘增加一次，沒有人會馬上注意到。連增兩季，公司名稱會開始出現在電腦螢幕上。增加三季，這家公司就值得建議買進。

和我們談過的績效紀錄問題一樣，假設有一萬家公司，平均可以勉強賺到無風險報酬率（也就是財政部公債的利率）。它們分屬波動形式不同的各種行業。第一年年底，會有五千家「明星」公司的獲利增加（假設沒有通貨膨脹），以及另外五千家「狗熊」公司。三年後，有一千二百五十家「明星」公司。投資公司的股票評估委員會會把這些公司的名單交給你的營業員，「強烈建議買進」。他會留下語音訊息，說要推薦一支熱門股，值得你馬上行動。有人會用電子郵件寄來一長串的公司名單。你可能買進其中一兩家。負責管理你的401(k)退休計畫的經理人，會買進

全部的公司。

同樣的道理也可用於投資類別的選擇——你可以把它們當作上例提到的經理人。假設你活在一九〇〇年，面對幾百種投資。除了阿根廷、俄羅斯帝國、英國、德國等許多國家的股票市場，還有一拖拉庫可以考慮。理性的人不只會買美國等新興國家，也會買俄羅斯和阿根廷的股票。接下來的故事，人盡皆知；英國和美國等國的股票市場漲勢凌厲，帝俄的投資人持有的股票卻和中等品質的壁紙相當。表現不錯的國家占原始投資類別總數的比率不大；由於隨機性，一些投資類別可望有極佳的表現。我很好奇，說出「任何一段二十年的期間內，市場都只漲不跌」（當然不無自私目的）之類傻話的「專家」，知不知道有這個問題存在。

比較運氣

有個問題遠比以上所說要嚴重，得多和二個人或多個人或實體之間的績效優越或比較有關。雖然在單一時間序列的情況下，我們肯定會遭到隨機性愚弄，但是在比較兩個人，或者一個人和一個標竿時，被愚弄的程度會更加惡化。為什麼？因為**兩者**都是隨機的。我們來做一個簡單的假想實驗。以兩個人的一生來說，例如一個人和他的連襟。假定每個人一生的好運和壞運機會相等。可能的結果是：好運—好運（兩人之間沒有差別），壞運—壞運（一樣沒差別），好運—壞運（差別很大），壞運—好運（差別一樣很大）。

我最近第一次參加某位投資經理人的研討會，坐著聽一位非常乏味的演說者比較交易人的不

同。他的專業，是為投資人選擇基金經理人，把他們包裝在一起。這稱作「基金的基金」。我邊聽，他邊把數字投射到螢幕上。我發現到的第一件事，是突然認出演說者是誰。他是以前的同事，因爲歲月不饒人，外表和體型都變了。他曾經明快利落、精力充沛，是個好人；可是現在失去生氣、大腹便便，因爲成功而過著過度舒適的日子（我認識他時，他不是很有錢——人會以不同的方式，對錢有所反應嗎？是不是有些人會把自己看得很重，有些不會？）。我發現的第二件事是，雖然我懷疑他被隨機性愚弄，但程度一定遠大於人們的想像，尤其是在存活者偏誤方面。隨便拿紙算一下，會知道他討論的事情，至少九七％只是噪音而已。他拿經理人的績效來**比較**，得使事情更加糟糕許多。

癌症治療

從亞洲或歐洲回來後，時差常使我很早就起床。偶爾我會轉開電視機，尋找市場資訊。令我驚訝的是，早晨這個時段有很多另類醫療供應商宣傳他們的產品具有的療效。顯然這是因爲這個時段的廣告費率比較便宜的緣故。爲了證明他們所說千眞萬確，他們總是找來某個人做有利的見證。這個人當然是因爲使用他們介紹的方法治好了病。舉例來說，我看過一位喉癌患者說，他吃一種綜合維他命，價格便宜到只要一四．九五美元，結果保住了一條命——他的表情十分誠懇（但他當然會因爲現身代言而有好處可拿，例如終身免費服用那種藥物）。雖然我們不斷在進步，卻還是有人聽信這種資訊，認爲某種疾病可以靠如此這般的方法治好。科學證據的說服力，終究

比不上誠懇且情緒化的見證。而且，會講這種證詞的，未必是個普通人；有些諾貝爾獎得主也撈過界，會發表類似的說法。榮獲諾貝爾化學獎的萊納斯・鮑林（Linus Pauling），據說相信維他命C的醫療效果，每天大量服用。由於他的光環，一般人便相信維他命C的療效。雖然許多醫學研究報告無法佐證鮑林宣稱的效果，一般人卻不理這種事，因爲「諾貝爾獎得主」的見證很難推翻，即使他不夠格討論和醫學有關的事情。

這些假內行信口開河，除了給自己撈進錢財，許多話倒是無害的——可是不少癌症患者聽了，可能放棄比較有科學依據的醫療方法，改用那些方法，結果因爲忽視比較正統的治療方法而死亡（那些非科學方法，同樣被人歸入「另類醫療」的名稱底下，意思是指尙未證實有效的方法，而且醫界很難說服新聞媒體接受世界上只有一種醫療，另類醫療根本不算醫療）。讀者或許猜想我的意思是說，縱使爲產品做見證的人可能滿臉眞誠，卻不表示他眞的是被虛幻的治療方法治好的。原因出在所謂的「自發性復元」，也就是由於不明原因，非常少數的一些癌症患者，癌細胞被消滅且「神奇」康復。某種轉變導致患者的免疫系統消滅了體內所有的癌細胞。這些人就算不吃那些外包裝美觀的藥丸，只喝一杯佛蒙特州的礦泉水或嚼牛肉乾，身體也會好起來。最後，這些自發性復元也許不是那麼自發性；它們會發生，追根究柢可能有其原因，只是我們懂得不多，還沒察覺。

已故天文學家卡爾・薩根（Carl Sagan）積極提倡科學思想，極爲厭惡非科學。他探討過人們前往法國盧爾德（Lourdes）觸摸聖水，便能治好癌症的說法，發現一件有趣的事實：前往那個地方的全部癌症患者，治癒率（如果有的話）低於自發性復元的統計數字，更低於沒有前往盧爾德

的人的平均痊癒率！統計學家是不是應該據此推論，癌症患者到過盧爾德之後，存活機率反而惡化？

皮爾遜教授到蒙地卡羅（真的去了）：隨機性看起來不隨機！

二十世紀初，我們開始發展各種技術，以處理隨機結果的概念，並且設計幾種方法，用於發覺異常現象。卡爾・皮爾遜（Karl Pearson；上過統計學入門課程的每一個人，都熟知奈曼—皮爾遜〔Neyman-Pearson〕檢定法。他就是這個檢定法中的艾根・皮爾遜〔Egon Pearson〕之父）教授設計出第一種非隨機檢定方法（事實上是在做偏離正常值的檢定，但就目的而言，兩者屬同一回事）。一九〇二年七月，他檢查了數百萬個所謂的蒙地卡羅（輪盤的舊稱）序列，發現這些序列並非完全隨機，而且統計顯著性很高（誤差率不到十億分之一）。什麼！輪盤不隨機？皮爾遜教授因爲這個發現大吃一驚。但是這個結果本身並沒有告訴我們什麼；我們知道世界上根本沒有純隨機抽樣這種東西，因爲抽樣的結果，取決於設備的品質。夠多的小細節發生，我們就能在某個地方發現非隨機性（例如輪盤本身可能不是完全平衡，或者旋轉的球不是做得很圓）。統計學哲理家稱之爲**參考案例問題**（reference case problem），以解釋實務上沒辦法取得眞正的隨機，只有理論上才行。除此之外，經理人想要知道這種非隨機性，能不能導出任何有意義且藉以牟利的準則。如果我必須賭一萬次一塊錢，才可望賺到一塊錢，那就遠不如兼差當大樓管理員。

但是這個結果有另一個叫人懷疑的成分。這方面，和實務比較有關的，是以下要說的，非隨

機性的嚴重問題。連統計學之父也忘了一連串的隨機序列，未必要展現某種型態，才會看起來像隨機；事實上，完全沒有型態的資料，反倒極其可疑，看起來像是人造的。單一的隨機序列勢必展現某種型態——如果我們夠努力的話，一定找得到。皮爾遜教授等學者，很早就對打造人爲隨機資料產生器感興趣，由此得出的亂數表，可以作爲各種科學和工程模擬（蒙地卡羅模擬器的前身）的輸入資料。問題是，他們不希望這些表出現任何形式的規律性。可是眞正的隨機性，看起來並不隨機！

我要拿這件事，進一步說明非常有名的癌症群聚現象研究。隨機擲出十六支飛鏢到一個正方形，它們射中正方形任何一個地方的機率相同。如果把正方形分成十六個更小的正方形，那麼每個小正方形預期平均會有一支飛鏢射中——但這只是平均值而已。十六支飛鏢恰好各射中十六個不同的正方形，這樣的機率很低。比較常見的情形是，一些正方形有一支以上的飛鏢，許多正方形則一支飛鏢也沒有。我們很難看到這些格子不出現（癌症）群聚情形。現在，把插有飛鏢的格子覆蓋在任何地圖上。一些報紙會宣稱某個地方（飛鏢數高於平均値）的致癌輻射線太強，於是促使律師開始去鼓動癌症患者，以展開索賠作業。

沒吠的狗：科學知識中的偏誤

科學也被有害的存活者偏誤給污染，因爲同樣的道理，影響研究結果的發表方式。研究工作和新聞報導類似，沒有得到任何成果，就不會發表。這似乎很合理，因爲報紙不必做語不驚人死

不休的標題，說沒發生什麼新鮮事（不過聖經很聰明，宣稱「光之下並無新事」，表示一切事情都重複發生）。問題是，人們把「發現沒有」和「沒有去發現」兩者混爲一談。什麼事情也沒發生這個事實，可能包含重要的資訊。正如福爾摩斯（Sherlock Holmes）在《銀色馬》（*Silver Blaze*）一案中指出的——奇怪的是狗並沒有吠。許多科學成果並沒有發表，因爲它們在統計上並不顯著，不過它們還是提供了一些資訊。這造成了更大的問題。

沒有結論的結論

常常有人問我這個問題：「什麼時候才是眞的不靠運氣？」有些靠隨機性吃飯的行業，如賭場，績效必須靠運氣的成分很低，因爲它們成功地壓制了隨機性。財務金融呢？或許也是吧。所有的交易人都不是投機交易人：有一群人，稱作造市者（market maker），做的事就像賭博的莊家，或甚至像商店老闆，收入是靠買賣雙方的交易而來。如果他們採取投機行動，那麼他們對這種投機風險的依賴，相對於他們的整體交易量仍然偏低。他們執行數量很高的交易，以一種價格買進，再以更爲有利的價格賣給大衆。這種收入產生若干隔絕作用，不受隨機性的很大傷害。這種人包括交易所的場內交易人（floor trader）、「相對於委託單流量進行交易」的銀行交易員、黎凡特（Levant）露天市場的兌幣商。做這些事所需的技能，有時難得一見：需要思慮快速、機敏警覺、精力充沛、擅長於從賣方的聲音猜出她的緊張程度；具備這些特質的人，事業生涯都很長（可能長達十年）。他們從來不做大，因爲他們的收入受限於顧客的數目，但他們在機率上有很好的表

現。他們可說是這一行中的牙醫。

平心而論，除了這個非常專業化的賭博莊家式行業，我對於誰幸或不幸的問題實在答不上來。我只能說，某甲的運氣似乎不及某乙好，但我對於這種知識，懷有的信心薄弱到不具意義。我寧可保持懷疑。人們常常誤解我的看法。我從沒說過每個富人都是白癡，也沒說過每個不成功的人運氣都欠佳。我只能表示，在掌握遠比現在要多的資訊之前，寧可保留判斷。因爲這樣比較安全。

10 輸家通賠——談人生中的非線性

人生中不懷好意的現象呈非線性。搬到洛杉磯的寶艾市，並且染上富人和名人的惡習。為什麼微軟公司的比爾・蓋茲可能不是他那一行中的佼佼者（但請勿告訴他這件事實）。饑渴交加的蠢驢。

接下來要探討**人生並不公平**這句陳腔濫調，但是從新的角度來談。我們要稍微改一下：人生的不公平是以非線性的方式進行。本章要探討生命中的一點小小優勢，可以如何化為高得不成比例的報償，或者，更邪惡的是，連一點優勢也沒有，卻因爲隨機性的小小幫助而大走鴻運。

沙堆效應

我們先來定義**非線性**的意思。說明非線性的方法有許多，但科學上最流行的一種，叫作沙堆效應。我可以說明如下。我正坐在里約熱內盧的科帕卡巴納（Copacabana）海灘上，腦袋放空，

不想做什麼費心的事，不碰書，也不寫東西（當然沒辦到，因爲我心裡在寫這些段落）。我向一個孩子借來塑膠海灘玩具，想要蓋座沙堡——雖然野心不大，但鍥而不捨，設法蓋得像巴別塔那樣。我不斷把沙加到最上面，讓整座結構慢慢升高。我那些住在巴比倫的親戚認爲，他們因此可以上達天堂。我的設計比較謙卑一點，只想看看要蓋到多高才會垮掉。我繼續加沙，等著看它最後會怎麼垮下去。有個小孩沒見過大人堆沙堡，在一旁看傻了。

沙堡不可避免終於垮了，所有的沙回歸爲海灘的一部分。旁觀的小孩高興地叫了起來。我們是可以這麼說：最後一粒沙，破壞了整座結構。我們在這裡看到線性力量加在一件物體上，結果產生非線性的影響。增加非常少的東西，這裡是指一粒沙，會造成不成比例的結果，也就是毀掉我蓋的第一座巴別塔。這種現象，前人早已看過很多，因此才有「壓垮駱駝的最後一根稻草」或者「最後一滴，使得整杯水外溢」之類的智慧之語。

這些非線性動態現象，在書店裡可以找到一個名稱，叫作混沌理論。不過，這樣的稱呼是錯的，因爲和混沌無關。混沌理論探討的現象，主要是小小的投入可以引發不成比例的反應。舉例來說，依據種群模式，種群在起始時點很小的差異，會導致某一物種爆炸性成長或者完全滅絕。氣象是另一個常被人使用的科學譬喻，例如，印度一隻蝴蝶只要揮動翅膀，便能在紐約掀起颶風。古典文學也有類似的講法。帕斯卡（和第七章談帕斯卡的賭注是同一人）說，要是古埃及女王克麗奧佩特拉（Cleopatra）的鼻子稍微扁一些，全世界的命運將爲之改變。克麗奧佩特拉非常美艷，鼻子瘦長，凱撒和他的接班人安東尼都拜倒在石榴裙下（我內心的知性面忍不住想要駁斥傳統的論點；希臘歷史學家蒲魯塔克〔Plutarch〕宣稱，克麗奧佩特拉令她那個時代的叱咤風雲人

物爲之傾倒，原因在於她的談話技巧，不是光靠美貌；我相信這是眞的）。

隨機性上場

隨機性加進來之後，情況變得更有趣。設想等候室裡擠滿了演員，等著試演測驗。獲得錄用的演員，人數顯然很少，但在觀衆眼裡，卻是這個行業的代表，就像我們討論存活者偏誤說過的那樣。贏家會搬到洛杉磯的寶艾市（Bel Air），因而感受到壓力，必須學習消費奢侈品的基本技能，或許還會因爲放縱無度的生活風格，染上吸毒惡習。至於其他人（絕大多數的人），可以想像他們的命運會是怎麼樣；他們將在附近的星巴克（Starbucks）端送泡沫拿鐵咖啡，忙著在每次的試演之間，調整生理時鐘。

我們當然可以說，鶴立雞群的演員能夠一舉成名，坐擁昂貴的游泳池，一定有別人所缺乏的演技、某種魅力，或者特定的身體特質，能和那樣的生涯搭配得完美無瑕。但我的看法不同。贏家也許演技不錯，可是其他的演員也是，否則就不會在等候室等著叫名字。

名氣有它的動態過程，是它有趣的一個特性。一位演員會因爲某一群人認識他，而被另一群人認識。這種名氣，像螺旋那樣旋轉，起點可能就在試演舞台上。他會獲選，可能是因爲某個可笑的細節，恰好投合主試者那天的心情。比方說，要不是主試者前一天愛上某人，而那人的姓叫起來和受試者很像，那麼從那個特殊的樣本歷史中選出的演員，會在另一個樣本歷史中端送拿鐵咖啡。

學習打字

研究工作者經常以打字鍵盤上 QWERTY 的字母排列順序爲例，說明經濟中贏和輸的邪惡動態過程，以及最後勝出的結果如何當之有愧。打字機上字母鍵的排列方式，正是最不好的方式最後勝出的實例。這種並非最佳的順序，減慢了打字速度，而不是讓我們打起字來更爲容易，原因是爲了避免非電子式打字機的色帶卡死。因此，在我們開始生產更好的打字機，以及文字處理走向電腦化後，有人嘗試設計將電腦鍵盤合理化，卻徒勞無功。人們已經習慣使用 QWERTY 的鍵盤打字，積習難改。就像演員竄紅成爲大明星，人們也喜歡採用別人愛用的方法。強要某個程序以合理的方式執行，反而多餘、不必要、不可能辦到。這稱作**路徑相依結果**（path dependent outcome），阻礙了我們建立行爲模式的許多數學嘗試。

資訊時代使我們的品味趨於一致，顯然造成不公平現象更爲尖銳——贏家搶走幾乎全部的顧客。軟體製造商微軟公司和脾氣陰晴不定的創辦人比爾・蓋茲（Bill Gates），正是許多人都知道，因爲運氣好得出奇而大獲成功的例子。我們無法否定蓋茲這個人有很高的個人標準、工作倫理，而且智力高人一等，但他是最優秀的嗎？他**當之無愧**嗎？顯然不是。大部分人都使用他的軟體（我就是這樣），只是因爲別人也在用。這是單純的循環效應（circular effect，經濟學家稱之爲「網路外部性」〔network externalities〕）。不曾有人說那是最好的軟體產品。蓋茲的大部分競爭對手十分嫉羨他的成功。他大贏特贏，其他許多人卻必須絞盡腦汁，勉力維持公司的生存，令他們氣憤難

平。

這樣的事情不合古典經濟模式。依古典經濟模式，結果必然來自確切的原因（「不確定」沒有立足之地），或者好人終將出頭（好人是指技能較強而且技術優越的人）。經濟學家很晚才發現有路徑相依效應存在，之後發表文章，大談特談本來淡而無味和不言可喻的這個主題。例如，聖塔菲研究所（Santa Fe Institute）的經濟學家布萊安．亞瑟（Brian Arthur）鑽研非線性現象。他說，經濟優越取決於偶然事件加上正面反饋，而不是靠技術優越——不是靠某個專長領域中，定義深奧難懂的某種優勢。早期的經濟模式排除了隨機性，亞瑟卻指出：「始料未及的次序、偶然與律師會面、管理階層一時起意……將有助於確定哪些公司能夠搶先別人銷售產品，以及一段時間之後，哪些公司主宰市場。」

眞實世界之中和之外的數學

這個問題的數學方法被人提了出來。傳統的模式（如財務學常用十分有名的布朗隨機漫步）中，成功的機率並沒有隨著每一步的增量而有變化，只有累積財富才會。亞瑟則提出波利亞法（Polya process）。波利亞法很難用數學去處理，但借助於蒙地卡羅模擬器，卻很容易理解。波利亞法可以說明如下：假設有個甕，裡面起初有數量相同的黑球和紅球。每次抽球之前，你得先猜猜會取出哪種顏色。這種抽法遭到操縱，和傳統的甕不一樣，猜對的機率取決於前面猜對的紀錄。所以猜得更好或更壞，得看之前的表現而定。因此，過去猜對，將來猜對的機率會升高；過去猜

錯，將來猜錯的機率會升高。模擬這種程序，可以看到結果的變異很大，有時成功十分驚人，有時失敗數量龐大（也就是我們所說的偏態）。

比較常見的模式，是把抽出來的球再放回去，然後猜下一次會抽到哪種顏色的球。假使你玩輪盤贏了，這會提高你再贏的機會嗎？不會，但波利亞法會。爲什麼這在數學上很難處理？原因出在獨立的概念（也就是下次抽球的機率不受過去的結果影響）遭到破壞。獨立是處理（已知的）機率數學的要件。

經濟學發展爲一門科學，什麼地方出了差錯？答案是：一群聰明人覺得非用數學來告訴自己「他們的想法很嚴謹、他們的學科是一門科學」不可。有人倉促間便決定引進數學建模技巧（里昂．瓦爾拉斯〔Leon Walras〕、傑拉德．德布魯、保羅．薩謬遜〔Paul Samuelson〕是疑犯），卻不考慮他們使用的數學種類，對於他們想要處理的問題種類限制很大，或者他們也許應該注意數學語言的精確性，可能使人相信他們擁有解決方案，其實並沒有（我們談過巴柏和太認眞看待科學的代價）。他們所用的數學，眞的無法在眞實的世界中運作，原因可能是我們需要種類更爲豐富的方法——可是他們拒絕接受「一點數學都不要有，可能更好」的事實。

於是所謂的**深奧理論家**（complexity theorists）前來救援。專攻非線性計量方法的科學家所做的研究，讓人大爲激奮——新墨西哥州聖塔菲附近的聖塔菲研究所，是他們的聖地。這些科學家顯然非常努力地嘗試，並在自然科學領域提供極佳的解決方案，也在社會科學領域提供更好的模式（但還沒有令人滿意的成果）。如果他們最後還是沒成功，原因很簡單，那就是在我們的眞實世界中，數學可能只是次要的助力。請注意蒙地卡羅模擬器的另一個優點，是在數學失靈和毫無

幫助的地方，還是可以得到結果。擺脫了公式，我們也從劣等數學的陷阱中爬了出來。就像我在第三章說過的，數學在我們的隨機性世界中，只是一種思考和冥想方式，除此之外，幾乎沒有其他的作用。

網路的科學

針對網路動態所做的研究，最近如雨後春筍般激增。它們隨著麥爾坎・葛拉威爾寫的《引爆趨勢》（*The Tipping Point*）而流行起來。他在書中指出，一些變數的行爲如何像流行病那樣，過了某個未明定的臨界水準，就會蔓延得極爲快速（例如市中心孩子穿的運動鞋，或者宗教理念的散播。書籍的銷售也有類似的效果，一旦超越某個重要的口碑水準，就會爆炸性增長）。爲什麼一些意識型態或宗教會像野火那樣擴散開來，而其他則迅速滅絕？狂熱是如何像火那樣燒起來的？觀念病毒是如何激增的？一旦我們離開傳統的隨機性模式（隨機性明確畫出的鐘形曲線家族），激進的事情就可能發生。網際網路樞紐 Google 相較於全國退休資深化學工程師協會（National Association of Retired Veteran Chemical Engineers）的點擊率，爲什麼那麼高？一個網路的連結愈多，某個人點擊它的機率愈高，於是連結愈多，尤其是如果這種能力沒有遭到重大限制的話。請注意，尋找精確的「臨界點」，有時是愚蠢的行爲，因爲它們可能不穩定，而且和許多事情一樣，除非事過境遷，否則不可能知道。這些「臨界點」，其實不是點，而是級數（即所謂的巴列圖〔Pareto〕冪次法則）嗎？雖然這個世界很明顯會產生群聚，可是也很不幸，對我們來說，這些群聚（在物

理學之外）可能難以預測，所以不必把它們的模式看得太認眞。同樣的，重要的是知道這些非線性存在，而不是試著將它們建模。傑出的數學家貝諾．曼德伯（Benoit Mandelbrot）所做研究的價値，主要在於告訴我們：有一種「狂野」的隨機性存在，但我們永遠不會懂得太多（肇因於它們的性質不穩定）。

我們的大腦

人腦並不適合於非線性。我們認爲，如果兩個變數之間有因果關係，那麼穩定輸入其中一個變數，另一個變數應該總會產生結果。我們的情感儀器，是爲線性因果關係而設計的。例如，你每天念書，學到的知識理該會等比例增加。如果你不覺得知識有所增長，情緒就會令你感到洩氣。但是現實很少給我們特權，能有叫人滿意的線性正向進展：你可能念了一年書，卻沒學到什麼，那麼除非你因爲腦袋空空而感到沮喪，並且放棄持續下去，否則你放在腦海的某種東西，可能某一天靈光乍現，給你某些啓發。我的合夥人馬克．史皮茨納格爾（Mark Spitznagel）把這種事情概括如下：想像很長一段時間內，你每天練鋼琴，勉強能彈「筷子」，然後突然有一天，發現自己會彈拉赫曼尼諾夫（Rachmaninov）。由於這種非線性，人們無法理解稀有事件的特性。這番話，總結了爲什麼有些成功之路是非隨機的，但極少人願意持之以恆。肯多走一哩路的人因此得到獎勵。在我的專業中，一個人可能持有會因市場價格下跌而受益的證券，但在某個臨界點之前，價格可能文風不動。大多數人都是功虧一簣，還沒得到獎勵就放手。

布里丹的驢子或隨機性好的一面

隨機結果的非線性特質，有時可當作一種工具使用，以打破僵局。現在來談稱作「非線性輕推」的問題。設想有一頭驢子，饑餓和口渴的程度相當，而且牠站的位置，和食物、飲水恰好等距離。這種情況下，牠會死於饑渴交加，因爲沒辦法決定先吃哪一樣。現在，在這幅畫面加進一點隨機性，隨便輕推驢子一把，使牠更靠近某一邊，離另一邊遠些。這一來，僵局立刻化解，快樂的驢子會先吃飽再喝水，或者先喝水再吃飽。

讀者無疑曾經陷入和布里丹的驢子相似的處境，只好用「丟硬幣」的方式，去解開人生中的一些小僵局，也就是允許隨機性幫助你做決定。有些時候，且讓命運女神決定怎麼做，人只要欣然接受就行。每當我的電腦在兩個可能性之間動彈不得，我常會推布里丹的驢子一把（這有專門的數學名稱）。技術上來說，在處理最適化問題時，如果需要擾亂一項函數，常會使用這種「隨機化」方法。

布里丹的驢子一詞來自十四世紀的哲學家讓．布里丹（Jean Buridan）。布里丹的死法相當有趣（被綁在袋子裡丟進塞納河淹死）。這個故事被不懂隨機含義的同時代人，看成是喜歡詭辯的下場——布里丹顯然領先同時代的人。

不是撐死，就是餓死

當我提筆寫這些段落，突然體會到世界的兩極化，打擊我很大。一個人不是大獲成功，吸走所有的錢，就是連一毛錢也要不到。書籍也是一樣。不是每家出版商都搶著要出版，就是沒人有興趣回你電話（如果是後者，我的作法是把那個人的名字從通訊錄中刪除）。我也體會到任何成功的背後，都有非線性效應：最好是有少數的熱心擁護者，不必有一大群人欣賞你的作品——被十來個人熱愛，勝過被數百個人喜歡。這個道理適用於書籍的銷售、觀念的散播，以及一般的成功故事，但和世俗認知相互抵觸。資訊時代使這個效應更形惡化。我恪守地中海的古訓，深知為人要有分寸，因而對這種現象極為不安，甚至噁心欲吐。滿招損，太成功是人的大敵（不妨想想富人和名人招致的懲罰）：太失敗則令人氣餒。如能選擇，兩者我都不要。

11 隨機性和我們的心智：我們是機率盲

很難把你的假期想成是巴黎和巴哈馬群島的線性組合。尼洛·屠利普可能永遠沒辦法再到阿爾卑斯山滑雪。別問官僚太多問題。布魯克林製大腦。我們需要拿破崙。科學家向瑞典國王彎腰。談一些行為發現。從一本教科書看到的機率盲現象。多談一些新聞污染。為什麼你現在可能已經死了。

巴黎或巴哈馬群島？

排在三月的下一次短暫假期，你有兩個選擇。第一是飛往巴黎，第二是前往加勒比海。你覺得兩個選擇沒什麼差別，去哪裡都好；可是，只要老婆大人講兩句話，你可能就往某個方向傾斜。想到兩種可能性，你的腦海浮現兩幅截然不同的影像。第一幅影像中，你看到自己站在奧塞美術館（Musée d'Orsay）的畢沙羅（Pissarro）畫作前，畫面上是巴黎烏雲密布的冬季天空。你腋下

夾著一把傘。第二幅影像中，你躺在一條毛巾上，身邊疊著你喜愛的幾位作家（如湯姆．克蘭西〔Tom Clancy〕和艾米阿努斯．馬爾切利努斯〔Ammianus Marcellinus〕）寫的書，必恭必敬的侍者送來一杯香蕉冰沙。你知道兩種狀態互斥（一次只能去一個地方）卻周延（你會去其中一地的機率是一〇〇%）。它們的機率相同，依你的看法是各爲五〇%。

想到就要度假，心情愉快了起來；生活有了動力，每天通勤上下班，也覺得比較能夠忍受。但是根據不確定狀況下的理性行爲，適當的自我想像方式，應該是某個度假地點占五〇%，另一個度假地點占五〇%——數學稱之爲兩種狀態的**線性組合**。你的腦子處理得來嗎？腳泡在加勒比海水裡，頭被巴黎的雨打著，多麼理想？可惜我們的腦子只能適當地處理一種狀態，而且只能是一種——除非你的個性有毛病，精神出了嚴重的狀況。接下來想像八五%和一五%的組合。情況有好一點嗎？

假設你和同事賭一千元，而依你的看法，輸贏機率各半。明天晚上，你口袋裡不是沒錢，就是放著二千元，機率各爲五〇%。就純數學來說，一筆賭注的公平價值是指各種狀態的線性組合，稱作**數學期望值**，也就是拿每一報償發生的機率乘以攸關的金額（本例是五〇%乘以〇元加上五〇%乘以二千元，得一千元）。你能**想像**（指在腦子裡想，不是用數學公式去算）價值是一千元嗎？任何時候，我們能夠想像一種狀態，**而且只能是一種**，也就是只能是〇元，或者是二千元。如果任憑我們的感覺去做，我們可能會用不合理性的方式去賭，因爲其中一種狀態會主宰整幅畫面——害怕最後一無所有，或者因爲多了一千元而興奮不已。

一些建築上的考量

現在該來揭露尼洛的祕密了。那是一隻黑天鵝。當時他三十五歲。紐約戰前的建築物，正面雖然好看，從背面看，卻完全是兩回事，平淡無味。醫生的診察室有個窗戶，俯瞰上東區一條街道。他永遠記得建築物的後面和門面相比如何難看，就算再活半個世紀也忘不了。他永遠記得等候醫生進診察室（那一段時間有如半永恆，令他懷疑情況不妙），從鉛灰色的玻璃窗看出去的醜陋粉紅色後院，以及他讀了十來次，掛在牆上的醫學文憑。消息終於宣布（醫生的聲音凝重）：「我有一些……我拿到病理報告……不……不像上面寫的那麼糟……這……是癌症。」他的身體像是遭到電擊，從背部一路麻到膝蓋。尼洛想要尖叫「什麼？」卻出不了聲。令他害怕的不是剛剛宣布的消息，而是醫生的表情。消息搶在他的心思之前抵達他的身體。醫生眼裡滿是恐懼之色，尼洛立即懷疑消息比剛才聽到的要糟（事實也是）。

獲知診斷結果的那天晚上，他渾然忘我，在雨中走了幾個小時，全身濕透，水珠不斷滾落，在身邊打出一個個水坑，卻不自覺地踏進醫學圖書館（服務員大聲嚷嚷，但他無法集中精神，仔細聽她到底在說些什麼，她只好悻悻然，聳個肩走開）；後來他讀到診察報告的這句話：「經精算調整後，五年的存活率爲七二％。」意思是說，一百個人裡面有七十二個人活了下來。通常需要三到五年，病患身體經臨床診斷沒有出現病症，才能宣布已經治癒（以他的年齡來說，是接近三年）。這時他從內心深處，相當肯定自己能夠痊癒。

讀者可能想問：未來五年死亡的機率爲二八％，和存活的機率爲七二％，兩者在數學上有什麼不同？顯然沒有不同，不過我們人不是爲數學而設計的。在尼洛心裡，二八％的死亡機率，是指他死掉的那一幕，包括葬禮上的繁文縟節。七二％的存活機率則令他心情愉快；他琢磨著，痊癒後的尼洛要到阿爾卑斯山滑雪。尼洛在這段心理煎熬期，絕對不會想像自己有七二％活著，二八％死掉。

正如尼洛不能用複雜的層次去「思考」，消費者也認爲七五％無脂肪的漢堡和二五％有脂肪的漢堡不同。兩者的統計顯著性一樣。連專家也傾向於太快根據資料做出推論，而接受或排斥某些事情。前面說過，牙醫的情緒起伏，取決於投資組合最近的表現。爲什麼？因爲我們會提到，根據規則決定的行爲，不需要細微的差異。你不是殺了鄰居，就是沒有。在你做事的時候，中間情緒（因此而說他只殺了一半的人）不是無濟於事，就是十分危險。促使我們採取行動的情緒感官，不了解這種細微的差別——亦即了解事情是缺乏效率的。本章的其餘部分，將用很快的速度，說明這種盲目的一些表現，並且粗略闡述那個領域的研究（只提和本書的主題有關者）。

當心哲學家官僚

長久以來，每當我們想到自己，想的總是錯誤的產品規格。我們人類相信，上天將我們製造成思考和了解事物的漂亮機器。可是我們的出廠規格偏偏有一條是：我們並不曉得眞正的出廠規格是什麼（爲什麼要把事情弄複雜？）。思考事物的問題，在於它會使人產生錯覺。思考可能很

浪費精力！誰需要？

想像你正站在一個重度社會主義國家的政府職員面前。在這樣的國家，當個官僚，是讓人既敬且羨的謀生方式。你去那裡，是要請他在你的文件上蓋章，好出口一些可愛的巧克力糖果到新澤西地區。你覺得那裡的居民一定會認爲它們的味道很棒。你想，那位官僚的作用是什麼？他會花一分鐘時間，關心這筆交易背後的一般經濟理論嗎？不會，他的工作只是確認你找過正確的部門簽了十來個名字，以及那些簽名是眞是假；然後在你的文件上蓋章放行。經濟成長或貿易平衡等整體的考慮，他根本不感興趣。他沒花時間去想那些事情，其實算你走運。不妨想像，如果他必須了解貿易平衡方程式，整個程序需要花多長時間？還好他手頭上只有一本規則手冊，而且在橫跨四十到四十五年的職業生涯中，他只是稍微粗魯些、蓋蓋文件，然後回家喝非巴氏殺菌啤酒和看足球賽。給他保羅．克魯曼（Paul Krugman）談國際經濟的書，他不是拿到黑市去賣，就是轉送給侄子。

因此，規則有它們的價值。我們遵守規則，不是因爲它們是最好的，而是因爲它們有用，可節省時間和精力。假使有人一看到老虎，就開始探討理論，確定牠屬於哪一類，以及牠所代表的危險程度，最後肯定被吞進虎肚。也有人一看到苗頭不對，拔腿就跑，並且絕不因爲想什麼而放慢腳步，最後不是沒被老虎追到，就是跑得比同伴快，所以被吃的是同伴。

足夠滿意

不透過這種捷徑方式，我們的大腦不能運作，這的確是個事實。赫伯特・西蒙（Herbert Simon）是想通這件事的第一個思想家。他是知識史上一個有趣的人，起初是政治學家（但他是正式的思想家，不是在《外交事務》〔*Foreign Affairs*〕期刊寫阿富汗文章的那種文學式政治學家）；他是研究人工智慧的先驅，教電腦和心理學，投入認知學、哲學和應用數學的研究，並且得到瑞典銀行紀念諾貝爾的經濟學獎。他的想法是：如果生活中的每一步都要優化，這將耗費我們數量無限的時間和精力。因此，我們內部必須有個逼近過程（approximation process），在某個地方叫停。他顯然是從電腦科學得到這樣的直覺——他的整個生涯都待在匹茲堡的卡內基美隆大學，而這個地方是以電腦科學中心出名。「足夠滿意」（satisficing）是他提出的觀念（結合**滿意**〔satisfy〕和**足夠**〔suffice〕兩個字）：當你得到接近滿意的解決方案便叫停。不這樣的話，你可能沒完沒了，只爲了得到一個很小的結論，或者執行最小的行動。因此我們是理性的，不過是以有限的方式表現理性，也就是「有限理性」（boundedly rational）。他相信我們的大腦是大型的優化機器，有它內建的規則，在某個地方叫停。

或許不完全如此。它可能不只是一個粗略的逼近過程。以色列有兩名研究人員（起初）研究人的特性，發現我們的行爲方式似乎完全不同於西蒙所提的優化機器觀念。這兩個人在耶路撒冷坐下來反思，探討本身思維相較於理性模式的各個層面，注意到它們在**質**上的差異。每當他們兩

人似乎都犯同樣的推理錯誤，他們就針對受測者（大都是學生）展開實證檢定，進而發現思維與理性之間的關係，有非常令人吃驚的結果。接下來就要討論他們的發現。

有缺點，不只不完美

卡尼曼和特佛斯基

近兩個世紀，誰對經濟思維的影響最大？不，不是凱因斯，不是艾爾佛烈德·馬歇爾（Alfred Marshall），不是薩謬遜，當然也不是米爾頓·傅利曼，而是心理學家卡尼曼和特佛斯基，他們的專長是發掘人類在哪些地方欠缺理性機率思考和不確定下的最適化行爲。奇怪的是，經濟學家研究不確定性很長一段時間，並沒有弄清楚多少——如果有的話——卻認爲他們知道一些東西，並且被這件事愚弄。除了凱因斯、奈特（Knight）和夏克爾（Shackle）等一些洞燭機先的人，經濟學家甚至沒有弄清楚他們並不懂得對不確定性——他們的偶像針對風險所做的討論，正好暴露**他們不知道自己有多少不知道**。反之，心理學家挺身面對問題，並且得到擲地有聲的成果。請注意他們和經濟學家不同，不但做了實驗，而且是可以重複進行、眞正的對照實驗，如果有必要，明天也能在蒙古的烏蘭巴托展開。傳統的經濟學家並沒有這麼大的優游空間，所以他們觀察過去，發表冗長和充滿數學的評論，然後彼此爲此爭論不已。

卡尼曼和特佛斯基走的方向和西蒙完全不同，並且開始弄清楚並沒有使人類變得理性的各種

規則——但是他們的觀念超越了捷徑。在他們看來，稱作**試探法**的這些規則，不只是理性模式的簡化，在方法論和類別上也不同。他們稱這些規則爲「快速髒手」（quick and dirty）試探法。其中髒的部分是：這些捷徑有一些副作用，也就是各種偏誤，其中大部分已在本書前面討論過（例如不能接受任何抽象的事物帶有風險）。這開啓了稱作「試探與偏誤」的實證研究傳統，試著將它們分門別類——它的經驗論和使用方法的實驗層面，令人印象深刻。

自卡尼曼和特佛斯基發表研究結果以來，稱作行爲財務學和經濟學的一整個學科欣欣向榮。它和商學院與經濟系所教授的效率市場、理性預期、其他這類概念的規範性名稱所構成的所謂新古典經濟學正統公然衝突。在這個節骨眼，值得暫停腳步，轉而討論規範科學和實證科學的區別。規範科學（顯然是個自我矛盾的概念）提供指示性的指導，研究事情**應該**如何。比方說，有些經濟學家，例如效率市場的擁護者，相信我們的研究應該根據人有理性且展現理性行爲的假說，因爲這麼做對他們最好（也就是數學上的「最適化」）。實證科學則相反，是以觀察人的實際行爲爲基礎。儘管經濟學家羨慕物理學家，物理學本質上卻是一門實證科學，而經濟學，尤其是個體經濟學和財務經濟學，則主要是規範科學。規範經濟學就像缺乏美學的宗教。

請注意這些研究的實驗層面，意味著卡尼曼和實驗性綁馬尾的經濟學家弗農·史密斯（Vernon Smith），是在瑞典國王面前彎腰領經濟學獎的首批眞正科學家。這應該歸功於諾貝爾學院，特別是如果和許多事情一樣，我們遠比一群外表看起來嚴肅（而且是凡夫俗子，因此容易犯錯）的瑞典人，更爲正視卡尼曼的話。這項研究深具科學堅實性的另一個原因是：不懂心理學的人讀來極爲輕鬆，而這不同於傳統的經濟和金融論文，連同領域中的人讀來也感困難（因爲那裡面的討論

充滿術語和大量的數學，好讓人產生那是科學的錯覺）。興趣高昂的讀者很容易全神貫注，看完四冊重要的試探法與偏誤論文集。

經濟學家當時不是很樂意聽取這些非理性的故事。我們所說的經濟人是一個規範性概念。雖然他們可能很容易接納「西蒙」的論點，也就是我們不是完全理性和人生意味著只是接近滿意而已，尤其是如果利害攸關不是很大的話，比起不完美，他們不願意接受人有缺陷的概念。但人確實如此。卡尼曼和特佛斯基指出，在有誘因的情況下，這些偏誤不會消失。這表示它們不見得能夠節約成本。它們是不同的推理形式，而且是機率推理薄弱的一種。

需要拿破崙的時候，他在哪裡？

如果你的心智是靠一連串支離破碎的不同規則在運作，它們可能不見得彼此一致，而即使仍能**局部**運作，**整體**卻不見得運作得來。不妨把它們想成是一本規則手冊。你的反應，將取決於你在任何時點翻開規則手冊的哪一頁。我用另一個社會主義的例子來說明。

蘇聯崩潰之後，西方商人參與俄羅斯的重建工作，發現這個國家的法律制度十分惱人（或者好笑）的一個事實：法律彼此衝突和矛盾。是否合法，要看你查哪一章而定。我不知道俄羅斯人是不是因爲惡作劇而想要這樣的法律制度（畢竟，他們多年來受到鎮壓，生活長久缺乏幽默），但在這種混亂局面下，人必須違反某一條法律，才能遵守另一條法律。我不得不說，律師是相當枯燥無味的談話對象；和操一口破英語、帶濃厚口音、滿嘴伏特加酒味的枯燥無味律師講話，更

是折磨人——所以只好作罷。這個義大利麵式的法律系統，是來自分段發展規則，再把它們七拼八湊起來的結果：你在這裡和那裡加一條法律，情況就會變得很複雜，因爲沒有一個中央系統作爲每次制訂法律時的依據，以確保所有的部分彼此相容，結合在一起。拿破崙在法國面臨類似的情況，正本清源之道，是建立一套法典，目的是確保完整的邏輯一致性。我們人的主要問題，不在拿破崙沒有現身炸掉舊結構，將我們的心智像大型中央程式那樣重新改寫；而是在於我們的心智遠比一套法律系統複雜，而且效率要求高得多。

你的大腦會根據你打開的是哪一章，而對相同的狀況有不同的反應。由於缺乏中央處理系統，我們所做的決定會相互衝突。你可能喜歡蘋果甚於橘子、喜歡橘子甚於梨子，但喜歡梨子甚於蘋果——這取決於如何把選擇端到你面前。你的心智沒辦法保留和立即使用你知道的每一件事，是造成這種偏誤的原因。試探法的一個中心層面，在於它是推理盲。

「我做得和上次的交易一樣好」與其他的試探法

這些試探法，在文獻中分屬大量不同的類別（其中有許多相互重疊）；我們討論的目的，是提供形成試探法背後的直觀，而不是把它們臚列出來。長期以來，我們交易人完全不懂行爲研究，而且很奇怪，經常看到簡單的機率推理和人們對事物的認知存有差距的狀況。我們給了它們一些名稱，如「我和上次的交易一樣好」效應、「新聞話語效應」、「週一上午的四分衛」試探法，以及「事後諸葛」效應。這一方面證明了交易人的驕傲，另一方面卻令他們失望地發現，根據試

探法方面的文獻，他們表現出「定錨」、「情感試探」和「事後之明偏誤」（這使我們覺得交易是眞正的實驗性科學研究）。兩個世界之間的對應關係如表11.1所示。

先談「我和上次的交易一樣好」試探法（或者「喪失觀點」偏誤）——也就是計數器重設爲零，新的一天或一個月，你是從頭開始，不論那是你的會計師做的，還是你自己的心智做的。這是最重要的扭曲，也是造成最多後果的一個。由於你並不是隨時都將你知道的每一件事放在心裡，爲了能在整體的情境中觀察某些事情，你會以零碎不全的方式，取用你在任何時間所需要的知識，因此而將這些被取用的知識片段，放在它們的局部情境中。這意味著你有一個任意的參考點，並從那個點，對差異有所反應，而忘了你只是從局部情境的那個特殊觀點去觀察差異，而不是從絕對的觀點去看。

有句很有名的交易人格言說：「生活是緩步漸進的。」假使身爲投資人，你和第三章所說的牙醫一樣，固定的時間會檢查自己的操作績效。你會怎麼查看操作績效：每個月、每天、人生至今，或者每個小時的績效？你可能某個月表現不錯，但是某一天的績效很差。哪個期間應該占主導地位？

表 11.1 交易人與科學方法

交易人的名稱	有學問的名稱	說明
「我和上次的交易一樣好」	前景理論（Prospect theory）	觀察差異，不是觀察絕對值，並且重設，回到特定的參考點
「新聞話語效應」或「恐懼消退」	情感試探法，感覺到的風險理論	人對具體和可見的風險有反應，不是對抽象的風險有反應
「那麼明顯」或「週一上午的四分衛」	事後諸葛偏誤（Hindsight bias）	事後回顧，事情看起來都比較容易預測。
「你錯了」	相信小數法則	歸納謬誤；太快跳到一般性的結論
布魯克林聰明／麻省理工學院智慧	兩套推理系統	運作中的大腦不是推理的那個
「永遠不會是那樣子」	過度自信	由於低估概率而冒險

賭博的時候，你是說：「賭完之後，我的財富淨值不是成爲九萬九千美元，就是成爲十萬一千五百美元」，還是說：「我不是賠一千美元，就是賺一千五百美元」？你對賭博的風險與報酬抱持的態度，會因爲你是看財富淨值或者財富淨值的**變化**而有不同。事實上，在眞實的生活中，你會只看財富淨值的變化。由於發生虧損造成的傷害，多於利得帶來的愉悅，而且**程度不同**，使得你的累積績效，也就是你的總財富，不如它最近的變化重要。

依賴局部，而不是依賴整體的狀況（再加上損失對人的打擊，比利得嚴重的效應），會影響你對個人福祉的認知。假設你獲得一百萬美元的意外之財。下個月，賠掉三十萬美元。你會適應某種財富水準（當然除非你很窮），因此後來的損失，會在情感上傷害你，如果你一次淨得七十萬美元，或者更好的是，分兩次各取得三十五萬美元，受到傷害的事情便不會發生。此外，你的大腦察覺差值，比察覺絕對值要容易，因此富有或貧窮的感覺（在最低的水準之上）將是相對於其他某樣東西（請回想前面說過的馬克和珍娜）。既然某樣東西是**相對於**其他某樣東西，那我們可以操縱其他某樣東西。心理學家把和某個參考點比較的效應稱作**定錨**。如果我們將它推到邏輯的極限，我們會發現，由於這種重設，財富本身眞的不會使人快樂（當然是在某個維生水準之上）；但是財富的正向改變，可能會讓人快樂，尤其是如果它們是「穩定」增加而來的。稍後討論選擇權盲時，這一點會談得更多。

再來談談定錨的其他層面。由於你可能在相同的情況中，使用兩個不同的錨，你的行爲方式，會取決於運用哪個錨。請人估計一個數字時，他們會根據心裡已有的一個數字，或者剛聽到的一個數字去定位它，因此「大」或「小」是相對的。卡尼曼和特佛斯基先請受測者在零和一百

之間隨機選一個數字（他們知道那是個隨機數字），然後請他們估計聯合國中的非洲國家數目。受測者將那個數字當作錨，相對於它去猜測：隨機選出高數字的人，猜測的數字高於隨機選出低數字的人。今天早上，我做了傳說中的實證研究，問飯店的服務生，到機場要多久。「四十分鐘？」我問。「大約三十五分鐘，」他回答。然後我問櫃台小姐，是不是得花二十分鐘。「不，大約二十五分鐘，」她答道。我實際量了時間：三十一分鐘。

定錨到某個數字，是人沒有對他們的累積總財富有反應，而是對財富和他們目前定錨的任何數字之間的差異有所反應的原因。這是與經濟理論發生重大衝突的地方，因為根據經濟學家的看法，在銀行存有一百萬美元的人，比只存五十萬美元的人滿足。但是我們看到約翰是從總額一千萬美元掉到一百萬美元；如果他是從零起步，即使只有五十萬美元，也會比第一章所說的情況要快樂。此外，也請不要忘記牙醫的情緒起伏，取決於他多常檢查投資組合的表現。

籤餅學位

我以前常在中午去健身俱樂部，和一個相當有趣的東歐人閒聊。他擁有兩個博士學位，一個是物理（統計知識並沒有因此比較少），另一個是財務。他在一家貿易公司工作，很愛聽市場上的傳聞。他曾經咄咄逼人，問我認為當天的股票市場會怎麼走。我顯然給了他一個相當社會化的答案：「我不知道，也許會走低。」——這很可能和他如果一個小時前問我，我給的答案恰好相反。隔天他一看到我，表情十分驚訝。他一再談起我在那一行的信譽，不懂為什麼我的「預測」

錯得那麼離譜，因爲市場後來上漲了。這個人能以一個觀察値，對我的預測能力和我的「信譽」做出結論。現在，如果我拿起電話打給他，變聲說：「你好，我是羅茲學院的塔雷伯斯基博士，有個有趣的問題想請教。」然後把上面的問題當作一個統計難題問他，他一定會笑我。「塔雷伯斯基博士，你的學位是在籤餅中拿到的嗎？」那爲什麼現在會變成這樣呢？

這顯然牽涉到兩個問題。第一，這個數狂在做推論的時候，沒有用到他的統計頭腦，而是用不同的一個。第二，他犯了高估小樣本重要性的錯（在我們的例子中，樣本只有一個觀察値，這是一個人可能犯的最嚴重推論錯誤）。數學家常常在他們的理論棲息地之外，犯下令人震驚的數學錯誤。特佛斯基和卡尼曼抽樣調查數理心理學家（其中一些是統計學教科書的作者），發現他們對於自己犯下的錯困惑不解。「受訪者對於小樣本的結果太有信心，而且從他們的統計判斷力，可以看出他們對樣本的大小幾無敏感度。」令人費解的地方，不只在於他們**應該**懂得更多，更在於「他們**確實**懂得更多」。不只如此……

接下來我將列出更多的試探法。（一）**可得性**試探法，我們在第三章看到加州發生地震的可能性，高於整個國家發生天災，或者死於恐怖行動的可能性，高於死於所有可能的原因（包括恐怖行動）。這相當於根據一個事件能夠召出某種狀況之難易，估計那個事件發生的頻率。（二）**代表性**試探法：評估某個人的特徵和「典型的」群體成員有多類似，以衡量那個人屬於某個特定社會群體的機率。一個主張女權主義的哲學系學生，比較有可能成爲主張女權主義的銀行櫃員，而不只是一個銀行櫃員而已。這個問題稱作「琳達問題」（因爲這個女權主義者叫琳達），也引起許多學者跟進探討（參與「理性辯論」的一些人，相信卡尼曼和特佛斯基對我們人類的規範性要求

很高)。(三)**模擬試探法**:心理上撤銷某個事件的難易度——也就是玩另類情境。這相當於反事實思維:想像如果你沒有錯過火車,會發生什麼事(或者如果你在那斯達克泡沫的高點出清投資組合,今天會多富有)。(四)我們第三章討論的**情感試探法**:事件引發何種情緒,會決定它們在你心中的機率。

兩套推理系統

後來的研究,將問題改進如下:我們有兩種可能的推理方式,其一是試探,另一是理性。記得第二章說過有位同事在課堂上和眞實生活中運用不同的頭腦。難道你不好奇,不想知道爲什麼你認爲很懂物理的一個人,竟然沒辦法應用基本的物理定律把車子開好?研究人員把我們的心智活動分成南轅北轍的兩個部分,稱之爲系統一和系統二。

系統一是不費吹灰之力、自動、聯想、快速、並行程序、不透明(也就是我們不知不覺在使用它)、情緒、具體、明確、社會和個人化。

系統二是投入努力、控制、演繹、緩慢、序列、自覺、中性、抽象、集群,反社會和去個人化。

我一直相信,專業的選擇權交易員和造市者因爲平常都在執行機率遊戲,所以打造出一具天生的機率機器,而且發展程度遠比其他人要高——連機率學家也比不上。我在研究試探法和偏誤的傳統時,證實了這件事,因此相信系統一會受到系統二的經驗影響,而且會整合來自系統二的

元素。舉例來說，當你學會下棋，你使用的是系統二。經過一段時間，下棋成了一種直覺，看一眼棋盤，便能判斷對手的相對實力。

接下來我要介紹進化心理學的觀點。

爲什麼我們沒和第一次約會的人結婚

另一個研究分支，稱爲進化心理學，發展出完全不同的方法，以處理相同的問題。它平行運作，製造了一些激烈、但不太令人憂慮的學術辯論。進化心理學家同意卡尼曼和特佛斯基學派有關人難以展開標準的機率推理的說法。然而，他們相信原因在於當前的環境中，向我們解說事情的方式。在他們看來，我們被設計得非常適合進行一套機率推理，但必須在不同的環境中才能發揮；今天普遍存在的環境則不然。科學知識分子史蒂芬．平克（Steven Pinker）是那個學派的公衆發言人。他一言以蔽之地說：「我們的大腦是爲了適應而設計的，不是爲了眞相。」他們認爲我們的大腦不是用來理解事物的，但認爲它們不帶有偏見，或者只有當我們不在它們眞正的棲息地使用它們，才會有偏見。

奇怪的是，卡尼曼—特佛斯基學派的研究人員，並沒有招致當時的經濟學家發表意見，展現足以令人信賴的抗拒（傳統經濟學家的整體信譽一向很低，科學界或現實世界中，幾乎沒人注意他們）。不，相反的，挑戰是來自社會生物學家，而看法相左的關鍵，在於他們相信應該以進化理論作爲了解人類特性的主幹。雖然這引發了激烈的科學論辯，我不得不說，就本書的主旨而

言，他們在很重要的一個部分取得共識：（一）做選擇的時候，我們不是思考，而是運用試探法；（二）我們在今天的世界中犯下嚴重的機率錯誤——**不管真正的原因為何**。請注意，連新的經濟學也分道揚鑣：正如我們從卡尼曼和特佛斯基的傳統，衍生出一個經濟學的科學分支（行爲經濟學），進化心理學也衍生出經濟學的另一個科學分支，在穴居人的經濟學方法之後，出現了經濟學家兼生物學家、極其淺顯易讀的《都是基因惹的禍》的共同作者特里・伯納姆之類的研究人員。

我們的自然棲息地

我不會太深入探討業餘進化理論，好去摸索各種原因（此外，儘管在圖書館待了不少時間，我覺得就這個主題來說，我其實只是個業餘愛好者）。適合我們的天賦去面對的環境，顯然不是今天占上風的那個。我沒有告訴很多同事，說他們的決策包含穴居人殘留下來的一些習慣——但當市場突然波動，我的腎上腺素會和我看到一隻豹子在交易檯附近遊蕩一樣竄升。一些同事賠錢時摔斷電話聽筒，其心理組成可能更接近我們的共同祖先。

對於經常看希臘和拉丁經典之作的人來說，這可能是陳腔濫調，但我們見到距今二、三十個世紀前的人，表現類似的情感和感受，卻還是驚訝不已。小時候去博物館，每每令我吃驚的是古希臘雕像中的男人，特徵和我們沒有差別（只是更爲和諧和更多貴族）。我認爲二千二百年是一段很長的時間，實在大錯特錯。普魯斯特經常寫到有人見到荷馬筆下的英雄展現的情感和我們今

天經驗到的類似，而十分吃驚。三十個世紀前的這些荷馬史詩英雄，和你在停車場見到，推著堆滿雜貨的購物車走的矮胖中年男子，基因組成十之八九完全相同。不只如此。事實上，我們眞的和八十個世紀前，活在敘利亞東南部到美索不達米亞西南部那片土地上，開始被稱爲「文明化」的人一模一樣。

我們的自然棲息地是什麼？談到自然棲息地，我的意思是指我們繁殖最多的環境，也就是我們待在那裡最多世代的地方。人類學家一致認爲，我們成爲單獨的物種，已有十三萬年，大多數時間活在非洲大草原上。但我們不必回到歷史上那麼遙遠的時代，才懂得其中的要點。不妨想像僅僅約三千年前——從基因的觀點來看，肯定算是現代——的新月沃土米德爾敦（Middle-Town）那個早期城市的生活。資訊受限於實體的運輸工具；一個人不能很快到達別的地方，因此從遠地來的資訊簡明扼要。旅行是件討厭的事，身體得面對各式各樣的危險；你會定居在出生地一個狹窄的範圍內，除非發生饑荒，或者野蠻部落入侵，使得你和親人流離失所，離開快樂的住所。你一生中認識的人會很少。如果有人犯罪，很容易在少數的嫌犯中衡量罪證。如果你遭到不公正的裁決，被判有罪，你可以用簡單的辭彙爲自己辯護，列舉簡單的證據，例如「我不在現場，因爲我在巴力廟祈禱，而且黃昏時大祭司有看到我」，並且進一步指出，莎哈的兒子歐貝德希梅斯比較有可能犯罪，因爲從犯罪得到的好處更多。你的生活簡單，因此**機率**空間很窄。

如同我說過的，眞正的問題是，這種自然棲息地沒有包含多少資訊。直到最近之前，我們一直不需要用很高的效率去計算機率。這也解釋了爲什麼我們必須等到賽局文獻出現，才見到機率數學的成長。一般普遍相信第一和第二個千禧年的宗教背景，阻止了暗示決定論不存在的工具之

成長，並且推遲了機率的研究。這樣的觀念極令人懷疑；我們只是因爲**不敢**，所以不去計算機率？原因當然是我們不需要。我們的不少問題，來自我們以遠快於基因的速度進化。更糟的是，我們的基因根本沒有改變。

迅速簡約

進化理論家同意腦力活動取決於主題如何呈現和框架如何提供——它們的結果可能相互矛盾。我們察覺誰是作弊者所用的大腦部分，不同於用於解決邏輯問題的部分。人可能做出前後矛盾的選擇，因爲大腦是以局部小批量的形式在運作。我們所說的那些試探法，對心理學家來說是「快速髒手」，對進化心理學家而言則是「迅速簡約」（fast and frugal）。不只如此，一些思想家，例如認知科學家格爾德．吉格倫哲（Gerd Gigerenzer），似乎十分熱中於站在卡尼曼和特佛斯基的另一邊；他和適應行爲與認知集團（Adaptive Behavior and Cognition；ＡＢＣ集團）的同事所做的研究，目的在指出我們是理性的，以及進化產生了一種理性形式，他稱之爲「生態理性」。他們相信，我們的大腦硬連線不只發展得能在擇偶（你需要遇見多少異性，才扣動扳機？）或決定吃什麼之類的情況中，**優化機率性**行爲，連線也發展得適合選股，而且如果股票是以正確的方式向我們呈現，我們選股會選得相當合適。

事實上，吉格倫哲認爲我們不理解機率（太抽象），但我們對頻率（不那麼抽象）的反應相當好。他表示，如果措辭改用百分率，通常會導致我們犯下錯誤的一些問題，就會消失。

這些研究人員說，雖然我們可能喜歡將我們的大腦想成是中央處理系統，具有由上而下的特色，就像瑞士軍刀（有其特定的小工具）似乎井然有序。怎麼進行？心理學家的框架，是以領域特異性適應（domain-specific adaptations）和領域一般性適應（domain-general adaptations）之間的區別建立起來的。領域特異性適應是爲了解決非常明確的任務（有別於旨在解決整體任務的領域一般性適應）。雖然就生理適應（也就是，長頸鹿的脖子有助於進食，或者動物的顏色可以提供僞裝）來說，這些很容易理解和接受，人卻很難接受爲何這些是以相同的方式用在我們的心智上。

我們的大腦是以「模組」的方式運作。模組化的一個有趣層面，是我們可能會視問題在什麼樣的框架中呈現，而在**同一**問題的不同場合，使用不同的模組——如本節的註釋所討論者。模組的屬性之一是「封裝」，也就是我們不能干擾它的運作，因爲我們是在不知不覺中用它。最引人注目的模組，是在我們試著尋找作弊者時用的。一個小測驗如果以純邏輯（但極爲清晰）的形式表示，接受測驗的人只有一五％解得出來。同樣的測驗以揭發作弊者的方式表示，幾乎每個人都解得開來。

神經生物學家也是

神經生物學家也有他們的故事要說。他們（大體而言）相信我們有三個腦：第一個非常古老，我們和所有的動物都有，那就是支配心跳的爬行動物大腦；我們和哺乳動物都有的情感邊緣腦中心；以及區別靈長類和人類的新皮質或者認知大腦（請注意，連機構投資人似乎也有新皮質）。

三位一體的大腦理論，雖然有點過於簡化（特別是由新聞記者經手處理時），卻似乎爲腦功能的分析提供了一個框架。

雖然很難弄清楚大腦的哪一部分確實做了什麼事，神經學家卻一直在做大腦中的某種環境映射，例如觀察大腦單點受損（如腫瘤或者被視爲局部傷害）的病患，並以消除大腦這種部分所執行機能的方式去推斷。其他方法包括特定區域的腦成像和電模擬。神經生物學之外的許多研究人員，如哲學家和認知科學家傑里・福德（Jerry Fodor；首創模組化的概念），仍然對我們能藉檢查大腦的物理特質，以發現一些知識的品質，持懷疑態度，因爲那只能解釋單一部分的複雜互動（以及對應的非線性）。數學家和認知科學家大衛・馬爾（David Marr；物體識別領域的先驅）一針見血地表示，我們不是靠研究羽毛，而是靠研究空氣動力學，了解鳥怎麼飛。以下將說明達馬西奧（Antonio Damasio）寫的《笛卡兒的錯誤》（*Descartes' Error*）和勒杜（Joseph LeDoux）寫的《情緒腦》（*Emotional Brain*）這些値得一讀的書，所提兩個分水嶺研究的論點。

《笛卡兒的錯誤》提出非常簡單的論點：對某個人的一塊大腦執行燒灼手術（例如去除它周圍的腫瘤和組織），唯一的結果是無法寄存情緒，此外沒有其他影響（也就是智力商數和其他每一種機能都維持原狀）。你所做的，是個對照實驗，把一個人的智力和他的情感分離開來。現在你有了不受感覺和情緒妨礙的純理性人。我們來看看結果：達馬西奧指出，完全沒有情感的人，連最簡單的決定也做不出來。他早上沒辦法從床上爬起來，而且整天爲了怎麼做決定而空轉。非常驚訝吧？這和我們預期的每一件事相互抵觸：人少了情感，就做不出決定。數學也給了同樣的答案：如果我們要橫跨大量的變數進行優化運算，即使擁有像我們的大腦那樣大的腦，也需要很

長的時間，才能對很簡單的任務做出決定。所以我們需要一條捷徑；情感是爲了阻止我們拖延不決而存在的。這會讓你想起前面所說西蒙的觀念嗎？看來是有了情感，事情才能做好。所以心理學家稱它們爲「理性的潤滑劑」。

約瑟夫・勒杜探討情感在行爲中所扮演的角色，理論更爲有力。情感影響一個人的思維。他研判從情感系統到認知系統的不少連結，比從認知系統到情感系統的連結要強。其中的含義是：我們感覺到情緒（邊緣腦），然後尋找解釋（新皮質）。正如瑞士醫生克拉帕雷德的發現，我們對於風險提出的很多意見和評估，可能只是情感帶來的結果。

法庭中的卡夫卡

辛普森（O. J. Simpson）的審判，是用來說明現代社會如何受機率支配（因爲資訊暴增），卻毫不根據它的基本法則而做重大決定的好例子。我們能把太空船送到火星，卻沒辦法以基本的機率法則審判罪犯——證據顯然是一種機率概念。我記得曾在展開「世紀大審」的洛杉磯法院外不遠的博達連鎖書店，買一本談機率的書——探討這個領域複雜計量知識的另一本書。僅僅幾哩外的律師和陪審員，怎麼會不懂這種知識上的大躍進？

我們根據機率法則推論（也就是，信心超越懷疑）犯下罪行的人，卻因爲我們誤解概率的基本概念，而過著自由自在的生活。但是同樣的，你也可能因爲人們理解機率不良，被判犯下不曾犯過的罪行——法院仍然無法適當地計算兩個事件的聯合機率（指兩個事件同時發生的機率）。

那天，我正在交易室，電視機開著，有位律師辯稱，洛杉磯至少有四個人的去氧核醣核酸（DNA）特徵和辛普森相同（因而忽視了聯合事件——下一段將詳細說明爲什麼）。我實在聽不下去，就把電視關了，引起其他交易員發出不滿的聲音。在那之前，我本來以爲由於羅馬共和國立下的高標準，法律訴訟已經消除了詭辯。更糟的是，有位哈佛畢業的律師發表似是而非的辯詞，說暴力對待妻子的男人，只有一〇%會殺害她們。這是不以謀殺爲條件的機率（這樣的說法，是不是出自扭曲的辯護概念、惡意或者無知，根本無關緊要）。法律不是應該追求眞相嗎？正確的觀察方式，是看謀殺案中，婦女遭丈夫殺害**和**曾遭丈夫暴力相向的百分率（高達五〇%）——因爲我們處理的是所謂的**條件**機率；以辛普森的妻子遇害的資訊爲**條件**，探究辛普森殺害她的機率，而不是看辛普森殺妻的**無條件**機率。連處理和教導機率證據概念的哈佛教授，都能說出這種不正確的話，如何能夠期望沒受過訓練的人了解隨機性？

尤其值得注意的是，陪審員（以及律師）和我們，往往在聯合機率的概念上犯錯。他們不了解證據有複利效果。比方說，我被診斷患有呼吸道癌，和同一年遭粉紅色凱迪拉克轎車撞死的機率，假設各爲十萬分之一，則兩者都發生的機率爲一百億分之一，也就是把兩個（顯然獨立的）事件相乘。從血型的觀點，說辛普森有五十萬分之一的機率不是兇手（記得律師是用這種詭辯，說洛杉磯有四位這種血型的人），加上他是被害者的丈夫，以及其他的證據，那麼由於複利效果，對他不利的概率升高數兆兆。

「心思細密」的人竟犯下嚴重的錯誤。當我說聯合事件的機率低於任一事件的機率，不少人聽了都大吃一驚。讀者應該還記得前面說過的可得性試探法。至於琳達問題，連理性且受過高等

教育的人，也認爲一件事發生的可能性，高於將那件事包含在內的更大事情。我很高興自己是個交易員，能夠利用別人的偏誤獲利，但生活在這樣的社會中，我感到害怕。

荒謬的世界

法蘭茲．卡夫卡（Franz Kafka）寫的預言書《審判》（*The Trial*）中，描述約瑟夫．K因爲莫須有的神祕原因，被捕後的悲慘遭遇。這篇小說寫於我們聽過的「科學化」極權政體使用的方法出現之前，因此可說一語成讖。它投射一個可怕的未來：人類被自行壯大的荒謬官僚機構團團包圍，而且自發性的規則，會依官僚機構的內部邏輯而出現。它孕育出一整個「荒謬文學」；這樣的世界可能非常不適合我們。我被若干律師嚇壞了。聽了辛普森審判期間發表的言論（以及類似的事情），我非常害怕，眞的很怕將來可能出現的結果——我也許會因爲機率上沒有意義的某個原因而被捕，而且必須在不懂隨機性的陪審員面前，和伶牙俐齒的律師脣槍舌劍。

我們說，原始社會中，單單審判可能就夠了。當可能的結果屬於一維空間，一個社會很容易在沒有數學的情況下生存——或者交易員很容易不用計量方法而進行交易。一維是指我們只觀察單一變數，而不是一組不同的事件。一種證券的價格是一維，而幾種證券的價格集合起來，則是多維，需要用到數學建模，才能處理——我們以肉眼沒辦法很容易觀察一組可能的結果，甚至無法用圖形去表示它，因爲我們的實體世界受限於只能用三維空間的視覺表示方法。稍後會談到爲什麼我們承受風險，可能用到壞模式（的確是有壞模式存在），或者犯下寬容無知的錯——也就

是在不懂數學的律師夏里特（Charybde）和誤用數學的數學家西拉（Scylla）之間搖擺。換句話說，我們將必須在聽信律師拒絕科學，卻伶牙俐齒、胡言亂語，以及聽信經濟學家太過認眞看待自己的科學，但應用有瑕疵的理論，兩種錯誤之間擺盪。科學的美妙之處，在於它容許這兩種錯誤。不過，幸好我們有中庸之道——但可悲的是，極少人走這條路。

了解機率偏誤的例子

我在行爲研究的文獻中，至少找到廣泛跨越各個專業和領域，系統性偏離理性行爲，且偏誤極爲嚴重的四十個例子。我們要談到一個很有名、令醫界尷尬不已的疾病檢查問題。這個小測驗，是找醫生來做的（這個實例借自黛波拉・班奈特〔Deborah Bennett〕寫的好書《識破話中玄機》〔*Randomness*〕）。

檢查某種疾病，有五％的結果為偽陽性。全部人口有千分之一的機率罹患這種疾病。現在，不管是否疑似罹患這種疾病，隨機檢查一群人，發現有個病人的檢查結果為陽性。那麼，這位病人罹患這種疾病的機率是多少？

大部分醫生只考慮檢查的準確率爲九五％，而回答九五％。正確的答案是病人生病且檢查發現確實有病的條件機率接近二％。答對的專業人士不到五分之一。

我來簡單說明答案（使用頻率法）。假設沒有僞陰性。一千個接受檢查的病患中，預期會有一位罹患這種疾病。其餘九百九十九位健康的病患中，檢查結果會說約有五十位染病（因為準確率是九五％）。所以，隨機選取某人，檢查結果為陽性且確實染病的機率，正確的答案應該是：

染病人數÷眞陽性加僞陽性人數

答案是五十一分之一。

不妨想想，你曾有多少次被告知罹患某種疾病，必須吃有害人體副作用的某種藥，而實際上你眞的罹患那種疾病的機率可能只有二％！

我們是選擇權盲

我是選擇權交易員，注意到人們傾向於低估選擇權的價值，因為他們經常無法以正確的心態，評估交付**不確定**報償的工具，即使他們充分理解數學也一樣。連主管官員也向人們解釋，說選擇權是一種**衰竭性**或**損耗性**資產，而使得人們更加無知。價外（out of the money）選擇權被視為**衰竭性**資產，因為會在兩個日期之間損失權利金（premium）。

我用一個簡單（但充分）的例子，說明清楚到底選擇權是什麼。假設一檔股票現在的交易價格是一百美元，某人讓我擁有權利（但不是義務）於一個月後以一一〇美元買它。這稱作買進選

擇權或者**買權**（call option）。一個月後，股價漲到一一〇美元以上，我去**履約**（exercise）才有意義。我可以要求選擇權賣方以一一〇美元的價格交割股票給我。要是股價漲到一二〇美元，我的選擇權會有十美元的價值，因爲我可以依一一〇美元的價格向選擇權賣方買進股票，然後以一二〇美元的價格在市場上賣出，十美元的差價便能落袋。不過這樣的機率不是很高。這稱作**價外**，因爲我立即履約並沒有好處。

假設我用一美元的價格買進這個選擇權。我預期一個月後這個選擇權的價值是多少？大部分人認爲是零。這是不對的。這個選擇權有很高的機率（例如九〇％）到期價值爲零，但平均價值爲十美元的機率也許有一〇％。因此賣方賣選擇權給我，向我收一美元，可不是白白送他的。如果賣方不賣我選擇權，而是自己花一百美元買進股票，等上一個月，便能用一二〇美元的價格賣出。所以現在賺一美元，實在算不上意外之財。同樣的，我買進的選擇權不是損耗性資產。連專業人士都會被愚弄。如何愚弄？因爲他們把期望值和最可能出現的情境混爲一談（本例的選擇權期望值是一美元，至於最可能出現的情境，價值是零）。他們心裡高估最可能狀態的重要性，也就是認爲市場將文風不動。選擇權的價值，其實是這種資產各種可能狀態的加權平均數。

選擇權賣方還提供另一種滿足，那就是穩定的報酬和獲得酬賞的穩定感覺——這就是心理學家說的**心流**（flow）。每天早上上班時，期待多得一點小錢的心情，令人非常愉快。但是，人必須有堅強的性格，才經得起將經常賠點小錢而失血的預期，即使所用的策略可望在比較長的時間內獲利。我注意到很少選擇權交易人能夠抱牢我所說的「長波動」部位，也就是很有可能在到期時損失一點小錢，但由於偶爾的衝刺，長期預料將獲利。我發現很少人接受到期時經常賠上一美

元，但偶爾賺進十美元，即使這種遊戲很公平（也就是賺十美元的機率高於九・一%）。

我把選擇權交易人分爲兩類：**權利金賣方**和**權利金買方**。權利金賣方（也稱作選擇權賣方）賣出選擇權，而且如同第一章和第五章所說的約翰，大體上能夠穩穩賺錢。權利金買方則做相反的事。有人說，選擇權賣方像小雞那樣吃，像大象那樣拉。天哪，我在事業生涯中遇到的選擇權交易人，大都是**權利金賣方**——陣亡時，賠掉的通常是別人的錢。

似乎懂得（簡單）數學的專業人士，怎會落到這步田地？如同前面所說，我們的行動，並不完全是由掌管理性的大腦部分引導的。我們是以情感去思考，沒辦法繞過它。基於相同的理由，本來很理性的人，會做出對自己沒有立即好處的事情，例如抽菸或者和人打架；同樣的，人即使知道出售選擇權不好，卻還是要賣。但情況可能更糟。有一種人（通常是財務學者）的行事作爲，不是根據大腦所想，而是要大腦反過來配合行事作爲。這些人在不經意間，回過頭拿統計數字作弊，以合理化自己的行爲。在我這一行，他們以統計論點合理化出售選擇權的行爲，但這只是在欺騙自己。

下面哪件事讓人比較不愉快：損失一美元一百次，或者一次損失一百美元？顯然是第二件。我們面對損失的敏感性會不斷下降。因此，如果交易人採行的交易政策是每天賺一美元，維持很長的時間，然後失去全部，雖然這在經濟上毫無意義，但從享樂的觀點來說，卻是令人愉快的。所以我們會有誘因，想要針對事件發生的可能性，編造一個故事，然後執行這樣的策略。

除此之外，還有不知有風險的因素存在。科學家曾經找人來測試我在前言中提到的：由於低估風險，不是因爲勇敢而冒險的行爲。受測者被要求預測證券價格未來會落在哪個範圍內。他們

必須懷著九八%的信心，預估證券價格的上限和下限。結果證券價格落在上下限之外的百分率當然很高，高達三〇%。

這麼高的百分率來自一個遠爲嚴重的問題：人總是高估自己的知識和低估他們犯錯的機率。有個例子可以進一步說明選擇權盲。下列哪個合約比較有價值？(a)未來一年任何一天股市如果下跌一〇%，便支付一百萬美元給你；(b)未來一年任何一天股市如果因爲恐怖分子展開攻擊而下跌一〇%，便支付一百萬美元給你。我預期大多數人會選擇(b)。

機率與新聞媒體（又談新聞記者）

新聞記者接受的訓練，是自我表達方法，不是深入探討事件的眞相——他們的甄選過程，有利於最擅長溝通的人出線，見多識廣的人不見得吃香。我的醫生朋友說，許多醫藥新聞記者對醫學和生物學一無所知，經常犯下非常基本的錯誤。我沒辦法證實這種說法，因爲自己也只是業餘的醫學研究者（但有時看很多東西）。不過，我有注意到他們幾乎總是誤解醫學研究報告使用的機率。最常見的一種，和證據的解讀有關。他們最常混淆**沒有證據**（absence of evidence）與**證據顯示沒有**（evidence of absence），和第九章談過的問題類似。怎麼說呢？假設我測試某種化學療法，例如以氟尿嘧啶（Fluorouracil）治療上呼吸道癌，發現它的效果比安慰劑好，但只是稍好一些；配合其他的物理療法，它能把存活率從每一百人活二十一人，提高到每一百人活二十四人。由於我的樣本不大，我沒把握存活率升高三%是因爲用了那種藥的關係；這也許只能歸因於隨機性。

所以我寫了一篇論文，概述研究成果，並且表示沒有證據顯示這種藥物能夠提升存活率，所以需要進一步研究。一位醫藥記者看了這篇文章，便宣稱有個叫塔雷伯的教授發現證據，說氟尿嘧啶**沒有幫助**。這和我的原意完全相反。有些小城鎮的天眞醫生比大部分沒有受過訓練的新聞記者更不懂機率，看了新聞報導，自然而然就排斥那種藥物，可是後來有位研究人員終於找到新證據，顯示那種藥物的確能夠明顯改善存活率。

午餐時間的CNBC節目

財金電視頻道CNBC開播，對金融圈助益很大，卻也讓一大堆喜歡拋頭露面的人，能在短短幾分鐘內，大談特談一些理論。我們常看到有頭有臉的人，針對股票市場的特性，講出荒唐可笑（但聽起來聰明）的話，包括公然說出違反機率法則的言論。某個夏天，我勤跑健身房，常聽到「大盤只從高點下滑一〇%，但個股平均從高點下跌接近四〇%」之類的話。這話是爲了說明問題很嚴重或者情況異常——空頭市場來襲的徵兆。

個股從高點平均下滑四〇%，和所有股票的平均値（亦即整個市場或者大盤）從高點下跌一〇%，兩者並不相抵觸。我們必須知道，各檔股票不見得**同時**上漲到最高價。由於個股並非百分之百相關，股票A可能在一月間升抵最高價，股票B可能在四月間升抵最高價，但是股票A和股票B兩檔股票的平均價格可能在二月某個時候漲到最高點。此外，個股之間如果呈現負相關，也就是股票A漲到最高價時，股票B恰好跌到最低價，那麼當股市升抵最高點，兩檔股票

可能都比最高價下跌四〇%！依稱作隨機變數極大值分布的機率法則，平均值的極大值波動幅度一定低於極大值的平均值。

你現在應該死了

我因此想到電視黃金時段中，金融專家違反機率法則的另一個常見錯誤。這些專家可能是因爲外表、魅力、能說會道而被選上電視節目，但絕不是因爲他們見識過人。例如，一位著名的電視金融大師經常說出這樣的謬論：「美國人平均可望活到七十三歲。所以如果你現在六十八歲，預期會再活五年，那就應該爲此好好規劃。」她接著講得非常清楚明白，說這個人應該如何規劃五年的投資。但如果你現在是八十歲呢？你的預期壽命是負七歲嗎？新聞工作者總是混淆無條件預期壽命和條件預期壽命。剛出生時，你的無條件預期壽命可能是七十三歲。但是隨著年齡與日俱增，而且沒有死亡，你的預期壽命會跟著你的歲數而提高。爲什麼？因爲其他死掉的人，已經占去你在統計數字上的位置，而期望值就是指平均值。所以說，如果你現在七十三歲，健康狀況良好，你可能仍然有九年的**期望值**。但是期望值會改變，到了八十二歲，如果你還活著，你會再有五年的期望值。即使百歲人瑞，也還是有正條件預期壽命。仔細想想，專家的說法無異於：我們的手術死亡率是一%，到目前爲止，我們已經爲九十九位病患動過刀，結果非常成功；你不巧是第一百位，所以你會有百分之百的機率死在手術檯上。

在電視上侃侃而談的理財規劃顧問可能搞混一些人，但不會造成什麼大害。比較令人擔心的

是，非專業人士供應資訊給專業人士。我們接下來還要再談新聞記者。

彭博的解釋

我桌上有一台機器，叫作彭博（Bloomberg，名稱來自傳奇色彩濃厚的創辦人麥可・彭博〔Michael Bloomberg〕）。它提供安全有保障的電子郵件服務、新聞服務、歷史資料取用工具、畫圖系統、非常有用的分析輔助工具，尤其是可以在螢幕上看到各種證券和貨幣的價格。我用它用上了癮，沒它就沒辦法操作，因爲會覺得與世隔絕。我用它聯繫朋友、確認約好要做的事、解決能夠增進人生敏銳度的一些有趣爭議。沒有彭博位址的交易人，對我們來說是不存在的（他們只好使用比較普通的網際網路）。但是彭博有個東西，我想捨棄：新聞記者的評論。爲什麼？因爲他們喜歡解釋一些事情，嚴重混淆右欄和左欄。但是，不只彭博這麼做；怪不得十年來我都不看報紙的商業版，寧可改讀散文。

就在寫這些段落時，我在彭博看到如下的新聞標題：

↓道瓊指數因為利率下滑而上漲一・〇三點。

↓美元因為日本貿易順差增加而下挫〇・一二日圓。

整整一頁都是這樣的標題。如果我沒翻譯錯的話，新聞記者是針對相當於純雜訊的東西提供解

釋。道瓊股價指數在一萬一千點時波動一．〇三點，幅度不到〇．〇一％。這樣的波動不値得解釋。對誠實的人來說，沒有任何事情値得解釋；他們沒理由去推論原因。但是新聞記者和比較文學的見習教授一樣，拿薪水是爲了解釋事情，所以樂於馬上提供種種解釋。唯一的解決方法，是請彭博停止支付薪水給記者寫評論。

顯著性：我是怎麼判斷那是純雜訊的？用個簡單的比喻來說。假設你和朋友展開橫越西伯利亞的越野車比賽，一個月後，你以一秒之差贏了他。顯然你不能就這樣吹噓自己騎得比他快。你可能得到某種東西之助，或者只是隨機性造成的，別無其他原因。那一秒本身不夠顯著，任何人都沒辦法據以做出結論。我不會在睡前寫日記說：**車手Ａ比車手Ｂ優秀，因為他吃菠菜，而車手Ｂ常吃豆腐。我做這種推論的理由，是因為他在三千哩長的比賽中以一．三秒領先。**如果領先一個星期，我才可能開始分析原因是不是豆腐，或者是否有其他的因素影響。

因果性：還有另一個問題；即使具有統計顯著性，也必須有因果性存在才行，也就是說，市場發生的事件，和所說的原因有關係。人們說，發生於其後者必然是其結果（post hoc ergo propter hoc）。如果醫院Ａ接生的嬰兒有五二％是男孩，醫院Ｂ同一年則只接生四八％的男嬰；你會試著解釋說：你之所以生下男孩，是因爲在醫院Ａ接生的嗎？

因果性可能非常複雜。如果有許多可能的原因，就很難挑出單一原因。這稱作多變量分析。舉例來說，如果股票市場對美國國內利率、美元兌日圓匯率、美元兌歐洲貨幣匯率、歐洲股票市場、美國的國際收支帳、美國的通貨膨脹，以及其他十來個主要因素有反應，那麼新聞記者需要觀察所有這些因素、了解它們以前個別和共同造成的影響、觀察影響的穩定性，然後經統計檢

定，才能挑出某項因素（如果辦得到的話）。最後，需要給那個因素一個信賴水準；如果信賴水準低於九〇％，那就沒有故事好說。我可以理解爲何休謨很迷因果關係，卻無法接受這樣的推論。

我用了一招，以判斷世界上是不是**真**有什麼大事正要發生。我用的方法，是把彭博機器的螢幕設定的貨幣、股票、利率、商品等世界上所有相關金融工具的價格和漲跌幅度全放在一起。我將貨幣放在左上角，各股票市場放在右邊，多年來觀察相同的螢幕畫面，日積月累，就產生一種本能直覺，能夠知道是不是有重大的事情正要發生。個中祕訣是，只看變動百分率大的。除非波動高於平常每天的漲跌幅度，否則我把相關的事件視爲雜訊。我根據變動百分率，決定新聞標題的大小。此外，我也不是用線性的方式去解讀；某個事件造成漲跌二％，重要性不是漲跌一％的兩倍，而是四到十倍。波動七％的重要性，可能是波動一％的數十億倍！今天我的螢幕亮出的新聞標題，說道瓊指數波動一．三點，重要性不及一九九七年十月股市重挫七％的十億分之一。有人可能問我：爲什麼我希望每個人都學點統計？我會回答說：太多人只看解釋。我們沒辦法憑本能直覺，了解機率的非線性層面。

過濾方法

工程師使用一些方法，從資料的訊號中濾除雜訊。和澳洲或南極的表親講電話時，你想過可以區分電話線的靜電噪音和對方的聲音嗎？所用的方法，是在振幅的變動很小時，判斷那比較有

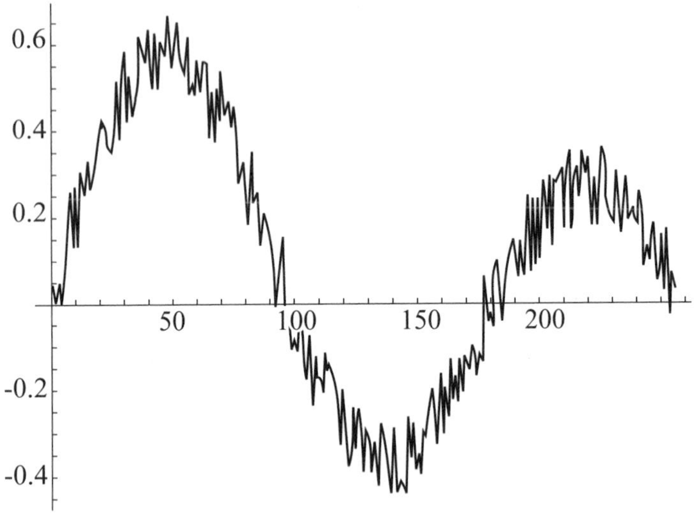

圖 11.1 未經過濾的資料包含訊號和雜訊

可能是雜訊造成的——但當幅度增加，屬於訊號的可能性便大為提高。這種方法稱作平滑核心（smoothing kernel）。我們將它用在圖11.1和圖11.2。但是我們的聽覺系統沒有能力獨自執行這種機能。我們的大腦同樣無法看出顯著的價格變動和純雜訊兩者的不同，尤其是被新聞記者有欠平滑的雜訊大量轟擊時。

我們不了解信賴水準

專業人士忘了以下所說的事實。估計值或預測值的重要性，不如人們對某個意見懷有的信賴水準。假設某個秋季上午，你準備出門旅行，需要先知道目的地的天氣狀況，才能打包行李。如果你預期溫度是攝氏十六度，加減六度（例如在亞利桑那州），那麼你不會帶雪衣和攜帶型電扇。但如果你要到

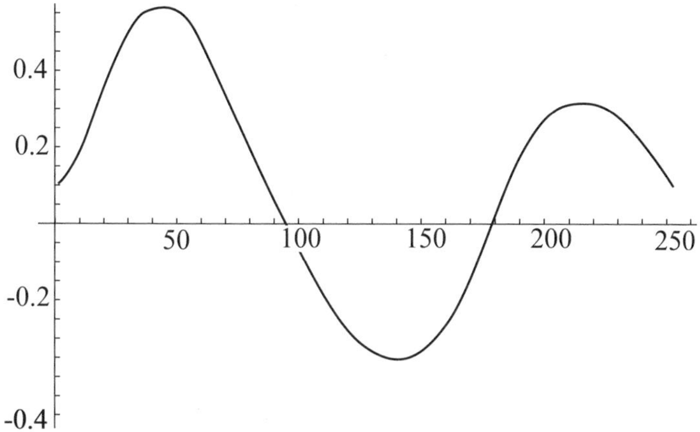

圖 11.2 相同的資料去除了雜訊

芝加哥去，獲知那裡的溫度雖然是十六度，但可能增減約七度，你會怎麼做？你會同時攜帶冬衣和夏衣。選擇衣物時，溫度期望值是多少不是很重要；溫差大小才重要。當你知道溫差約爲十七度，如何打包便大不相同。再進一步說，如果你準備前往的星球，預期溫度也是約十六度，但加減三百度，你會如何打包？

大家應該看得出來，我認爲市場或隨機變數會往哪裡走，對於我在市場中活動（以及其他的隨機變數）的影響，重要性遠遠不如我在某種信賴水準下允許的誤差率。

招認

結束本章的此刻，我要坦承：即使我從事的是這一行，也花了很多時間培養這個主題上的專長，但我認爲自己和認識的任何人一樣，也容易遭到愚弄。不過，有一點例外；我曉得自己那方

面的能力很弱。我的人性試著害我，所以必須時時警惕。我天生會被隨機性愚弄。第三部將探討這一點。

第三部

在耳中塞蠟

活在隨機世界中

荷馬史詩中的英雄奧德修斯（Odysseus）以善於運用一些計謀，力克強敵出名。但我發現，他運用計謀對抗自己最引人注目。

《奧德賽》第十二卷中，這位英雄遇上女妖。那些女妖住在距夏里特和西拉礁石不遠的島上，歌聲十分誘人，水手聽了會發狂，不由自主地便投入女妖島外的海中而死。女妖歌聲之美妙，難以形容，卻和她們四周的水手腐屍形成鮮明的對比。女妖錫西（Circe）事先警告奧德修斯這件事，於是他想出一條妙計。他把蠟塞進所有水手的耳中，讓他們幾乎完全聽不到任何聲音。他自己則綁在桅杆上，並嚴令水手無論如何不可放開他。他們的船開到接近女妖的島時，風平浪靜，遠遠傳來令人銷魂蝕骨的樂音，奧德修斯掙扎著，使盡不尋常的力量，想要掙脫束縛。水手把他綁得更緊，直到他們安全通過那害人的聲音爲止。

我從這個故事學到的第一個教訓，不是想當奧德修斯。他是神話人物，而我不是。他可以綁在桅杆上；我卻只能像水手，需要在耳裡塞蠟。

我沒那麼聰明

在我處理隨機性的生涯中，終於豁然開悟，了解到一件事，那就是自己不夠聰明，也不夠堅強，甚至不必奢望有能力對抗自己的情緒。除此之外，我相信我需要利用情感去形成一些觀念，並且取得執行它們的能量。

我只聰明到了解自己有個傾向，容易被隨機性愚弄——以及接受自己相當情緒化的事實。我

被情緒所左右——但是身爲唯美主義者，我很高興有這個事實。我其實和我在本書取笑的每一個人一樣。不只如此，我甚至可能比他們還糟，因爲信念和行爲之間可能存在負相關（前面說過巴柏那個人）。我和我取笑的那些人不同之處，在於我試著去察覺它。不管我研究和試著了解機率多長的時間，我的情緒總會對我那不聰明的基因要我去處理的不同一組計算有所反應。我的大腦或許能夠區辨雜訊和訊號的不同，我的心卻做不到。

這種不智的行爲，不只表現在面對機率和隨機性時。例如，開車在路上，交通號誌才剛亮起綠燈，我只不過遲了一奈秒（譯註：一奈秒是十億分之一秒）啓動，後頭那個無禮的駕駛人便按起喇叭。我想，我不會理性到避免發火。我非常清楚，生氣只是在傷害自己，沒有其他好處，而如果我老是對身邊做類似事情的每個笨蛋發火，我早就死了。日常生活這些小小的情緒反應，是不合理性的。但我們需要它們，才能適當地運作。我們被設計得以怨抱怨。我已有夠多的敵人，能給生活增添一些情趣，但有時我會希望再多些敵人（我極少看電影，所以需要娛樂）。如果沒有敵人讓我們浪費努力和精力在他們身上，生活將乏味得令人難以忍受。

好消息是，我們有一些竅門可以利用。其中之一是，在這種開車遇到討厭鬼的時候，避免（透過後視鏡）和對方眼神接觸。爲什麼？當你直視某個人的眼睛，大腦的某個部分（比較情緒化的那部分），就會因爲互動而啓動和運轉起來。我試著想像對方是火星人，而不是人類。有時這個辦法很管用——但如果對方的外表像是不同的物種，效果最好。怎麼做？我熱愛在公路上騎自行車。最近和一群同好在鄉下地區阻礙到後面的車流，一位開著大型多功能車的小婦人打開車窗辱罵我們。我不但不惱火，甚至沒有中斷思緒去理她。騎上自行車後，大貨車司機就像一種危

險的動物，能夠威脅到我的安全，卻不能激怒我。

我和意見強烈的任何人一樣，招來一群財務學者和經濟學家的批評，因爲他們氣惱我抨擊他們誤用機率，也對我指稱他們爲僞科學家一肚子火。讀他們的評論時，我沒辦法抑制自己的情緒。我能做的最好事情，是不去看那些東西。我對新聞記者也如法炮製。不讀他們討論市場的言詞，因此省下我很多情緒反應。針對本書不請自來的評論，我的作法相同。把蠟塞到耳朵裡。

維根斯坦的尺

是什麼機制，能夠說服作者不去讀針對他們的作品所發表的評論，除非是他們在知性上敬重而特地去找來的人？這個機制是一種機率方法，稱作條件資訊：除非講話的人具有極高的資格，否則所說的話揭露他自身多於他所要傳遞的資訊。這當然適用於和判斷有關的事。一篇書評不管評語好壞，揭露評論發表者本身的資訊，可能多於和書有關的資訊。我也把這個機制稱作維根斯坦的尺：**除非你對尺的可靠性懷有信心，否則當你用尺去量桌子，你可能也同時用桌子在量尺**。你愈是不相信尺的可靠性（在機率上稱作**事前**），你得到和尺有關的資訊愈多，和桌子有關的資訊愈少。這個論點可以延伸到遠遠超越資訊和機率。這個資訊條件性是認識論、機率，甚至意識研究的核心。稍後我們將以「十個希格瑪」問題來探討它的延伸應用。

這個論點具有實務上的含義：亞馬遜網站上匿名讀者張貼的資訊，完全和他個人有關，而合格的人張貼的資訊，則全和書籍有關。在法庭上也是一樣：再拿辛普森審判案來說。陪審團成員

之一評估了呈堂證供的統計證據之後說：「血不夠多。」這句話沒有揭露多少統計證據，卻透露了說這句話的人進行有效推論的能力。如果那位陪審員是法醫專家，資訊的比率會往另一個方向傾斜。

問題是：雖然這種推理是我的想法核心，我的大腦知道，我的心卻不知道：我的情感系統不能理解維根斯坦的尺。我可以提供如下所說的證據：不管是誰說的，恭維聽在耳裡總是讓人愉快——有些操縱者知道得相當清楚。不管是書評，還是對我的風險管理策略發表的評論，也是如此。

奧德賽的消音令

記得我說過，我最感驕傲的成就，是遠離電視和新聞媒體。由於現在如此遠離，所以我看電視所花的精力，多於執行其他任何活動，例如寫這本書。但我不是沒有用上一些招數。如果不用招術，我恐怕逃脫不了資訊時代的毒害。我公司的交易室裡，我將電視機整天開著，財金新聞頻道CNBC中，評論家一個接一個上場，企業執行長一個接一個整天開金口。我用上什麼招數？我將音量完全關閉。為什麼這麼做？因為當電視沒有聲音，那些喋喋不休的人看起來會很滑稽，和有聲音時的效果完全相反。我們看到一個人正經八百，嘴唇掀動著，臉部肌肉扭曲——就是沒聲音出來。我們只是在視覺上受到威嚇，聽覺上沒有，因此產生一種失調。講話的人，臉部表達某種激情，但由於沒有聲音發出，他們傳達了恰恰好相反的訊息。這就是哲學家亨利・柏格森

（Henri Bergson）寫的《論笑》（*Treatise on Laughter*）中提到的那種對比。他描述了一幅很有名的畫面：有位紳士道貌岸然，卻即將踩上香蕉皮，整個情境相當好笑，兩者形成很大的反差。電視上的名嘴，失去了威嚇的效果；甚至看起來荒謬可笑。他們似乎正爲一件極不重要的小事興奮不已。突然之間，名嘴成了小丑。這是作家葛林拒絕上電視的原因。

把人消音的這個念頭，起於有一次我外出在旅途中，（在有嚴重時差問題的情況下）聽到有人講廣東話。沒人翻譯的話，我不懂這種語言。由於他在談什麼主題，我毫無頭緒，所以滔滔不絕講話的人，感覺不再那麼神氣十足。於是我想到，或許可以利用內在的偏誤（在這裡是指成見），去抵銷另一個內在的偏誤（我們認眞看待資訊的傾向）。這個辦法似乎奏效。

這一部，作爲本書的總結，將闡述處理不確定性的人性層面。我個人無法完全隔絕，不受隨機性的影響，但懂得運用一些招數去應對。

12　賭徒的迷信和籠中的鴿子

我的生活不時出現賭徒的迷信。為什麼爛計程車英語能幫你賺錢。我是笨蛋中的大笨蛋，但我心知肚明。應對我基因中的不適應性。我的交易檯底下不擺巧克力。

計程車英語與因果關係

首先，快速回顧我早年在紐約的交易員日子。初進這一行，我是在瑞士信貸第一波士頓公司（Credit Suisse First Boston）服務。那時公司位於第五十二街和第五十三街、麥迪遜大道和公園大道的街區中間。雖然是在中城，卻還是被稱作華爾街公司——我常向人表示，我是「在華爾街」工作，幸好只去過實體的華爾街兩次。那是我去過新澤西州紐華克以東，最爲反感的地方之一。

當時我二十來歲，住在曼哈頓上東區一棟書滿爲患（除此之外，家無長物）的公寓裡。家無長物不是意識型態上的說法；純粹是因爲我從來沒有走進家具店，因爲我最後可能駐足在半路上

的一家書店，然後提出好幾袋的書來。可以想見，我住的地方，廚房裡除了一台有毛病的咖啡機，沒有任何形式的食物和餐具，因爲我直到最近才學會做飯（即使這樣，還是……）。

我每天早上搭黃色計程車上班，在公園大道和第五十三街轉角下車。大家都知道紐約市的計程車司機很有個性，而且普遍不熟這塊地方，但是偶爾你會遇到既不熟悉這座城市，又懷疑算術法則普遍適用的司機。一天，相當不幸（或者也許應該說是邀天之幸，後面會談到）搭上一輛計程車，司機似乎聽不懂我能講的所有語言，連計程車英語都派上用場還是雞同鴨講。我試著協助他在第七十四街和第五十三街之間往南走，他卻硬要往南多開一個街區，我只好利用第五十二街的入口。那一天，由於匯率激烈波動，我操作的投資組合賺進很多錢；那是我年輕時，事業生涯最美好的一天。

隔天，我像平常那樣，在第七十四街和第三大道街角招攬計程車。可惜沒能見到前一天的那個司機，或許他已經被遣送回老家去了。眞是糟糕；我懷著難以解釋的渴望，想要用一筆高額小費給他驚喜，回報他對我做過的好事。我只好上另一輛計程車，告訴新的司機，載我到第五十二街和公園大道的東北街角，剛好是前一天下車的同樣地點。講完，連我自己也吃驚不已……但已經太慢了。

看著電梯鏡子中的自己，赫然見到我打著前一天相同的領帶——上面還有前一天慌亂中沾上的咖啡污漬（我唯一成癮的東西是咖啡）。原來，我體內有某個人，顯然相信走這個入口、選這條領帶和前一天的市場走勢之間，存有強烈的因果關係。我的行爲像個冒牌貨，有如在扮演不屬於自己角色的演員，令我忐忑不安。我覺得自己是個冒名頂替的騙子。一方面，我講起話來就像

抱持強烈的科學標準，或者專注於個人專長的機率論者。另一方面，我卻和那些藍領場內交易員沒有兩樣，懷有封閉的迷信。接下來我是不是該去買張天宮圖？

稍微想想，便可以知道在那之前，我的生活就一直被輕微的迷信支配著，而我竟然是選擇權專家、不動感情的機率計算者、理性的交易員！我根據無害的溫和迷信採取行動，這不是第一次。我相信這是我的東地中海根源灌輸給我的。例如，沒有接好別人遞過來的鹽瓶，恐怕有口舌之爭；聆聽別人恭維時要敲敲木頭；以及流傳了十幾個世紀的其他許多黎凡特信念。但是和這個古老的海洋四周所孕育與傳播的許多事情一樣，我以莊嚴卻又不相信的心情面對那些信念。我們認爲它們更像是儀式，而不是爲了避免幸運女神轉向，因而對自己不利的重要行動——迷信還是能夠灌注一些詩意到日常生活中。

令人引以爲憂的部分是：我首次注意到迷信偷偷溜進我的專業生活裡。在我的專業中，我的行爲必須像保險公司，用定義良好的方法，嚴格地計算賠率，而且因爲別人比較不嚴謹、被某些「分析」蒙蔽視野，或者相信命運之神眷顧自己而採取行動，從中牟利。但是有太多的隨機性湧進我這一行。

我注意到自己的行爲悄悄地——雖然十分細微，幾乎無法察覺——發展出所謂的「賭徒的迷信」，並且迅速累增。在那之前，我都沒有察覺這些小小的迷信。我的心似乎不斷想從我的一些臉部表情和事件的結果之間，找到某種統計上的關聯。例如，在我發現自己輕微近視，而且戴起眼鏡之後，我的收入開始增加。雖然除了晚上開車，其他時候沒有必要戴眼鏡，甚至戴了也沒有用處，我還是一直把它掛在鼻梁上。從這種無意識的行爲可以看出，我似乎相信個人的財務表現

和眼鏡有關。對我的大腦來說，這種統計關聯是虛假的，因爲樣本很小（這個例子中，只有一個樣本），可是這種天生的統計本能，似乎沒有受益於我在假說檢定上的專長。

由於賭博結果和某種身體動作之間可能存在某種病態的關聯，賭徒會發展出一些行爲上的扭曲。這是大家都知道的事。在我從事的衍生性金融商品操作那個專業，「賭徒」是最損人的用詞。順帶一提，在我看來，賭博的最好定義是：不管勝算對當事人有利或不利，隨機結果都令他感到十分刺激的一種活動。即使勝算對賭徒顯然不利，他有時還是因爲相信命運之神會以某種方式選上他而不顧勝算如何。這個道理，可以從一些老成圓熟的人通常不該現身在賭場，卻偏偏在那裡出現看得出來。我甚至在那裡撞見世界級的機率專家；他們養成賭博的習慣，所有的知識都被拋到腦後。例如，有位老同事是我見過最聰明的人之一，卻經常到拉斯維加斯放手一博。他似乎是一隻任人宰割的火雞，所以賭場樂意提供免費的豪華套房和交通工具供他使用。他甚至先找算命師，才建立很大的操作部位，並且試著要我們的雇主負擔這筆錢。

史金納的鴿子實驗

二十五歲的我完全不懂行爲科學。我所受的教育和文化，愚弄我相信我的迷信是文化，因此可以透過所謂的運用理智，消除它們。在社會的大環境中，當科學和邏輯一進來，現代生活就會消除迷信。但就我來說，我的智識日益圓熟，但隨機性源源不絕而來，我反而變得更加迷信。

這些迷信一定和先天的生物特性有關——但我生長的年代，卻教導我們那是後天培養的，很

少是天生的。這才是造成問題的原因。我認爲戴眼鏡和市場的隨機結果有關係，顯然和文化無關。我認爲使用哪個入口和我的交易績效有關係，也和文化無關。我打和前一天相同的領帶，更加無關於文化。數千年來，我們內部的某種東西並沒有適當發展，我還在使用舊頭腦的殘存部分。

要進一步探討這一點，我們需要看看低等形式的生命如何形成因果關聯。著名的哈佛心理學家史金納（B. F. Skinner）做了一個籠子，關進老鼠和鴿子，並且裝上開關，讓鴿子可以用嘴喙去操作。另外，有個電力機制將食物送進籠子。史金納設計這個籠子，是爲了研究一些非人類生物比較一般性的行爲特質，但是到了一九四八年，他想到一個非常棒的點子：忽視控制桿，而將注意焦點放在食物的供應上。他設計以隨機的方式，送食物給非常饑餓的鴿子。

他觀察到鴿子出現相當驚人的行爲；牠們因應根深柢固的統計機制，發展出極其複雜、祈雨舞般的行爲。有隻鴿子對著籠中特定的一個角落，規律地搖擺小頭，另一隻鴿子則反時鐘方向轉頭；幾乎所有的鴿子都發展出一種特定的儀式，並且慢慢烙印到心裡，而與吃東西產生關聯。

這個問題如果加以引伸，會比較令人擔憂；我們生來不會把不同的事情認爲不相干。看到A和B兩件事時，我們很難不假設A造成B、B造成A，或者彼此造成對方。我們的偏誤，是立即建立起因果關係。對於新進交易員來說，這最糟只不過是浪費幾分錢的計程車資，但科學家卻會做出虛假的推論。行爲舉止裝無知，比起裝聰明要困難；同樣的，科學家曉得，拒絕一項假說，在情感上比接受它要困難（這就是所謂的第一型錯誤和第二型錯誤）——眞的很難做到，所以有句話說，知因求果者得其樂（felix qui pötuit cognoscere causas）。我們很難閉嘴不說話。我們

不是生來就適合做這種事的。不管有沒有巴柏，我們都太認眞看待周遭的事情。

再談斐洛斯特拉圖斯

關於解析度低的統計推論問題，我提不出解決方法。我在第三章討論過雜訊和意義的技術性差異——但是現在應該來討論如何執行。希臘哲學家皮羅（Pyrrho）主張人要過冷靜平淡的生活，卻被批評在危急關頭（被牛追）時沉不住氣。他回答說，他發現有時很難拋棄人性。如果皮羅沒辦法不當凡人，我看不出爲什麼我們其餘這些人應該像理性人，並且如同經濟理論所說的，在不確定的狀況下表現得十分完美？我發現，利用我計算各種機率之後，以理性的方式取得的不少結果，並不足以深入影響我自身的行爲。換句話說，我的行爲就像第十一章所說的醫生，明知道罹患某種疾病的機率只有二%，卻無意間以九五%的罹病機率去治療病人。我的大腦和我的本能，行動並不一致。

詳細情形說明如下。身爲理性的交易員（所有的交易員都宣稱自己是理性的），我相信，就像前面討論過的，雜訊和訊號不同，我們需要忽視雜訊，但認眞看待訊號。我使用粗淺（但穩健）的方法，計算我的交易績效任何波動的預期雜訊和訊號成分。舉例來說，使用某種策略獲利十萬美元之後，我可能給認爲那種策略能夠獲利的假說二%的機率，給績效可能純屬雜訊的假說九八%的機率。另一方面，如果獲利一百萬美元，則表示那種策略能夠賺錢的機率升爲九九%。理性的人在選擇策略時，會根據這樣的結果來行動，並且依據他的成果來表現情緒反應。不過，有

些成果，我明知單單是因爲雜訊而產生的，還是忍不住會雀躍萬分，也會因爲一點點統計顯著性也沒有的敗績而十分頹喪。我忍不住有那樣的反應，不過，我是有情緒的人，並且大多數的精力也是從情緒而來。所以解決方法不在馴服我們的心。

由於我的心似乎沒有與大腦取得一致的看法，所以我需要審慎行動，避免做出不合理性的交易決策，也就是說，阻止自己去看績效報告，除非它到達預定的門檻。這無異於談到吃巧克力，把大腦和食慾分離開來。我平常的作法是絕對不在交易檯底下擺放巧克力。

和人談話，最令我厭惡的是對方板起臉來說教，說**我的**言談舉止**應該如何如何**才對。**我們**大部分人都相當清楚言談舉止**應該如何如何**才對，問題只是出在我們沒去做，不是不懂。我厭倦了聽腦筋轉得慢卻喜歡說教的人，搬出老掉牙的大道理轟炸我，例如我應該每天用牙線清潔牙齒、常吃蘋果、把上健身房列爲新年新希望。在市場上，人們則是建議忽視績效中的雜訊成分。我們需要一些竅門才能辦到，但在那之前，我們必須先接受自己只是動物的事實，需要借助於一些低等形式的竅門，而不是侃侃而談，講大道理。

最後，我認爲自己幸好沒有染上菸癮。要了解我們對於風險和機率的認知可能非常理性，實際行動時卻十分愚蠢，最好的方法是和癮君子一談。抽菸的人很少不知道他們罹患肺癌的百分率。如果你不相信，不妨到紐約市上東區史隆凱特林防癌紀念中心（Memorial Sloan-Kettering Cancer Center）的服務處入口，看看聚在那裡吞雲吐霧的人群。你會看到數十位癌症治療護士（或許也有醫生）站在入口外，人手一根菸，而絕望的病患正被人推進去接受治療。

13　卡涅阿德斯到羅馬：談機率與懷疑論

御史加圖要卡涅阿德斯打包回家。德諾波伊斯侯爵不記得以前發表過的意見。提防科學家。死守觀念。同樣那一位羅伯・莫頓對作者助以一臂之力。科學從一場葬禮進化到下一場葬禮。

請你身邊的數學家定義機率是什麼；他很可能告訴你怎麼計算機率。我們在第三章內省機率時，說過機率不是談機運的問題，而是指我們相信有另類結果、原因或動機存在。我們也說過，數學是沉思的工具，不是計算的工具。這裡，我們同樣要回頭請前人指引——因為他們一向認為機率不過是一種主觀且流動的信念量數。

卡涅阿德斯到羅馬

大約西元前一五五年，希臘後古典哲學家、昔蘭尼的卡涅阿德斯（Carneades of Cyrene）前往羅馬。他是雅典派出的三位大使之一，目的是向羅馬參議院陳情，請求政治施恩。原來，雅典市

公民被課一種罰金，他們希望說服羅馬，同意這樣做並不公平。卡涅阿德斯代表學院，也就是三個世紀前，蘇格拉底逼得和他對話的人殺他，好從他的論點獲得喘息空間的同一個露天議論機構。它現在稱作新學院，一樣好發議論，而且享有古世界懷疑論溫床的名聲。

在衆所期盼他演說的那一天，他站了起來，慷慨激昂地大談正義公理的重要性，以及應該如何將它置於我們的動機最頂層。羅馬的聽衆深深爲他著迷。不只因爲演說者迷人的魅力；他的論點鏗鏘有力、口若懸河、語言純淨、精力充沛，聽者無不動容。但這不是他要表達的重點。

隔天，卡涅阿德斯回到原地，站了起來，以可能最具說服力的方式，建立起知識不確定的意旨。他是怎麼說的？他說出深具影響力的論點，抵觸和反駁前一天同樣很有說服力的論點。他在同一個地點，成功說服同一批聽衆，相信應該在人的所作所爲動機清單上，將公理正義往下壓。

壞消息來了。老加圖（Cato；「御史」）也在聽衆群中。這時的他，相當老邁，卻和當年任御史時一樣嚴厲。他聽了之後大怒，說服參議院要三位使者捲鋪蓋回家，以免他們的利口污染共和國青年的心靈，進而削弱軍事文化（加圖當御史時，曾經禁止所有的希臘辯士住在羅馬。他太過嚴肅，無法接受他們的內省方式）。

卡涅阿德斯並不是古典時期的第一位懷疑論者，也不是教我們眞正機率概念的第一人。但這件事大大影響了好幾代的辯士和思想家。卡涅阿德斯不只是懷疑論者；他也是辯證家，絕不執著於他所爭辯的任何前提，也不執著於他所提的任何結論。他終生反對妄自尊大的教條和只有一個眞相的信念。極少足資信賴的思想家懷疑論之嚴謹，能與卡涅阿德斯相提並論（這一類人包括中世紀的阿拉伯哲學家艾爾加薩里〔Al Gazali〕、休謨和康德——但是只有巴柏將他的懷疑論提升到

包羅萬象的科學方法論）。懷疑論者的主旨是：沒有什麼事情可以確切接受、我們可以做成各種機率程度的結論，而且這些結論指引我們的行爲。

再往前搜尋，可以發現西元前六世紀的希臘西西里島曾經運用機率思想。這是歷史上第一個已知的事實。這裡曾有很早的一批辯士，在法律架構中運用機率的概念。他們在辯論訴訟案件時，必須對指控的確定性，提出値得懷疑之處。敘拉古人科拉克斯（Korax）是第一位知名的辯士。他教人如何根據機率，展開辯論。他所用方法的核心是**最可能**（most probable）的概念。舉例來說，一塊土地的所有權，在缺乏進一步的資訊和實體證據的情況下，最多人知道誰擁有它，那塊土地就是他的。果爾奇亞斯（Gorgias）並非他的入室弟子，卻將他的辯論方法帶到雅典，並在那裡蔚爲風尙。這個**最可能**的概念，教我們要視各種可能的偶然事件爲不同且可分離的事件，各有本身的機率。

機率，懷疑論的產物

在地中海盆地被一神論主宰，因而信奉某種形式的唯一眞理之前，許多重要的思想家都持懷疑論——而且當然傳播到世界各地。羅馬人並沒有宗教；他們過於寬容，不接受一種給定的眞理。他們有各式各樣富於彈性且相互融合的迷信。我不談太多神學，但要指出，我們必須等候十幾個世紀，西方世界才再度推崇批判性思考。事實上，中世紀由於某個奇怪的理由，阿拉伯人（經由他們的後古典哲學傳統）是批判性思考者，而基督教的思想卻相當獨斷和教條；文藝復興

時期之後，兩者的角色才神祕地對調。

聒噪的古代作家西塞羅（Cicero）給了我們證據，證明這種思想存在。他寧可被機率指引，也不想斬釘截鐵地聲稱某些事情——有人說他巧言利口，因爲這樣一來，他可以自相矛盾。我們從巴柏那裡學會如何自我批判，這可能是我們更敬重他的理由，因爲他絕不會單單因爲過去講過，就冥頑不靈，堅持原來的意見。沒錯，一般文學教授會指責他自我矛盾，反覆不定。

渴望從自己過去說過的話脫身而出，這樣的行爲直到最近才再度出現。巴黎暴動學生的塗鴉，十分優雅地展現這樣的願望。法國一九六八年的學生運動中，年輕人無疑被多年來必須表現聰明智慧、思想條理分明的重擔壓得喘不過氣來，因此寫下如此擲地有聲的要求：

我們要求自相矛盾的權利！

德諾波伊斯先生的意見

現代給了我們令人洩氣的一個故事。我們的文化把自相矛盾形塑成可恥之事，認爲會在科學方面造成災難。馬塞爾．普魯斯特寫的小說《追憶逝水年華》中，有位半退休的外交官德諾波伊斯侯爵（Marquis de Norpois）。他和傳眞機發明前的所有外交官一樣，是經常待在沙龍的社會名流。小說的敘述者見到德諾波伊斯先生對於某些問題（例如法國和德國的戰前和解）公然自相矛盾。有人提醒他，說他以前的立場不是這樣時，德諾波伊斯卻似乎記不起來以前說過什麼。普魯斯特

痛斥他：

> 德諾波伊斯先生沒有説謊。他只是忘了。沒有經過深思熟慮便脱口而出、藉由模仿而告訴你，或者被激情籠罩時説出的話，忘得相當快。這些話會變，你的記憶也隨之而變。政治人物比外交官嚴重，不記得以前某個時點發表過的意見，而且那些小謊是源於野心過大，不是記不得。

德諾波伊斯先生前後意見不一，被認爲應該引以爲恥。普魯斯特沒想到外交官可能改變心意。人們以爲我們應該忠於自己的意見，否則便是背信棄義之人。

我現在卻覺得德諾波伊斯先生應該當交易員。奈傑爾・巴貝奇（Nigel Babbage）是我認識、最優秀的交易員之一，具備一種令人讚嘆的特質，那就是他的信念完全沒有任何路徑相依的問題。他會只因一時衝動，便買進某種貨幣，而僅僅幾個小時之前，他才一口咬定它會走軟。這樣的行爲，他一點也不覺得難堪。爲什麼改變心意？他不認爲有解釋的必要。

索羅斯是展現這種特質最明顯的公衆人物。他的優點之一，是會很快修改自己的意見，一點也不覺得爲難。下面的傳聞軼事，提到索羅斯轉眼之間便推翻自己原來的意見。法國花花公子型交易員讓—曼努埃爾・羅贊（Jean-Manuel Rozan）在他的自傳中寫了一件事（以小説的形式表達，以免引來官司）。主角（羅贊）常在長島的漢普頓斯（Hamptons）和喬吉・邵勞斯（Georgi Saulos）打網球。邵勞斯是個「帶奇怪口音、年紀較長的人」，有時會聊起市場，但主角起初不知邵勞斯

眞正的重要性和影響力。某個週末，邵勞斯在談話中，說他非常看壞後市，並且劈里啪啦搬出一堆複雜的論點，令自傳中說故事的人聽得一頭霧水。他顯然在市場中放空。幾天後，市場飆漲，屢創新高。主角關心邵勞斯可能大賠，有一天打網球時，便問他是不是有受到影響。想不到邵勞斯竟說：「我們大賺特賺。我改變了想法，不但回補空頭部位，還成了大多頭。」

幾年後羅贊卻因爲同樣的特質遭到負面的影響，差一點賠上他的事業生涯。一九八〇年代末，索羅斯給羅贊二千萬美元（當時是金額很高的一筆錢）去投機。他因此成立一家交易公司（我差一點被拖下水）。幾天後，索羅斯到巴黎，他們共進午餐時聊到市場。羅贊發現索羅斯變得冷漠。索羅斯接著撤回全部的錢，沒提出任何解釋。像索羅斯這種眞正的投機客，有別於他人的地方，在於他們不受路徑相依的束縛。他們完全不受過去的行爲左右。每一天都是一張白紙，重新開始。

信念的路徑相依

有個簡單的方法可以測試信念是否路徑相依（經濟學家把這種現象稱作敝帚自珍效應〔endowment effect〕）。假設你以二萬美元買進一幅畫，現在由於藝術品市場看好，這幅畫價值四萬美元。要是你手上並沒有這幅畫，你會考慮依目前的市價買進嗎？如果不會買，我們會說你死性不改，堅持現狀不變。一幅畫，要是你不肯按目前的市價去買，那就找不到理性上的理由，繼續留在手中——你所做的只是情感投資。許多人堅持原有的觀念直到老死。如果一連串的觀念是被第

一個觀念左右，我們就說那個信念路徑相依。

由於進化上的目的，我們有理由相信人可能受造得忠於已經投入許多時間的觀念。不妨想想，平常在市場中交易做得很好的一個人，每天早上八點都要決定是否和配偶分手，將感情轉而投資到更好的人身上，會有什麼樣的結果？或者，一個十分理性的政治人物，在競選途中，會因爲發現新的證據，而改變對某件事的看法，突然投入其他的政黨嗎？這會使得一直用合適的方式去評估交易的理性投資人，成爲基因上的怪胎——或許可稱爲難得一見的變種。研究人員發現，人的純理性行爲，可能源於扁桃腺的缺陷，阻斷了依附的情緒。這表示，那樣的人是精神病患。索羅斯有可能因爲基因缺陷，使他成爲理性的決策者嗎？

不堅守原本觀念的這種特質，在人類中的確十分少見。就像對待孩子，我們供養他們，投資很多食物和時間在他們身上，直到他們能夠傳承我們的基因。我們對待觀念也是一樣。一位學者如果因爲宣揚某項見解而成名，將來不會說出有損過去所做研究的任何事情，而毀掉多年的投資。投效他黨的人成了忘恩者、變節者，最糟的說法則是叛徒（背棄宗教信仰的人可能被處以死刑）。

以計算替代思考

除了前面提過的卡涅阿德斯和西塞羅，還有另一個機率的故事。機率隨著賽局理論而進入數學，並且繼續作爲單純的計算工具。最近有一整個「風險衡量者」（risk measurers）行業出現，專

門運用這些機率方法，以評估社會科學中的風險。賽局的規則訂定得十分清楚明白，賠率當然可以計算，風險也因此能夠衡量。現實生活卻不是這樣。大自然並沒有賜給我們清楚的規則。這場遊戲不是一副撲克牌（我們甚至不知道顏色到底有多少）。但人們不知爲什麼，就是會「衡量」風險，尤其是如果他們拿錢辦事的時候。前面討論過休謨的歸納問題和黑天鵝事件，這裡要介紹科學犯。

前面說過，長久以來，我一直向一些知名的財務經濟學家假內行開戰。原因如下。有個叫哈瑞．馬可維茨（Harry Markowitz）的人，曾經榮獲稱作諾貝爾紀念經濟學獎的東西（事實上，這甚至不是諾貝爾獎，因爲是瑞典中央銀行爲紀念艾爾佛烈德．諾貝爾而頒發的獎——那位名人不曾有過那個意願）。他有什麼成就？他精心發展出一套方法：如果一個人知道**未來**的不確定性，就能計算**未來**的風險；換句話說，如果像大富翁遊戲那樣，這個世界可以從規則手冊翻出定義明確的規則，便能計算風險。我向一位計程車司機解釋這一點，他對於竟然有人認爲有科學方法可用以了解市場和預測它們的特性，笑了起來。但是不知道爲什麼，當一個人涉足財務經濟學，由於這個領域的文化，他便可能忘掉這些基本事實（因爲他承受著發表論文的壓力，以維持他在其他學者之間的地位）。

馬可維茨博士的理論立即產生的結果，是一九九八年夏天金融體系差一點受長期資本管理公司（Long Term Capital Management；「LTCM」）拖累而崩潰（第一和第五章說過）。LTCM是康乃狄克州格林威治的一個基金，主其事者是馬可維茨博士的兩個同行，他們也是「諾貝爾獎得主」：莫頓博士（就是第三章所提，抨擊席勒的那個人）和麥倫．史科爾茲（Myron Scholes）。不

知爲什麼，他們認爲自己能以科學方法「衡量」他們承受的風險。LTCM危機爆發之後，他們一點都不覺得自己可能不了解市場和他們所用的方法可能有錯。沒有人會考慮這種假說。我剛好專攻黑天鵝事件。突然之間，我開始惹人嫌惡。由於莫頓和史科爾茲博士，我這位謙卑的作者躍上檯面，也引起人們對我的觀念產生興趣。這些「科學家」宣稱慘重的損失，是「十個希格瑪」事件。這個事實讓我們看到了維根斯坦量尺的問題：說這是十個希格瑪事件的人，不是(a)以近乎完美的方式，曉得自己在說什麼（先驗假設是：無數億次中，有一次可能不合格），知道他的機率，而且這個事件會在幾次的宇宙歷史中發生一次；就是(b)在談機率（確定程度很高）時，根本不知道自己在說些什麼，而且這個事件發生的機率高於幾次的宇宙歷史中只有一次。我想讓讀者自行從這兩個互斥的解讀中，挑選聽起來比較合理的一個。

請注意，這個結論也反映在推崇這些人所提觀念的諾貝爾獎委員會上：發生了這些事件之後，他們是否犯了錯，還是那些事件算是異常？諾貝爾獎委員會是由萬無一失的裁判組成的嗎？查爾斯・桑德斯・皮爾士（Charles Sanders Peirce）在什麼地方，和我們談教皇絕對無錯論？巴柏在什麼地方，警告我們不要認眞看待科學——以及科學機構？幾十年後，我們對諾貝爾經濟學獎委員會的看法，會和我們對中世紀受人尊敬的「科學」組織提倡（卻不顧所有觀察到的證據）心臟是熱中心的觀念，同樣好笑嗎？我們過去弄錯了事情，也嘲笑過去的機構；現在正該避免一味推崇目前的機構。

我們總是認爲，科學家犯錯之後，會發展出一套新科學，把他們從錯誤中學到的東西納入。學者操作陣亡時，我們總是期待他們會把這個資訊納入他們的理論之中，並且勇敢地宣布自己錯

了，幸好已經學到眞實世界的一些東西。可惜我們沒看到類似這樣的事情。相反的，他們反而指責市場對手的行爲，怪罪他們像禿鷹般猛撲他們，使得他們垮台的情勢一發不可收拾。接受已經發生的事，顯然是該做的勇敢事情，但這會否定他們在整個學術生涯建立起來的觀念。參與討論LTCM事件的所有主管，都戴著科學的假面具，列舉種種特別的因素加以解釋，並且怪罪到稀有事件上（這是歸納問題：他們怎麼知道那是稀有事件？）。他們用盡全力，爲自己辯護，而不是設法從他們學到的教訓獲益。同樣的，這也與索羅斯不同。索羅斯到處告訴肯耐心聽他說話的人，說他很容易犯錯。我從索羅斯學到的教訓，是每次敝公司開會時，都要先說服在場的每個人，讓他們知道我們是一群傻子，什麼都不懂，也容易犯錯，但邀天之幸，很少人像我們這樣，知道這件事。

科學家面對自己提出的觀念遭到駁斥，表現出來的行爲，已經有人深入研究，認爲那是所謂的歸因偏誤的一部分。歸因偏誤是指你將成功歸因於自己的能力，卻將失敗歸因於隨機性。這說明了，爲什麼這些科學家將他們的失敗歸因於「十個希格瑪」稀有事件，言下之意是說他們是對的，但運氣對他們不利。爲什麼？人的這種試探法，讓我們相信眞的是這樣，以免傷害自我形象，並且支撐我們挺身對抗逆境。

自一九五四年米爾（P. E. Meehl）比較專家的認知能力和他們的統計能力以來，我們就知道績效和自我評估之間存有缺口。研究顯示，人們成功完成預測任務的客觀紀錄，和這些人眞心相信他們的績效品質之間，存在巨大的差距。歸因偏誤產生另一種影響：它給人錯覺，以爲他們擅長於所做的事。這可以解釋，爲什麼研究發現八〇%到九〇%的人認爲他們很多事情的表現優於平

均值（中位數）。

從一場葬禮到另一場葬禮

我要對軟科學中的科學家講一些令人難過的話，來結束本章。人們總是把科學和科學家混爲一談。科學十分偉大，個別科學家卻很危險。他們是凡人，會被凡人的偏見給蒙蔽，而且還可能比凡人嚴重。大部分科學家都很頑固，否則就不會有那種耐性和精力，去執行非常艱巨的任務，像是一天花十八個小時把博士論文修改得更加完美。

科學家的行爲可能不得不像廉價的辯護律師那樣，而不是單純的眞理追求者。發表博士論文的人必須爲它「辯護」；向博士生提出極具說服力的論點，很少能改變他們原來的立場。但是科學比科學家要好。有人說，科學的進化是從一場葬禮到另一場葬禮。LTCM崩垮之後，新的財務經濟學家會出現，把這方面的知識整合到他的科學中。老財務經濟學家會抗拒他，但是同樣的，他們遠比他更接近告別式。

14 巴克斯拋棄安東尼

蒙泰朗之死。斯多噶哲學不是咬緊牙關，而是持有人能戰勝隨機性的錯覺。當英雄竟然那麼容易。隨機性與個人的優雅。

法國古典派貴族作家亨利．德．蒙泰朗（Henry de Montherlant）獲知將因退化性疾病而失明時，他覺得最適當的作法，是自行了結生命。古典派作家就是這樣的結局。為什麼？因為斯多噶學派開出的處方是：人在面對隨機結果時，必須選擇能夠掌控自己命運的方法。最後，他們獲准在失去生命和任由命運支配生命兩者間，做出選擇；面對不確定的狀況，我們總是有選擇。但是不只斯多噶學派抱持這種態度。古時相互較勁的斯多噶學派和伊比鳩魯學派，都建議人要掌控自己的命運（兩個門派的差異，只在於細微的技術面——當時這兩派哲學都沒主張今天的中庸文化中，人們普遍接受的作法）。

當英雄不一定得走極端，例如在戰鬥中被殺，或者自行了斷生命——只有在少數一些情況中，才建議選擇後者，否則會被視為懦弱的行為。人可以用輕於鴻毛或重於泰山的方式，表現自

己控制了隨機性。記得我們說過，史詩英雄是以他們的行爲來論斷，不是看成敗。不管我們的選擇有多複雜、我們多擅長於支配機運，隨機性總是握有最後的發言權。我們只留下尊嚴可作爲解決方案——尊嚴是指不看周遭的環境，而執行一組約定的行爲。這或許不是最佳的作法，卻肯定讓我們有最美好的感覺。**臨危不懼**就是這樣一個例子。或者，你決定今天絕不看人臉色，不管能獲得多大的好處。或者，爲了面子，決定和人決鬥。或者，向人表白時這麼說：「我非常喜歡你，被你深深吸引，但不會做出有損尊嚴的事。因此，只要你稍微皺一下眉頭，我以後不會再出現在你面前。」

本書最後這一章，將從全新的角度討論隨機性；雖然會觸及哲學，卻不會像第一部談**黑天鵝問題**那樣，用上科學和認識論的**硬**哲學。我們用的是比較有古風、**比較軟**的哲學，也就是古人認爲一個有美德和尊嚴的人，應該運用那些指導準則，去因應隨機性——那時沒有眞正的**宗教**（就現代的宗教意義來說）。我們要特別指出，在所謂的地中海一神論擴散之前，古人並不十分相信他們的祈禱能夠影響命運的方向。他們的世界很危險，外敵可能入侵，命運可能轉變。他們需要大量的處方以因應隨機性。接下來就要談這種信念。

賈姬的喪禮有感

如果有斯多噶學人要來拜訪我們，他會認爲下面這首詩很能代表他。許多（老於世故的）愛詩人認爲卡瓦菲是有史以來最偉大的詩人之一。卡瓦菲是亞歷山大的希臘籍公務員，有個土耳其

或者阿拉伯姓，大約一個世紀前，結合古典和現代希臘文寫出洗練的詩，而且似乎不受過去十五個世紀的西方文學影響。希臘人將他奉為國寶。他的詩作大都寫於敘利亞（最初吸引我的是他的希臘敘利亞詩）、小亞細亞和亞歷山大。許多人認為，單單為了細細品味他的詩，就值得學習正式的半古典希臘文。他那種少了多愁善感的急性唯美，不知怎的，讓人從好幾個世紀以來瀰漫詩作和戲劇的感傷中解脫出來。他給只能看狄更斯小說、浪漫主義詩歌、威爾第歌劇所代表的中產階級情節劇的我們，提供一條古典的解脫途徑。

賈姬．甘迺迪．歐納西斯（Jackie Kennedy Onassis）的最後一位男伴莫里斯．坦波斯曼（Maurice Tempelsman），在她的喪禮上朗誦卡瓦菲寫的告別辭〈神拋棄安東尼〉（Apoleipein o Theos Antonion），令我驚訝不已。原來，安東尼剛戰敗於屋大維之手，且被之前一直保護他的豐饒之神巴克斯（Bacchus）所棄。這是我讀過最鼓舞人心的詩之一。詩很美，因為是高貴唯美的縮影——也因為它以敘述者溫柔但具啓發性的音調，對剛遭逢命運沉重變故的人提出忠告。

這首詩描寫戰敗且眾叛親離的安東尼（根據傳說，連他的座騎也棄他而去，投奔敵人屋大維），要他告別漸漸遠去的亞歷山大城，要他不為厄運而悲泣，不要否定自己，不要相信耳朵和眼睛正在欺騙他。安東尼，不要以空洞的希望墮落自己。安東尼，

> 被情緒震撼時，只要傾聽便是，不要像懦夫那樣哀求和怨嘆。

被情緒震撼。這首詩沒有提到咬緊牙關。有情緒反應並沒有錯，也不失尊嚴——人生來就有這

些。錯的是不走英雄之路，或者至少走有尊嚴的路。這才是斯多噶哲學的眞意。它是指人試著向機率復仇。我不需要挑剔和破壞這首詩的魅力與傳達的訊息，卻忍不住想要嘲諷。二、三十年後，卡瓦菲患喉癌將死，並沒有遵照詩中所寫的去做。他因外科手術而失聲，卻不顧尊嚴，不時作哭喊狀，緊抓訪客，不讓他們離開病榻。

來談一下歷史。我說過，斯多噶哲學和我們所相信的咬緊牙關概念沒什麼關係。斯多噶哲學原本是古代的知識運動，由腓尼基塞浦路斯人、季蒂昂的芝諾（Zeno of Kitium）倡導，到了羅馬時期，發展成重視美德的生活——在古時候，美德（virtue）的意思是指藝術嗜好（virtu），相信美德本身即是獎酬。斯多噶學派發展出一種社會模式，就像維多利亞時期英格蘭的紳士。它的教條可以彙總如下：斯多噶人集智慧、正直、勇氣於一身。斯多噶人因此不受生命起伏的影響，因爲他超越生命運用卑鄙伎倆所造成的傷害。但是人的行爲總有可能走上極端；嚴峻的加圖發現他有人的感覺。塞內加（Seneca）寫的《斯多噶人的信》（*Letters from a Stoic*）展現比較具有人性的一面。這本書非常撫慰人心，可讀性高得出奇，我有買來送交易人朋友（塞內加爲命運所困時，也自行了斷）。

隨機性與個人的優雅

讀者知道我對不請自來的生活行爲忠告和說教，有什麼樣的看法。記得前面說過，情緒出現時，觀念就很難眞正沉澱到心裡；在教室外面，我們不會運用理性的大腦。一些教人如何自立自

強的書（即使不是那些假內行寫的），大致發揮不了什麼效果。給人啓發（而且是「友善」）的好建議和動人的說教，如果不對我們的調，便只會左耳進右耳出。斯多噶哲學有趣的地方，在於它重視尊嚴和個人美學，而這正是我們基因中的一部分。下次運氣不好時，請開始強調個人的優雅。不管什麼情況，都要展現「懂得生存之道」。

上刑場那天，請穿上最好的衣服（仔細刮好鬍子）；站直身子，展現傲骨，設法給行刑隊留下美好的印象。診斷出罹患癌症時，不要怨天尤人，表現受害的樣子（千萬不要讓別人知道這件事，只和醫生分享資訊——這可以避免聽到陳腔濫調，也沒人會把你看成是值得同情的受害者；除此之外，這種有尊嚴的態度，會讓人感覺失敗和勝利同樣具有英雄氣概）。賠錢的時候，要對你的助理極爲客氣（不要像令我不齒的許多交易員那樣，把氣出在助理身上）。命運多舛，不要怪罪任何人，即使眞的該怪他們也一樣。就算你的另一半搞上英俊瀟灑的滑雪教練或野心勃勃的年輕模特兒，也絕不要自怨自艾。不要抱怨。如果你像我的一位兒時好友那樣，爲溫和的「態度問題」所苦，也不要因爲生意變少而開始低頭哈腰（他發出一封英雄氣長的電子郵件給同行，告訴他們：「生意雖少，態度不變」。）你的行爲是福爾圖娜女神唯一不能控制的東西。祝好運。

後記：梭倫說過

當心倫敦的交通堵塞

尼洛看到約翰抽菸，有點幸災樂禍後，過了兩三年，他懷疑自己的癌症不可能治不好，終於有了回報。他贏了那二八%的機率，完全治癒。在此同時，無論公或私，他都一帆風順。他不只財富更上一層樓，而且是在華爾街其他紅得發紫的明星變窮之際，賺進那些財富。這表示，如果他想要，是可以用便宜許多的價格，買到他們擁有的財物。但他買得很少，而且當然不買華爾街人通常會買的那些東西。不過，尼洛偶爾會放縱一下。

倫敦週五下午的交通狀況十分可怕。尼洛開始待在倫敦更長的時間。他非常討厭堵車。有一天，他從倫敦市區辦公室往西開到科茨沃爾茲（Cotswolds）的鄉下小屋，整整花了五個小時；他在那裡度過大部分的週末。他爲此苦惱不已，於是到劍橋郡（Cambridgeshire）上速成班，取得直升機駕駛執照。他曉得，搭火車可能是週末離開市區比較簡單的方法，卻覺得奢靡一下也無妨。

他因爲堵車而感到苦惱的另一個結果，是騎自行車往返於肯辛頓（Kensington）的小套房和市區的辦公室之間。這種通勤方式一樣危險。

尼洛在他的專業上極爲重視機率，卻不知怎的，沒有完全運用到個人身體所冒的風險上。有一天，風勢強勁，尼洛駕駛的直升機準備降落巴特西公園（Battersea Park）附近時墜毀。機上只有他一個人。黑天鵝終於等到它要的人。

附筆：沖澡時想到的三件事

由於本書的主題觸角甚廣，以及作者反覆探索，所以這本書就像有生命的物體，不斷成長。我將在這一節加進淋浴時和出席幾場無聊的哲學演說中，想到的幾件事（我無意冒犯思想業中的新同行，但聽演說者逐字念演講稿，總是令我昏昏欲睡）。

後來想到的第一件事：逆技能問題

一個人在企業階梯上爬得愈高，薪酬愈高。這可能是有道理的，因爲本來就應該根據個人的貢獻敘薪。但是一般來說（假設我們排除承受風險的創業家），在愈高的企業階梯，愈是難以找到有這種貢獻的證據。我稱這爲逆規則（inverse rule）。

我將只以邏輯論點來說明。第二章曾經區分看得到的技能（例如牙醫的能力）和比較難以確認的技能，尤其是當主體涉足充滿隨機性的專業（例如偶爾賭一下俄羅斯輪盤）。這種活動的隨機性，和我們確認個人所做貢獻的能力，決定了技能內容的能見度。因此，在公司總部工作的廚

師或者工廠的工人，會以最低的不確定性，展現他們的直接能力。他們的貢獻可能不大，卻能定義得很清楚。分不清鹽和糖，顯然不稱職的專業廚師，或者總是系統性地把肉煮得過熟的人，只要吃晚餐的人味蕾還正常運作，便很容易將他們抓出來。就算他有一次憑運氣把菜做得很好吃，也很難單憑運氣，而第二次、第三次、第一千次都做得好吃。

由於我在第八章提過的**遍歷性**——可以察覺長期的特性，尤其是如果它們存在的話——重複性是揭露技能高低的關鍵。就算你下次去拉斯維加斯，在輪盤賭桌一下注便贏得一百萬美元，也沒辦法從這單次的結果，斷定是賭場擁有優勢，還是你特別受到神的青睞。如果你分成連續一百萬次押注，每次賭一美元，從你贏回的金額，將有系統地顯示賭場擁有優勢。這是抽樣理論的核心，傳統上稱爲**大數法則**。

用另一種方式來看，也就是考慮**根據過程**來評斷和**根據結果**來評斷之間的差異。企業中，位階較低的人，是同時根據過程和結果來評斷——事實上，由於他們所做的事具有重複性，所以他們的過程會迅速趨同於結果。但高階管理人員是只根據結果敘酬——而不管過程如何。如果他們所做決策的結果是獲利，那麼似乎沒有愚蠢的決策那種東西。經常有人告訴我們：「有錢能使鬼推磨。」其餘應該就是哲學了。

現在打開執行長辦公室看一下。那裡的決策，顯然缺乏重複性。執行長只做少數的重大決策，比較像是帶著一百萬美元賭注進賭場的人。和廚師比起來，環境等外部因素在這裡扮演大得多的角色。執行長的技能和公司的營運結果之間的關係相當薄弱。有些人認爲，公司主管很可能是非熟練勞工，但展現了必要的領袖魅力屬性和企管碩士津津樂道的漂亮包裝。換句話說，他可

能有猴子打字的問題。世界上有那麼多公司在做各式各樣的事情，其中一些勢必做出「正確的決定」。

這是個非常古老的問題。由於我們的環境中，冪次法則式的贏家通吃效應加快速度，這種結果的差異更加嚴重、能見度更高，也更觸怒人們的公平感。執行長以前的所得是警衛的十到二十倍。今天，他可以拿到好幾千倍。

我排除創業家，不列入討論，理由很明顯：這些人都願意爲了一些構想而伸出脖子冒險，萬一不幸，便和沒成功的許多人一起躺進那廣大的墓地中。但執行長不是創業家。事實上，他們經常是**空心大老倌**。在「數狂」的世界中，**空心大老倌**一詞適用於擅長入戲，此外別無所長的一類人。更恰當的說法是：他們擁有在公司內部升職的技能，而不是做出最佳決策的單純技能——我們稱這爲「企業政治技能」。這些人學會的主要是使用 PowerPoint 做簡報的能力。

這裡面有不對稱存在，因爲這些高階主管幾乎沒什麼好損失的。假設有兩個領袖魅力相等的空心大老倌雙胞胎兄弟，終於在兩家不同的公司爬上兩個不同的職務。假設他們都有好看的西裝、企業管理碩士學位、長得高大（能不能在企業中成功，唯一眞正看得見的預測因素，是高於一般人）。他們私底下投硬幣，隨機採取完全相反的行動，結果一個人慘敗，另一個人大獲成功。我們最後得到的結果，是一位略微富有但被炒魷魚的高階主管，以及他那極爲富有、仍在其位繼續經營公司的孿生兄弟。風險由股東承擔，得到報酬的卻是高階主管。

這個問題和領導統御一樣古老。我們視那些採取瘋狂決定、卻幸運勝出的人爲英雄，顯示我們的看法有偏差——我們繼續不問原因，崇拜贏得戰鬥的人，鄙視失敗的人。我不知道有多少歷

史學家在解讀成功時歸因於運氣——或者有多少意識到過程和結果之間是有不同的。

我堅決認爲，這不是社會問題，而是投資人的問題。如果股東笨到支付某個人二億美元，只是要他穿好看的西裝和按鈴，就像二〇〇三年他們和紐約證券交易所主席理查・葛拉索（Richard Grasso）一起做這件事那樣，那麼他們丟掉的是自己的錢，不是你的錢，也不是我的錢。這是公司治理的問題。

官僚經濟中，這種情況並沒有比較好。在資本主義體系之外，所謂的人才，都流向政府機構。在那裡，重要的是聲望、權力和社會等級。在那裡，它也分布得不成比例。公務員的貢獻甚至可能比企業高階主管的貢獻更難評斷——而且更少受到審查。中央銀行家降低利率，經濟接著復甦，但我們不知道是他使得經濟復甦，還是他導致經濟成長減緩。我們甚至無法知道他有沒有因爲提高將來的通貨膨脹風險，而破壞經濟的穩定。他總是可以套用理論解釋。經濟學是一門敘事學科，很容易事後套用解釋。

問題或許不是不能矯正。只是我們需要設法告訴那些衡量高階主管貢獻的人：他們看到的，不一定確有其事。到頭來，被隨機性愚弄的人是股東。

後來想到的第二件事：再談隨機性的好處

不確定性與快樂

你是否曾在週日的紐約市，和住在郊區的通勤族共進晚餐？如果有的話，對方心裡一定記掛著火車時刻表。他會緊緊盯著時鐘，以適當的速度用餐，以免錯過七點零八分，因爲在那之後，就沒有快車了，只好搭非常不理想的七點四十二分的慢車。他會在六點五十八分左右打斷談話，快速握個手，然後一溜煙衝出餐廳，以最快的效率去趕火車。帳單也因此留給你去支付。由於那頓飯還沒吃完，帳單還沒打好，爲了禮貌，你只好告訴對方，說剩下的事由你處理。你也只好盯著他的空位子，獨自喝完去咖啡因脫脂卡布奇諾，一邊心裡嘀咕著，不懂爲什麼人們自願選擇被這種生活所困。

現在，拿走他的時刻表——或者讓火車的離站時間變成隨機，不再依照固定和已知的時間表發車。由於隨機的事情和你不知道的事情，在功能上相同，所以不必要求紐約地區的大都會捷運局爲了我們的實驗，將火車通行時間隨機化：只要假定他不知道各班火車的離站時間就行。這種情況下，他會怎麼做？雖然晚餐最後可能還是由你埋單，但他會讓這頓飯以自然的步調進行，然後好整以暇地步行到附近的車站，等下一班火車進站。這兩種情況之間的時間差異，會略多於四分之一個小時。了解已知和未知時刻表之間對比的另一種方式，是比較他和另一個用餐人必須搭

乘地鐵，行進相等的距離回家，但後者沒有已知且固定的時刻表。地鐵乘客脫離了時刻表的束縛，而且不只是因爲火車的班次較多。不確定性保護他們免受自己的束縛。

第十章用布里丹的驢子，說明隨機性不見得都不受歡迎。這一章的討論內容指出，某種程度的不可預測性（或者缺乏知識），有利於我們這些有缺陷的物種。略微隨機的時刻表，可以防止我們追求優化和保持極高的效率，特別是在錯誤的事情方面。一點小小的不確定性，或許能使用餐人放鬆心情，忘記時間的壓力。他將被迫當個**足夠滿意**者，而不是**極大滿意**者（第十一章討論西蒙的足夠滿意，融合了滿意和極大化）——針對快樂所做的研究顯示，活在自我施加壓力，各種事物的享受都必須努力優化的人，會爲某種程度的困窘所苦。

足夠滿意者和優化者之間的差異，帶出幾個問題。我們都知道，生性快樂的人傾向於成爲足夠滿意的類型。他們曉得在生活中想要什麼，也有能力不再追求更多的滿足。他們的目標和慾望不會隨著經驗而移動。他們通常不會經歷內部的跑步機效應，不斷追求層次愈來愈高的複雜性，試著增加消費商品。換句話說，他們不貪心，也不會不知足。相較之下，優化者那種人會離鄉背井，改變正式的居所，只爲了減低稅負幾個百分點（你會認爲，提高收入的整個目的，是爲了自由選擇住在哪裡；事實上，對這些人來說，財富似乎反而加重了他們的依賴性！）。有錢之後，他看到所買的產品和服務有缺陷。咖啡不再夠熱。廚師不再值得《米其林指南》（*Michelin*）給他的三顆星（他會寫信向編輯投訴）。餐桌離窗戶太遠。升遷到重要職位的人，通常苦於時間表十分緊湊：每件事都有分配好的時段。他們出差時，一切都「安排妥當」，所有的意圖都優化，包括十二點四十五分和公司總裁共進午餐（餐桌離窗戶不遠）、四點四十分走爬梯機、八點看歌劇。

因果關係並不清楚：優化者因爲不斷追尋更好的交易而不快樂，還是不快樂的人傾向於追尋優化以走出他們的痛苦，這個問題一直無解。總之，隨機性的運作，似乎不是治療用劑，就是奴佛卡因（Novocain）麻醉藥！

我深信我們不是爲清楚明確的時間表而生。我們是生來活得像消防員，受到具有保護作用的不確定性保護，在兩次出任務之間無所事事，只好放空冥思。遺憾的是，有些人可能是在非自願的情況下變成優化者，例如住在郊區的孩子，週末時間被空手道、吉他課和宗教課擠壓得喘不過氣來。寫這些段落時，我人正在阿爾卑斯山的一列慢車上，舒適地和出差的企業人士隔絕開來。身邊不是學生，就是退休人士，或者沒有「重要約會」的人，因此不怕他們所做的事是在浪費時間。從慕尼黑到米蘭，我選七個半小時的火車，不搭飛機（自視甚高的企業人士平常不會這麼做），爲的是享受沒有被遭到生活擠壓的人所污染的空氣。

十年前左右，我開始不用鬧鐘時，得到這個結論。我還是在大約同一個時間醒來，卻是按照自己的個人時鐘在點事。我的時程表中，十來分鐘的模糊和可變性，會產生相當大的差異。沒錯，有些活動需要的可靠性，的確必須依賴鬧鐘，但是我自由選擇投入的專業，讓我不必成爲外部壓力的奴隸。像這樣的生活，也能早早上床睡覺，不必擠壓晚上的每一分鐘，以求優化自己的行程表。推到極限，你可以決定是否（相對）窮而自由運用時間，或者富而受役爲奴。

我花了一段時間，才弄清楚我們不是爲時程表而生的。我是在認清寫一篇論文和寫一本書不同時，發現這件事的。書寫起來樂趣無窮，寫論文卻很痛苦。由於沒受到任何外部限制，我本來覺得寫作很快樂。寫啊寫，一發現沒意思，便能馬上住手，即使句子寫到一半也可以說停就停。

本書大受歡迎之後，各種專業期刊和科學期刊的編輯紛紛邀我寫論文。之後他們問我要寫多長。什麼？多長？我這一生第一次失去寫作的樂趣！我接著想出一條個人規則：寫作要讓我覺得愉快，**文章的長度需要難以預知**。如果我看得到盡頭，或者如果我需要提出大綱，那就放棄不寫。再說一次：我們的祖先不必受大綱、時程表和行政管理截止日的束縛。

要了解時程表和僵固的預估令人厭惡的一面，可拿極限情況來設想。你會想要非常精確地知道自己的死亡日期嗎？你會想在電影開播之前，便知道犯人是誰嗎？其實，電影到底會演多長，祕而不宣，不是更好嗎？

訊息紛至沓來

不確定性除了對福祉有影響，也會帶來有形的資訊利益，尤其是具有潛在破壞力、自我實現的訊息紛至沓來時。假設某國中央銀行將該國貨幣盯住某個固定匯率。這家銀行的官方政策，是利用它的外匯準備支撐這個匯率，方式是在公開市場買進和賣出它的貨幣。這個過程稱作干預。但是萬一匯率下跌一點點，人們便會立即得到訊息，認為央行的干預未能支撐貨幣，貶值呼之欲出。採用盯住匯率的貨幣，理該不會波動；稍微向下波動，便是壞消息即將出爐的先聲！這時賣壓大量湧出，會使狂亂的情勢自行壯大，貨幣勢必大幅貶值。

接著假設某個環境中，中央銀行允許在一段官方區間附近存在某種雜訊。它不保證匯率固定；匯率可以波動某個程度，央行才會出手干預。匯率小幅下滑，不會被視為發出多少資訊。雜

訊的存在，使我們避免對變動過度解讀。也就是：波動但不沉沒。

這一點，在進化生物學、進化賽局理論和衝突情況下都派得上用場。你的行爲展現輕微程度的不可預測性，可以在發生衝突的情況中保護自己。假設你總是要過了相同的門檻才有反應，例如，每個星期被人用言語侮辱十七次之後，你才會暴跳如雷，狠揍冒犯你的第十八個人。這種可預測性，會使別人有機可乘，盡量侮辱你到大家都知道的觸發點才打住。但如果你的觸發點是個隨機數字，有時會對一點小小的笑話過度反應，別人就無法事先預知他們可以對你無禮到什麼地步。這同樣適用於發生衝突的各國政府：它們需要說服敵國，相信它們相當瘋狂，有時會因爲一點芝麻綠豆小事而過度反應。甚至於它們的反應強度應該很難預知。不可預測性具有強大的嚇阻作用。

後來想到的第三件事：單腳站立

三不五時，我就會遭到挑戰，要我將隨機性的整個觀念濃縮成幾句話，以便連企管碩士也聽得懂（奇怪的是，儘管被我侮辱，企管碩士卻是我的很大一群讀者，原因很簡單：他們認爲我的觀念是用在其他企管碩士身上，不是他們）。

這使我想起希勒爾（Hillel）拉比的故事。有個特別懶的人，問希勒爾能不能在他單腳站立的情況下，教他摩西五書（Torah）。希勒爾拉比的才華，是他不彙總內容，而是提供觀念的核心產生器，也就是金科玉律。我意譯如下：**己所不欲勿施於人；其餘只是評論**。

我花了整整一輩子的時間，才找到自己的產生器。那就是：**我們喜歡看得到、置入式、個人化、敘事性、有形的東西**；但我們蔑視抽象之物。我們擁有的每一樣良好事物（美學、倫理）和錯誤事物（被隨機性愚弄），源頭似乎都是它。

第一版謝辭

首先，要感謝一些朋友，他們其實可說是本書當仁不讓的共同作者。謝謝紐約的知識分子及隨機性專家 Stan Jonas（我不知道是不是有其他任何稱呼更適合形容他），他大半輩子像個初學者，熱情活潑地談論和機率有關的所有主題。感謝機率通朋友 Don Geman（我的論文指導老師 Helyette Geman 之夫）熱烈支持我寫書；他也讓我了解到機率論者是天生的，不是後天養成的——許多數學家能算機率，卻不了解機率（在運用機率判斷時，他們不比一般人好）。眞正動手寫書，始於一九八七年夏天與學識淵博的朋友 Jamil Baz 徹夜長談。他談到各個家族「新」和「舊」財富的形成。我那時還是初出茅廬的交易員，他卻嘲笑他身邊傲慢自大的所羅門兄弟公司（Salomon Brothers）交易員（後來證明他的看法是對的）。他讓我知道，應該大力反省我在生活中的表現，也因此給了我寫這本書的構想。我們兩人後來都攻得博士學位，研究的主題幾乎完全相同。我也拉來許多人漫步（時間很長）紐約、倫敦或巴黎街頭，和他們討論這本書的一些部分，例如已故的 Jimmy Powers，很早就協助培養我的交易風格，而且一再表示「任何人都會買和賣」，或者像是一部百科全書的朋友 David Pastel。他也精通文學、數學和閃語。我也常找熟悉巴柏觀念的同行

Jonathan Waxman，討論如何將他的觀念納入我們的交易員生活中。

其次，我有幸在 J. Wiley & Sons 遇見 Myles Thompson 和 David Wilson。Myles 認爲，不必特地爲了滿足預設好標籤的一群讀者寫書；一本書會找到它本身獨特的讀者群——所以說，讀者的功勞，高於撿現成的出版商。至於 David，相信這本書值得一寫，所以催促我讓它自然而然發展，不要貼上任何標籤和分類。David 眼中的我，和我對自己的看法一樣：熱愛機率和隨機性，浸淫於文學之中，卻是個交易員，而不是一般的「專家」。他也在編輯使得文字變得遲鈍無味的過程中，保住我的特異風格（如有缺憾，風格是我的）。最後，Mina Samuels 證明是我們想像得到的最出色編輯：非常直觀、學養深厚、重視美感，但不突兀。

很多朋友在談話中，給了我一些想法。那些想法，後來進到本書的內容中。常和我交談的這些人，都十分健談：Cynthia Shelton Taleb、Helyette Geman、Marie-Christine Riachi、Paul Wilmott、Shaiy Pilpel、David DeRosa、Eric Briys、Sid Kahn、Jim Gatheral、Bernard Oppetit、Cyrus Pirasteh、Martin Mayer、Bruno Dupire、Raphael Douady、Marco Avellaneda、Didier Javice、Neil Chriss 和 Philippe Asseily。

本書有些章節是從「國賓圈」（Odeon Circle）的討論而來。那個時候，我和朋友約在翠貝卡（Tribeca）的國賓（Odeon）餐廳酒吧碰頭，時間盡量固定（還在週三晚上十點，我在庫朗〔Courant〕數學研究所上完課之後）。Tarek Khelifi 是我們的守護神（「地頭蛇」）和國賓傑出的工作人員，負責把我們招待得很周到，而且設法敦促我們踴躍出席，讓我覺得不來會很愧疚。因此，他對這本書內容的提升助益極大。我們虧欠他很多。

我也必須感謝閱讀初稿的人，他們非常勤快地改正錯誤，或者講了一些寶貴的話，有助於本

書更上一層樓：Inge Ivchenko、Danny Tosto、Manos Vourkoutiotis、Stan Metelits、Jack Rabinowitz、Silverio Foresi、Achilles Venetoulias 和 Nicholas Stephanou。Erik Stettler 扮演影子文案編輯十分出色。如有任何錯誤，都是我造成的。

最後，網路上有很多這本書的版本，不時（且隨機）就會來一堆信，鼓勵、要求更正和提出有價值的問題。我因此將一些答覆加進書內。本書很多章節回應了讀者的問題。博科尼大學（Bocconi）的 Francesco Corielli 提醒我在散播科學成果方面懷有的偏誤。

這本書是在我成立安皮瑞卡公司之後撰寫和完成的。「安皮瑞卡營」是我的知識大本營，位於康乃狄克州偏遠的格林威治森林中。我根據自己的品味去設計它，而且感覺它像是一種嗜好：結合了應用機率研究實驗室、運動夏令營、交易操作（寫這些段落時，我經歷專業生涯中最美好的幾個年頭之一）。感謝所有的志同道合朋友，助長那裡的啓發性氛圍：Pallop Angsupun、Danny Tosto、Peter Halle、Mark Spitznagel、Yuzhao Zhang 和 Cyril de Lambilly，以及 Paloma Partners 的成員，例如每天挑釁我們智慧的 Tom Witz 和給我一針見血判斷的 Donald Sussman。

前往圖書室

註釋與書單

註釋

身爲隨機性實踐者，我承認我主要側重於**自身**（以及一段時間以來，我觀察或追蹤的一些人）思維上的缺陷。我也希望這本書好玩有趣，但這一來，就不是很適合註明每個觀念所引用的科學文獻，以取得某種程度的可信度。我藉本節把某些論點說得更加清楚，並且提供若干參考文獻（它們有如「延伸閱讀」）——但是參考文獻都和我親身體驗的事情有關。再說一次：本書是個人隨筆，不是論文。

完成本書的編輯工作之後，我發現和人性有關的事物（主要是實證心理學）遠遠壓倒和數學有關的東西。這正是時代的標誌：我相信本書的下一版（可望在兩年後出書）將有神經生物學和神經經濟學方面大量的參考文獻與註釋。

序：不必把知識看得那麼重

事後諸葛偏誤（Hindsight bias）：也稱作週一上午的四分衛。請參閱 Fischhoff（1982）。

臨床知識：臨床醫生不知道他們不知道什麼事情和不很清楚一些事情的問題。請參閱 Meehl（1954）深具啓發性的介紹。「有時聽到臨床醫生教條式、自滿的說法，說根據實際了解而『自然』做出的臨床預測十分優

異，但是從到目前爲止的事實，顯然無法確定那種說法是對的。」他的測試中，除了一件案例，其餘利用精算方法所做的預測，都等於或優於臨床方法。更糟的是：後來的一篇論文中，他對那個例外改變了看法。自 Meehl 的研究以來，檢視專家意見的傳統相當悠久，並且證實了相同的結果。這個問題，幾乎每一種專業都有——尤其是新聞記者和經濟學家。我們將在後面的註釋中，進一步討論自知之明的相關問題。

蒙田相對於笛卡兒：我感謝人工智慧的研究工作者和涉獵甚廣的彼得．麥伯尼（Peter McBurney）帶我注意到 Toulmin（1990）中的討論。關於這一點，我不得不說出可嘆的話：笛卡兒原本是懷疑論者（他的惡魔假想實驗可以爲證），但是所謂的笛卡兒心靈，卻相當於偏愛確定性的人。原始形式的笛卡兒觀念是：在狹義的演繹語句之外，少有確定性，而不是我們想的一切事情都需要演繹。

肯定後件（Affirming the consequent）：這個邏輯謬論一般是以如下的方式呈現。

如果 p，則 q

q

因此，p

（舉例來說：史密斯家所有的人都很高；他是高個子，因此他是史密斯家的人）。

一般人正確做出這種推論的紀錄極差。雖然書籍通常不引用教科書，但我建議讀者參考寫得很好的 Eysenck and Keane（2000），裡面有一些不同難度的研究論文——高達七〇%的人會犯下這樣的錯！

有錢人想的和你不一樣（The Millionaire Mind）：Stanley（2000）。他也（正確）研判富人是「冒險犯難者」，以及（錯誤）推論冒險使人富有。要是他探討過失敗的創業家，也會（正確）推論失敗的創業家也是「冒險犯難者」。

記者是「務實的」：當新聞記者試著說明他們的簡化作法有其道理，我聽過**務實**這個詞至少四次。希望我推薦

三支股票的那個電視節目，要的是「務實」，不是理論。

前言：雲中的清真寺

數學與機率的衝突：其一談確定性，另一剛好相反。這解釋了爲何純數學家長久以來對機率這個主題的不屑——以及整合兩者的困難。直到最近，它才被稱爲「科學的邏輯」——這是去世後出版的 Jaynes（2003）之標題。有趣的是，這本書也或許是在這個主題上，數學的最完整說明——他成功運用機率，以擴張傳統的邏輯。

著名的數學家戴維·芒福德（David Mumford），獲有菲爾茲（Fields）獎。他很後悔曾經蔑視機率。他在《隨機年代初露曙光》（*The Dawning of the Age of Stochasticity,* Mumford, 1999）中寫道：「兩千餘年來，亞里斯多德的邏輯主宰著西方知識分子的思維。所有精確的理論、所有科學模式，甚至思維程序模式本身，原則上都一板一眼符合邏輯。但是從當年設計賭博策略和在中世紀的倫敦計算死屍那樣不怎麼好聽的起點，機率理論和統計推論現在成了科學模式的更好基礎，尤其是思維程序的基礎，並且作爲理論數學的要素，甚至是數學本身的基礎。我們認爲，我們觀點上的這種巨變，將影響下個世紀幾乎所有的數學。」

勇氣或愚蠢：探討「勇氣」和「無畏」的概念，請參閱 Kahneman and Lovallo（1993）。也請參閱 Hilton（2003）中的討論。我從丹尼爾·卡尼曼二〇〇三年四月在羅馬發表的報告（Kahneman, 2003）得到這個觀念。

預測中的認知錯誤：Tversky and Kahneman（1971）、Tversky and Kahneman（1982），以及 Lichtenstein, Fischhoff and Phillips（1977）。

空想／悲慘：由於隨筆作家和著名的（科學）知識分子史蒂芬·平克的著作，這方面的區別爲人熟知（最初必須歸功於政治學者托馬斯·索維爾〔Thomas Sowell〕）。請參閱 Sowell（1987）、Pinker（2002）。其實，兩

者的區別不是那麼清楚。例如，有些人眞的相信米爾頓．傅利曼（Milton Friedman）是空想家，因爲他說所有的弊病都來自政府，除去政府，對解決問題會大有助益。

可錯論（fallibilism）和無謬論（infallibility）：皮爾士（在一本從未寫好的書綱中）寫道：「無謬論不管是記錄在古老的基督教會教規中，還是最近僞裝成『科學』，沒什麼東西比它更爲完整地抵觸哲學，也就是科學生活的成果。」（Brent, 1993）。要在很短的時間內熟悉皮爾士的研究，Menand（2001）的可讀性很高。內容依據他唯一的傳記，Brent（1993）。

1 如果你那麼有錢，為什麼不是那麼聰明

相對位置與絕對位置：請參閱 Kahneman, Knetsch and Thaler（1986）。羅伯．弗蘭克（Robert Frank）是有趣的研究工作者，一部分的生涯在思考身分地位、階級和相對收入的問題：請參閱 Frank（1985）和淺顯易讀的 Frank（1999）。後者包括討論有趣的提議人/回應人問題。他發現，人們爲了不讓別人拿到更多的錢，而願意放棄一大筆錢。例如，某人提議給另一人一百元，她可以接受或拒絕。如果她拒絕，兩人都沒錢可得。研究工作者研究了人們願意支付多少錢，以降低別人的收入，發現更糟糕的結果：請參閱 Zizzo and Oswald（2001）。也請參閱 Burnham（2003）（他做了一個實驗，測量經濟交易中的睪酮水準）。

血清素與啄序：Frank（1999）中有討論。

關於精神病態的社會角色：請參閱 Horrobin（2002）。雖然這本書對於這一點，可能有一些極端的看法，卻探討了精神病態取得成功的理論之相關討論。也請參閱 Carter（1999）提到沒有同理心和同情心的一些人所占有的優勢。

社會情緒：Damasio（2003）：「有些人成爲領導人，而其他人成爲追隨者，以及爲什麼那麼多人獲得尊敬的許

多原因之一，和知識或技能幾無關係，但和一些身體特徵、某個人激起其他人若干情緒反應的方式有很大的關係。」

探討情緒的文獻：當前科學觀念的檢討，請參閱 Evans（2002）。Evans 屬於新一代的哲學家／隨筆作家，以科學頭腦思索重大的主題。Elster（1998）探討了情感的廣大社會含義。暢銷書作者 Goleman（1995）以驚人的方式，做了完整的說明（它成爲暢銷書這個事實令人驚訝：我們都知道自己缺乏理性，但這一點似乎沒有幫助）。

2 怪異的會計衡量方法

可能的世界：Kripke（1980）。

許多世界：請參閱寫得非常好的 Deutsch（1997）。我也建議瀏覽作者十分豐富的網站。比較早期的主要研究，可以在 DeWitt and Graham（1973）找到，其中包含休．埃弗里特（Hugh Everett）的原始論文。

不確定的經濟學和可能的自然狀態：請參閱 Debreu（1959）。數理金融中的格狀狀態空間方法說明，請參閱 Ingersoll（1987）（架構得非常良好，但讀來枯燥和非常、非常無趣，和作者的個性一樣），以及術語比較多的 Huang and Litzenberger（1988）。至於經濟取向型的說明，請參閱 Hirshleifer and Riley（1992）。

席勒的研究：請參閱 Shiller（2000）。比較技術性的研究見（最早）具爭議性的 Shiller（1981）。也請參閱 Shiller（1990）。彙編：Shiller（1989）。也請參閱 Kurz（1997）討論的內生不確定性。

風險和情緒：由於研究工作者對於情緒在行爲中扮演的角色，興趣與日俱增，以風險承受和風險規避中情緒所扮演角色爲題的文獻不斷增加：「感覺到的風險」理論：請參閱 Loewenstein,Weber, Hsee and Welch（2001）和 Slovic, Finucane, Peters and MacGregor（2003a）。調查結果請參閱 Slovic, Finucane, Peters and MacGregor

（2003b）。也請參閱 Slovic（1987）。

情感試探法（Affect heuristic）的討論：請參閱 Finucane, Alhakami, Slovic and Johnson（2000）。

情緒與認知：關於情緒對認知的影響，請參閱 LeDoux（2002）。

可得性試探法（Availability heuristic：事情有多容易浮上心頭）：Tversky and Kahneman（1973）。

真正的災難發生率：Albouy（2002）有充滿眞知灼見的討論。

關於俗語和諺語：心理學家長久以來一直探討人們在社會情境中，面對好聽的諺語容易受騙的情形。例如，一九六〇年代以來，研究工作者所做的實驗，問受測者是否相信諺語說的是對的，但給另一組人相反的意義。Myers（2002）發表了有趣的結果。

副現象：請參閱文字優美的 Wegner（2002）。

3 用數學沉思歷史

凱因斯：很多人仍然認爲凱因斯的《論機率》（*Treatise on Probability,* Keynes, 1989, 1920）是這個主題最重要的一本著作——尤其是考慮凱因斯是在年輕的時候寫這本書（在他寫完之後幾年才出版）。他在書內提出主觀機率的極重要概念。

《橡皮》（*Les gommes*）：Robbe-Grillet（1985）。

偽科學歷史主義：例如，我建議參閱 Fukuyama（1992）。

我們的基因中內建的恐懼：這並不完全屬實——遺傳特徵需要文化上的啓動。我們受造得懷有一些恐懼，例如對蛇的恐懼，但沒見過蛇的猴子不會有恐懼。他們需要看到另一隻猴子臉上的恐懼表情，才會開始感到害怕（LeDoux, 1998）。

失憶症及風險規避：Damasio（2000）提到失憶病人大衛的案例。他懂得要避開欺負他的人。也請參閱 Lewis, Amini and Lannon（2000）。他們的書從教育的角度，討論以隱式記憶的形式呈現的「僞裝學習」（camouflaged learning），有別於顯式記憶（新皮質）。這本書將記憶描述爲神經元連接的一種關聯，而不是像雷射光碟那樣錄製聲音——這可以解釋爲什麼人們在事件發生之後會修正記憶。

我們為什麼不從過去的歷史學習？：這方面的文獻有兩類：㈠最近的心理學中，「我們是自己的陌生人」的研究方向（Wilson 2002）。㈡「免疫忽視」（immune neglect）的文獻，Wilson, Meyers and Gilbert（2001）和 Wilson, Gilbert and Centerbar（2003）。人確實不會從我們對好事和壞事的過去反應中學習。

泡沫方面的文獻：傳統悠久，請參閱 Kindleberger（2001）、MacKay（2002）、Galbraith（1991）、Chancellor（1999），當然還有 Shiller（2000）。稍微費點口舌，或許能說服席勒（Shiller）出第二版。

長期資本管理：請參閱 Lowenstein（2000）。

壓力和隨機性：Sapolsky（1998）的說明大受好評，內容有時嬉笑怒罵。作者專攻一些事情，包括研究人受到壓力時，釋出的糖皮質激素對海馬體萎縮症的影響、阻礙新記憶的形成和大腦的可塑性。更技術性的討論，請參閱 Sapolsky（2003）。

大腦的獲利／損失不對稱：請參閱 Gehring and Willoughby（2002）。前腦的不對稱，請參閱 Davidson 的研究（Goleman 2003 彙總得十分清楚，說明也很受好評）。也請參閱 Shizgal（1999）。

牙醫和前景理論（prospect theory）：Kahneman and Tversky（1979）。他們在這篇開創性的討論中，指代理人對差異感興趣，並將他們的痛苦／愉快水準重設爲零，作爲「錨點」。這篇論文的要旨是：「財富」並不重要，重要的幾乎只是財富的差異，因爲重置之後，就會消除積累下來的效果。不妨想想約翰的財富一百萬美元，是從下方，還是上方而來，以及對他的幸福感產生什麼樣的影響。「財富的效用」和「財富變化的效

用」，兩者的差異不可小覷：這會使我們依賴觀察期間。事實上，這一概念推到極端，使得經濟理論完全

修訂：新古典主義經濟學除了數學的練習，將不再有用。享樂主義文獻也有熱絡的討論：請參閱 Kahneman, Diener and Schwarz（1999）。

4 隨機性、胡說八道和科學知識分子

公共知識分子和科學知識分子：Brockman（1995）在新的科學知識分子傳統中，說明何謂「名人」。也請參閱他的網站 www.edge.org。關於物理學家對於文化戰爭的立場，請參閱 Weinberg（2001）。公共知識分子的說明，請參閱 Posner（2002）。佛羅里達大西洋大學（Florida Atlantic University）提供博士學位，好讓他們成爲公共知識分子——可以這麼說，因爲科學家不需要利用這種手法。

惡作劇：Sokal（1996）。

《自私基因》：Dawkins（1989, 1976）。**黑格爾**：於 Popper（1994）。

連詩遊戲：Nadeau（1970）。

產生器：www.monash.edu.au。

語言和機率：語言和機率有很大的關係；思想家和科學家已經經由熵和資訊理論的姊妹法，研究過這件事——舉例來說，我們可以藉消除冗餘，以減少某個訊息的維度；剩下的部分，當作資訊內容那樣加以衡量（不妨想像成將檔案壓縮），並與「熵」的概念連結。熵就是失序的程度，也就是剩下不可預測的部分。熵是一個非常侵入式的概念，因爲它和美學、熱力學有關。請參閱 Campbell（1982）在文學方面的說明，以及 Cover and Thomas（1991）在科學方面的說明，尤其是討論「英語的熵」。Arnheim（1971）在熵和藝術方面有經典的討論，但熵和機率之間的關係，當時還不清楚。請參閱 Georgescu-Roegen（1971）(或許）率先

在經濟學中討論熵。

5 最不適者生存——進化有可能被隨機性愚弄嗎？

消防隊效應和意見趨同：心理學的文獻中，探討這種意見趨同的論述有許多，特別是在擇偶或者凱因斯所說的「選美大賽」中，因爲人們傾向於選擇其他人所選，導致正反饋迴路出現。自動效應（autokinetic effect）是個有趣的表現。當人們凝視著房間裡靜止的光，過了一陣子，他們會看到它在動，並能估計運動量，卻不知道那是一種光的錯覺。把受測者分離開來，他們估計的運動速度會有很大的差異；但是把他們放在一個團體內，他們會趨同於相同的運動速度：請參閱 Plotkin（1998）。Sornette（2003）以有趣但極其直觀的數學，說明了群體寫出的結果。

模仿的生物學：請參閱 Dugatkin（2001）。

進化與小機率：進化主要是機率的概念。它有可能被隨機性所騙嗎？最無才者能存活嗎？達爾文主義有個盛行的一派，稱作天眞達爾文主義，相信任何時點居於主宰地位的任何物種或物種的成員，都是進化選擇的，因爲它們相對於其他物種或成員占有優勢。這是從人們對區域最適解（local optima）和全域最適解（global optima）的常見誤解，加上無力擺脫小數法則（根據少量的資料集，過度推論）的信念，混合產生的結果。只要把兩個人放進一個隨機的環境中（例如賭場）一個週末就知道。其中之一的表現將比另一個好。在天眞的觀察者看來，表現較好的那位，相對於另一位擁有存活優勢。如果他比較高，或者擁有某種有別於另一人的特質，天眞的觀察者會拿那種特質去解釋適應力的差異。有人對交易人做這種事——讓他們在正式的比賽中競爭。也請想想天眞的進化思維，主張選擇的「最優性」——社會生物學的創始人並不同意稀有事件發生時，會有這種最優性：E.O.Wilson（2002）寫道：「人類的大腦顯然只進化到在情緒上只能注意一

小塊地方、有限的一群親屬，以及未來兩三代。我們看未來看得不遠，看地方也看得不遠，而這正是達爾文學說的精要。**我們天生傾向於忽略還不需要檢視、距現在相當遙遠的任何可能性。人們說，這只是一般的好常識而已。**他們爲什麼以這種短視的方式去思考？「原因很簡單：這是我們的舊石器時代傳承中，大腦硬連線的部分。數百個千禧年以來，在一小群親朋好友間，爲短期的利益奮鬥的人，比較長壽，也留下更多的子嗣——即使他們的集體努力，造成他們的酋邦和帝國瓦解。抱持長遠的觀點，或許能夠拯救遙遠的後裔，但這需要眼光和發揮更廣大的利他精神，而這在本能上是很難做到的。」

也請參閱 Miller（2000）：「進化是沒有遠見的。它缺乏製藥公司管理階層的長遠願景。一個物種無法募集創業資金，支付研究團隊的支出……每個物種在它的每一代，都必須維持生物上獲有利益，否則它會滅絕。物種總是有現金流量的問題，禁止它們對未來進行投機性的投資。更進一步言，撐起每個潛在創新的每個基因，都必須比相互競爭的基因，產生更高的進化報償，否則它就會在創新進一步進化之前便消失。這使得我們很難解釋創新。」

6 偏態與不對稱

被負偏態愚弄：負偏態報償受歡迎的一個解釋，來自早期研究不確定情況中行爲的文獻（帶有「小數問題」）。Tversky and Kahneman（1971）寫道：「我們認爲，人們將從一個群體隨機選出的樣本，視爲具有高度的代表性，也就是，所有基本特徵和整個群體類似。」結果就產生了歸納謬誤：人對於自己能夠從觀察到的事實，推斷出一般性質，懷有過度的信心。人們「對早期的趨勢」、所觀察型態的穩定性，「信心過高」，也就是對所做結論的信心，高於資料所能給的水準。更糟的是，代理人找到因果解釋，或者可能是分布上的屬性，能夠證實他過度作出的概化說明。我們很容易看到「小數」被偏態弄得更加惡化，因爲大部分時候，

我們觀察到的平均數不同於眞正的平均數，而且大部分時候，觀察到的變異低於眞正的變異。由於這是生活中的事實，和實驗室或賭場不同，我們並沒有觀察到隨機變數抽選出來的機率分布：我們只看到這些隨機過程的實現。如果我們辦得到，當然很好，但我們衡量機率，依然不像衡量溫度或一個人的高度那樣。這表示，當我們用過去的資料去計算機率，我們也對隨機序列產生器的偏態作了一些假設——所有的資料都取決於一個產生器。總之，由於整體呈現偏態，群體性質的僞裝會發揮作用，**而且**我們傾向於相信我們所看到的。Taleb（2004）。

哲學家有時扮演起科學家：Nozik（1993）。

好萊塢經濟學：De Vany（2003）。

人對徵兆敏感，而不是對輕重敏感：Hsee and Rottenstreich（2004）。

盧卡斯的批評：Lucas（1978）。

7 歸納的問題

尼德霍夫的書：Niederhoffer（1997）。

古德曼的歸納之謎：我們可以把歸納的問題帶進更棘手的領域，試著解開下面所說的謎。假使市場每天上漲，漲了一個月。在喜歡做歸納的許多人看來，這可能證實了它將每天上漲的理論。但不妨想想：這可能證實它會每天上漲，然後崩盤的理論——我們看到的，不是漲勢市場，而是**漲後崩盤**的市場。我們看到一個藍色物體，可以說我們是在時間 t 之前看到某個藍色的東西，之後它就變成綠色——那個物體不是藍色，而是「綠藍」。因此，依這種邏輯，市場一直上漲這個事實，可能證實它明天將崩盤！它證實了我們看到的是漲後崩盤的市場。請參閱 Goodman（1954）。

索羅斯的著作：Soros（1988）。

海耶克：請參閱 Hayek（1945）和預言性的 Hayek（1994），一九四五年第一次發表。

巴柏的個性：Magee（1997）與 Hacohen（2001）。Edmonds and Eidinow（2001）也有相當有趣的敘述。

8 隔壁的百萬富翁太多

隔壁的百萬富翁：Stanley（1996）。

股票溢價之謎：關於「股票溢價」之謎，學術界討論得很熱絡。這裡所說的「溢價」，是指股票相對於債券的表現較佳。他們也尋找可能的解釋。很少人考慮到溢價可能是存活者偏誤所產生的光學幻覺——或者這個過程可能有黑天鵝出現。二〇〇〇到二〇〇二年的事件發生，導致股市下跌之後，這方面的討論似乎平靜了下來。

9 買賣比煎蛋容易

熱手效應：Gilovich,Vallone and Tversky（1985）。

股票分析師被自己愚弄：比較分析師和氣象預報員，請參閱 Taszka and Zielonka（2002）。

報酬率之間的差異：請參閱 Ambarish and Siegel（1996）。那位乏味的演說者，實際上是在比較「夏普比率」（Sharpe ratios），也就是用標準差去衡量報酬率（兩者都年化），名稱來自金融經濟學家威廉．夏普（William Sharpe），但這個概念常用於統計學，並且稱為「變異係數」（夏普是在資產計價的規範性理論中提出這個概念，以計算給定風險情況下的期望投資組合報酬率）。在一段十二個月的期間內，不計算存活者偏誤，假設（非常慷慨的假設）呈高斯分布，兩位不相關經理人的「夏普比率」差異超過一．八的機率接近五〇%。

演說者討論的「夏普比率」差異只有○．一五左右！即使假設觀察窗口長達五年（這對避險基金經理人來說很少見），情況並沒有變得好很多。

席位的價值：即使如此，由於某種歸因偏誤，交易員傾向於相信他們的收入是來自他們的技能，不是來自「席位」或「專營權」（亦即委託單流動的價值）。席位有價值，紐約證券交易所專員的「帳簿」，價值相當高：請參閱 Hilton（2003）。也請參閱 Taleb（1997）關於時間和地點優勢的討論。

資料採擷：Sullivan, Timmermann and White（1999）。

狗不吠：感謝博科尼大學（Bocconi）的 Francesco Corielli 在和我的通訊中有關元分析（meta-analysis）的說明。

10 輸家通賠——談人生中的非線性

網路：Arthur（1994）。請參閱 Barabasi（2002）、Watts（2003）。

非線性動態：財務金融中的非線性動態入門，請參閱 Brock and De Lima（1995），以及 Brock, Hsieh and LeBaron（1991）。也請參閱最近和當然最完整的 Sornette（2003）。索耐特不只指出這個過程爲厚尾，更表示它的機率分布不同於我們在財務入門課程中學到的。他研究了過渡點（transition points）：假使一本書的銷售量接近將眞正起飛的臨界點。它們的動態（取決於過去的成長）變得可以預測。

《引爆趨勢》（*The Tipping Point*）：Gladwell（2000）。葛拉威爾在出版這本書（Gladwell, 1996）之前的文章中寫道：「這似乎令人驚訝的原因，是人類喜歡用線性方式思考……我還記得小時候，想把番茄醬倒到晚餐上，苦思這些相同的理論問題而不得其解。我和第一次遇到這個問題的所有孩子一樣，以爲解決方法是線性的：穩定增加拍擊瓶底，從另一端出來的番茄醬數量會穩定增加。我父親說，不然，並且講了一句話，我一直覺得是日常生活中基本非線性最簡潔的說法：『瓶中番茄醬——要嘛都出不來，要嘛就是出來一大

堆。』」

巴列圖：在我們將鐘形曲線的用途一般化之前，先以更嚴肅的態度，探討巴列圖的分布觀念——它的特色是整體的特質出現大偏差所做的貢獻。後來進一步精化，帶出所謂的巴列圖—李維（Pareto-Levy）或巴列圖—史泰伯（Levy-Stable）分布，（在特殊的情況之外）具有一些相當邪惡的特質（沒有已知的錯誤率）。經濟學家從來都不喜歡用它，原因在於它缺乏容易處理的特質——經濟學家喜歡他們寫的論文，能讓人產生錯覺，以爲他們提出了解決方案，尤其是以數學答案的形式呈現。巴列圖—李維分布沒辦法讓他們得遂所願。關於巴列圖觀念的經濟討論，請參閱 Zajdenweber（2000）和 Bouvier（1999）。巴列圖—李維分布的數學解說，請參閱 Voit（2001）和 Mandelbrot（1997）。最近人們重新發現冪次法則動態。冪次法則分布在直觀上具有以下所說的特質：如果冪次指數是二，那麼收入高於一百萬美元的人，人數會是收入爲兩百萬美元的人的四倍多。這一來，偏差極大的事件發生的機率很小。擴大而言，假設偏差爲 x，則偏差爲 x 倍數的事件發生的次數，將是那個倍數的某個給定冪次指數。指數愈高，大偏差發生的機率愈低。

史皮茨納格爾的說法：見 Gladwell（2002）。

別認真看待「相關」和使用這個詞的那些人：中間名字同樣有「A.」的一個人，用下手較輕的版本，在相關概念的謬誤方面，教了我一點東西。「你似乎覺得任何事情都不相關」，是我執行稀有事件應對策略時，最常聽到的責備。下面的例子或許可以說明。非線性交易工具，例如賣權（put），將在許多樣本路徑和標的證券呈正相關（假設市場跌得不夠多，結果賣權在空頭市場中，到期時變得一文不值）。當然，除非它變成價內，並且跨越履約價格。這種情況下，相關會猛烈反轉。讀者應該幫自己一個忙，不要認眞看待相關的概念，除非遇到相關性站得住腳，範圍非常窄的事物。

11 隨機性和我們的心智：我們是機率盲

機率「盲」：我借用 Piattelli-Palmarini（1994）的措辭。

「理性」的討論：這個概念不是那麼容易處理。許多領域已經研究過這個概念，其中尤以經濟學家將它作爲規範性選擇理論的發展最爲有力。經濟學家爲什麼對它產生這麼大的興趣？經濟分析的基礎，是在經濟人的概念中體現的人性和理性觀念。這種經濟人的特徵和行爲，建入了消費者選擇的假設中，而且包括非飽食（nonsatiation；多總是比少要好）和傳遞性（transitivity；選擇的全域一致性）。例如，Arrow（1987）寫道：「『理性』一詞的日常用法，並不對應於經濟學家的傳遞性和完整性定義，也就是某種東西的極大化。這是值得注意的。反之，一般的理解是完整利用資訊、健全的推理等等。」

對經濟學家來說，最佳的觀察方法，或許是極大化會帶來獨特的解決方案。

即使如此，做起來也不容易。誰極大化什麼？首先，集體和個體的理性之間有衝突（凱因斯拿體育場來打比喻的「公地悲劇」中，一個人的最佳策略，是站起來看球賽，但集體的最佳策略，卻是所有人都坐著）。我們在 Arrow 的選民不可能定理（impossibility theorem）中看到另一個問題。也請想想下述的選民問題：人會去投票，但經機率調整後的利益，低於前往投票所所花的努力。請參閱 Luce and Raiffa（1957）討論的這些矛盾。

請注意，關於不確定性條件下的理性選擇，文獻非常廣泛，跨越各個領域，從進化賽局理論到政治科學都有。但是正如約翰・哈薩克一針見血所說的，**它是規範性的，而且本意就是如此**。這是一句英雄式的話：經濟學已經放棄它自命科學的說法，並且接受它並不是在描述人們如何**表現**行爲，而是他們**應該**有什麼樣的行爲。這意味著它已經進入別的境界：哲學（雖然不是那麼重視倫理）。因此，一個人可以充分接受它，

而且應該將目標訂爲像新古典主義者那樣行事作爲。如果他辦得到的話。

某些理性問題的終極解決方案／近似解決方案：進化理論家會區別近似原因和終極原因。

近似原因（Proximate cause）：我吃東西，因爲我餓了。

終極原因：要不是我有吃東西的誘因，我會優雅地退出基因庫。

現在，如果我們引用終極原因，被視爲局部不理性的很多行爲（如上面所說的選民問題）可以被解釋爲理性。這說明了利他行爲何以存在：你爲什麼要冒一點小風險，去救溺水的陌生人？救人的動力，顯然使我們走到了今天。

請參閱 Dawkins（1989, 1976）以及 Pinker（2002）針對其間的差異，提供更多的洞見。

理性與唯科學主義：在和我通訊的彼德．麥伯尼建議下，我看了葉夫根尼．薩米爾欽（Yevgeny Zamyatin）寫的小說《我們》(*We*)。這部作品諷刺奉行列寧主義的俄羅斯，寫於一九二〇年代，但場景設在遙遠的將來，也就是當泰勒主義（Taylorist）和理性主義的觀念顯然成功地消除了生活中所有的不確定性和非理性。

有界理性：Simon（1956）、Simon（1957）、Simon（1987a），以及 Simon（1987b）。

理性的神經生物學之誕生：Berridge（2003）使用丹尼爾．卡尼曼四個效用（經驗、記憶、預測和決策效用）中的兩個，以及在決策效用超過預測效用時，視爲非理性，而將神經生物的維度引進到理性上。這種非理性有個神經維度：中腦邊緣內的多巴胺活動。

試探法與偏誤論文彙編四冊：Kahneman, Slovic and Tversky（1982）、Kahneman and Tversky（2000）、Gilovich, Griffin and Kahneman（2002），以及 Kahneman, Diener and Schwarz（1999）。

兩套推理系統：請參閱 Sloman（1996），以及 Sloman（2002）。請參閱 Kahneman and Frederick（2002）的彙整。情感試探法請參閱 Zajonc（1980），以及 Zajonc（1984）。

進化心理學／社會生物學：最有可讀性的是 Burnham and Phelan（2000）。生態優化的一般架構請參閱 Kreps and Davies（1993）。也請參閱 Wilson（E.O., 2000）、Winston（2002）、Evans and Zarate（1999）的漫畫、Pinker（1997），以及 Burnham（1997）。

模組化：哲學和認知科學方面的開創性研究請參閱 Fodor（1983），進化心理學方面請參閱 Cosmides and Tooby（1992）。

華生選擇任務（Wason selection task：幾乎每一本談進化心理學的書都會寫到）如下所說。設想有兩個測試：

問題一：假設我有一疊卡片，每張卡片的一面寫英文字母，另一面寫數字。再假設我聲稱確實存在下面的規則：假使我現在給你看這疊卡片中的四張：E 6 K 9。要判斷這個規則是真或假，你應該翻哪張或哪幾張的卡片來看？

問題二：你是鎮內一家酒吧的服務員，可以喝酒的合法年齡是二十一歲，而且你覺得遵守法律，人人有責。你面對以下的情況，必須請顧客告訴你年齡或者他喝的是什麼。你需要問這四位顧客中的哪一位或幾位？

一、喝啤酒；二、超過二十一歲；三、喝可樂；四、低於二十一歲。

雖然這兩個問題相同（顯然你只需要檢查第一和最後一個），絕大多數人卻答錯第一題，答對第二題。進化心理學家相信，解第一個問題出錯，解第二個問題卻很容易，正是作弊檢測模組存在的證據——只要想想我們適應於協作任務的執行，很快就會找出坐享其成的人。

模組化的標準：我借用語言學家伊莉莎白·貝茨（Elisabeth Bates）關於福德九條模組化標準的說明（Bates, 1994）（諷刺的是，貝茨在這個主題上屬於懷疑論者）。資訊處理的標準是：封裝（我們不能干涉模組的運作）、無意識、速度（這就是模組的要點）、淺層產出（我們對於中間步驟仍然一無所悉），以及強制性射擊

（針對預定投入，產生預定產出的一種模組）。它們有別於習得的習慣之生物標準是：個體發育共性（它們以特有的序列發展）、區域化（它們使用專屬的神經系統）和病理共性（所有的人都特有的病症）。最後，模組化最重要的特質是它的領域特異性。

談實體大腦的書：層次結構爬行動物／邊緣／新皮質方面，請參閱 Ratey（2001）、Ramachandran and Blakeslee（1998）、Carter（1999）、Carter（2002）、Conlan（1999）、Lewis, Amini, and Lannon（2000），以及 Goleman（1995）。

情緒腦：Damasio（1994）與 LeDoux（1998）。Bechara, Damasio, Damasion, and Tranel（1994）指出，腹內側額葉皮質（將我們與情緒連結的大腦部分）受傷的病患，規避風險的行爲退化。情緒似乎在兩方面都扮演極其要緊的角色。關於神經經濟學的新領域，請參閱 Glimcher（2002）和 Camerer, Loewenstein and Prelec（2003）的討論。

對損失的敏感性：請注意損失的重要性高於獲利，但你面對它們會迅速變得麻木（一萬美元的損失，比損失一千美元十次要好）。獲利的重要性低於損失，大獲利的重要性更低（獲利一千美元十次比一次獲利一萬美元要好）。

享樂跑步機：我已故的朋友吉米．鮑爾斯（Jimmy Powers）以前常用他的方式，讓我知道非常有錢的投資銀行家在糟糕的一天之後，慘不忍睹的行事方式。如果他們調整適應財富到這種地步，也就是單單一天的糟糕表現，就能毀掉過去所有那些成功的影響，那麼再多的財富對他們來說水有什麼好處？如果累積財富沒有好處，那麼人類應該採行一套不同的策略。這種「重設」，點出了和前景理論（prospect theory）的連結。

辯論：Gigerenzer（1996）、Kahneman and Tversky（1996），以及 Stanovich and West（2000）。進化理論家被視爲抱持過分樂觀的看法：進化能解決一切問題。奇怪的是，這方面的辯論十分激烈，不是因爲意見分歧很

大，而只是因爲一些小小的不同。《簡單的試探法使我們變得更聰明》（*Simple Heuristics That Make Us Smart*）收錄了吉格倫哲和他的同行寫的文章（Gigerenzer, 2000）。也請參閱 Gigerenzer, Czerlinski and Martignon（2002）。

醫療實例：Bennett（1998）。Gigerenzer, Czerlinski and Martignon（2002）也有討論。試探和偏誤將它分類爲基本率謬論（base rate fallacy）。進化理論家分爲領域一般性（無條件機率）和領域特異性（有條件）。

行為金融學：關於這方面的評論，請參閱 Schleifer（2000）與 Shefrin（2000）。也請參閱 Thaler（1994b）和最早的著述 Thaler（1994a）。

領域特異性適應：我們的肺展現了領域特異性適應，因爲它從空氣中吸取氧氣，並存入我們的血液中；它們不是用於使血液循環。對進化心理學家來說，同樣的道理適用於心理適應。

不透明的過程：對試探和偏誤傳統中的心理學家而言，系統一是不透明的，也就是沒有自我意識。這類似於前面談過的模組封裝和無意識。

心流：請參閱 Csikszentmihalyi（1993）與 Csikszentmihalyi（1998）。爲了保險起見，我兩者都引用，但我不知道兩本書之間是否有差異。筆者似乎以不同的方式，改寫相同的全域觀念。

低估可能的結果：Hilton（2003）。

目光接觸的神經生物學：Ramachandran and Blakeslee（1998）談視覺中心投射到杏仁核：「科學家在杏仁核中記錄細胞的反應，發現細胞除了回應面部表情和情緒，也回應眼睛凝視的方向。例如，如果另一個人直視著你，一個細胞可能激活。只有當那個人的目光轉移幾分之一吋，鄰近的一個細胞才會激活。當目光向左或向右移動，其他的細胞才會激活。由於凝視方向在靈長類動物的社會溝通中具有重要作用——有罪惡感、羞恥心或難堪時，會移開視線；戀人熱切直視，或者敵人具有威脅性的盯視——這種現象並不叫人驚

訝。」

12 賭徒的迷信和籠中的鴿子

籠中的鴿子：Skinner（1948）。

知識的幻覺：Barber and Odean（2001）提到文獻討論了人傾向於做出比資料所允許還要強的推論，他們稱之爲「知識的幻覺」。

13 卡涅阿德斯到羅馬：談機率與懷疑論

阿拉伯懷疑論者：Al-Ghazali（1989）。

羅贊的書：Rozan（1999）。

心理會計：Thaler（1980），以及 Kahneman, Knetch and Thaler（1991）。

投資組合理論（唉）：Markowitz（1959）。

傳統機率範式：傳統上關於機率思想的討論，大都只是相同範式略有變化而已，尤其是在哲學文獻中。這個範式，歷史上一連串的貢獻者有：Chevalier de Méré、Pascal、Cardano、De Moivre、Gauss、Bernouilli、Laplace、Bayes、von Mises、Carnap、Kolmogorov、Borel、De Finetti、Ramsey 等等。但他們關注的是機率微積分的問題，也許充滿著技術性問題，可是那些問題吹毛求疵，甚至可說是具有貶損意思的學術性問題。本書不是很關心這些問題——因爲儘管我有這方面的專長，它們對實務問題似乎沒有一點用處。關於這些事情的檢討，我建議讀者閱讀 Gillies（2000）、Von Plato（1994）、Hacking（1990），或者更平易好懂的《馴服風險》（*Against the Gods,* Bernstein, 1996）。這本書高度借重 Florence Nightingale David（David, 1962）。我

推薦伯恩斯坦的《馴服風險》，是因爲它淺顯易讀，闡述了工程和應用硬科學領域中的機率思想史，但完全不能同意它對於社會科學中風險的可衡量性所傳遞的訊息。

這個要點必須再說一次：對於在機率本身中運作的哲學家而言，問題似乎是微積分問題。但在本書中，機率的問題主要是知識的問題，不是計算的問題。我認爲這些計算只是這個主題的註腳而已。眞正的問題是：我們是從哪裡得到機率的？我們如何改變信念？我一直在研究「用錯誤的骰子賭博」的問題：弄清楚我們在賭博的時候使用什麼樣的骰子，遠比發展複雜的結果計算方法，卻承受（例如）骰子每一面都是六的風險重要。舉例來說，經濟學中，可能有個很大的風險計算模式，是建立在東倒西歪的假設之上（實際上，也許不是東倒西歪，而是大錯特錯）。它們給我們一大堆數學，但其他一切都是錯的。提出正確的假設，可能比有個複雜的模式重要。

「涉險值」（value at risk）是個有趣的問題，人們以爲他們運用「複雜的數學」，有辦法了解風險，並且預測稀有事件——認爲他們根據過去的資料，能夠觀察機率的分布。最有趣的行爲層面是，主張這件事的人，似乎沒有測試他們過去的預測紀錄。這是另一種米爾（Meehl）式問題。

機率的思想家和哲學家：針對這個主題，最有見地的書，或許仍然是偉大的凱因斯寫的《論機率》（1989, 1920）。令人驚訝的是，這本書並沒有長出灰塵——不知怎的，似乎我們發現到的一切，它都說過（但以凱因斯令人費解的特有方式）。在一般常見的機率思想家名單中，將主觀機率改良的夏克爾，往往不被列在其中，但事實不該如此（Shackle, 1973）。大多數作者也省略以撒・李維（Isaac Levi）在主觀機率上的貢獻及其與信念的關係（Levi, 1970），而這應該是那個領域中必讀的著述才對（雖然難以理解，但值得下那個工夫）。由於以撒・李維是機率**思想家**（有別於機率**計算者**），所以這樣的情形令人羞愧。機率認識論者亨利・吉柏格（Henry Kyburg）（Kyburg, 1983）也缺席（讀起來很難懂）。

關於哲學家相對於科學家，我們觀察到的一件事，是他們似乎以非常異質化和畫地自限的方式在運作：哲學中的機率，是在不同的分支中處理：邏輯、認識論、理性的選擇、數理哲學、科學哲學。尼古拉斯・雷斯徹（Nicholas Rescher）在美國哲學協會（American Philosophical Association）針對運氣那個主題，發表擲地有聲的理事長演說，卻沒有多討論哲學和認知文獻中觸及的機率問題，實在叫人驚訝（他後來出了一本書，書名爲《運氣》〔*Luck*〕，請參閱 Rescher, 1995）。

我想要傳遞的訊息遇到的難題：請注意，技術專業（例如工程）中的許多讀者，難以理解機率和信念之間的關聯，以及懷疑論在風險管理中的重要性。

14 巴克斯拋棄安東尼

斯多噶哲學：Becker（1998）和 Banateanu（2001）有現代的討論。

附筆：沖澡時想到的三件事

不確定性與愉快：請參閱 Wilson et al.（2005），了解隨機性對正面享樂狀態延續的影響。

外表與成功：請參閱 Shahami et al（1993）；Hosoda et al（1999）。朋友彼得・貝佛林（Peter Bevelin）寫信給我：「當我想到誤判人的個性，總會想起亞瑟・柯南・道爾（Arthur Conan Doyle）所寫的《四簽名》（*The Sign of Four*）中的夏洛克・福爾摩斯。第一重要的是莫讓個人的素質使你的判斷發生偏差。我敢向你說，我所認識最出色的女人，因爲毒死三個幼子，詐領保險費而被處以絞刑，我所認識最爲人痛惡的男人，是個慈善家，花了將近二十五萬美元在倫敦窮人身上。」

極大化：心理學文獻的重點放在選擇的極大化上，實際的優化沒有那麼多。我進一步觀察日常生活中的優化活

動。關於極大化對享樂的影響，相關的綜合討論，以及爲何「少就是多」，請參閱 Schwartz（2003）。也請參閱 Schwartz, et al（2002）。關於不快樂和追逐物質利益的因果關聯，請參閱 Kasser（2002）。

你的死亡日期：最後這一點，要感謝格爾德·吉格倫哲。

不可預測的行為：請參閱 Miller（2000）有關生物學針對這一點的討論，也請參閱 Lucas（1978）談隨機的貨幣政策對預期心理產生的嚇阻作用。

參考書目

Albouy, François-Xavier, 2002, *Le temps des catastrophes.* Paris: Descartes & Cie.

al-Ghazālī, 1989, "Mikhtarat Min Ahthar Al-Ghazali." In Saliba, Jamil, *Tarikh Al Falsafa Al Arabiah*. Beirut: Al Sharikah Al Ahlamiah Lilkitab.

Ambarish, R., and L. Siegel, 1996, "Time Is the Essence." *RISK*, 9, 8, 41–42.

Arnheim, Rudolf, 1971, *Entropy and Art: An Essay on Disorder and Order.* Berkeley: University of California Press.

Arrow, Kenneth, 1987, "Economic Theory and the Postulate of Rationality." In Eatwell, J., Milgate, M., and Newman, P., eds., 1987. *The New Palgrave: A Dictionary of Economics,* vol. 2, 69–74, London: Macmillan.

Arthur, Brian W., 1994, *Increasing Returns and Path Dependence in the Economy.* Ann Arbor: University of Michigan Press.

Banateanu, Anne, 2002, *La théorie stoïcienne de l'amitié: essai de reconstruction*. Fribourg: Editions Universitaires de Fribourg/Paris: Editions du Cerf.

Barabási, Albert-László, 2002, *Linked: The New Science of Networks.* Boston: Perseus Publishing.

Barber, B. M., and T. Odean, 2001, "The Internet and the Investor." *Journal of Economic Perspectives,* Winter, Vol. 15, No. 1, 41–54.

Barron, G., and I. Erev, 2003, "Small Feedback-based Decisions and Their Limited Correspondence to Description-based Decisions." *Journal of Behavioral Decision Making,* 16, 215–233.

Bates, Elisabeth, 1994, "Modularity, Domain Specificity, and the Develop-

ment of Language." In Gajdusek, D.C., McKhann, G.M., and Bolis, C.L. eds., *Evolution and Neurology of Language: Discussions in Neuroscience*, 10(1–2), 136–149.

Bechara, A., A. R. Damasio, H. Damasio, and S. W. Anderson, 1994, "Insensitivity to Future Consequences Following Damage to Human Prefrontal Cortex." *Cognition*, 50:1–3, 7–15.

Becker, Lawrence C., 1998, *A New Stoicism*. Princeton, N.J.: Princeton University Press.

Bennett, Deborah J., 1998, *Randomness*. Cambridge, Mass.: Harvard University Press.

Bernstein, Peter L., 1996, *Against the Gods: The Remarkable Story of Risk*. New York: Wiley.

Berridge, Kent C., 2003, "Irrational Pursuits: Hyper-incentives from a Visceral Brain." In Brocas and Carillo.

Bouvier, Alban, ed., 1999, *Pareto aujourd'hui*. Paris: Presses Universitaires de France.

Brent, Joseph, 1993, *Charles Sanders Peirce: A Life*. Bloomington: Indiana University Press.

Brocas, I., and J. Carillo, eds., 2003, *The Psychology of Economic Decisions: Vol. 1: Rationality and Well-being*. Oxford: Oxford University Press.

Brock, W. A., and P.J.F. De Lima, 1995, "Nonlinear Time Series, Complexity Theory, and Finance." University of Wisconsin, Madison—Working Papers 9523.

Brock, W. A., D. A. Hsieh, and B. LeBaron, 1991, *Nonlinear Dynamics, Chaos, and Instability: Statistical Theory and Economic Evidence*, Cambridge, Mass.: MIT Press.

Brockman, John, 1995, *The Third Culture: Beyond the Scientific Revolution*. New York: Simon & Schuster.

Buchanan, Mark, 2002, *Ubiquity: Why Catastrophes Happen*. New York: Three Rivers Press.

Buehler, R., D. Griffin, and M. Ross, 2002, "Inside the Planning Fallacy: The Causes and Consequences of Optimistic Time Predictions." In Gilovich, Griffin and Kahneman.

Burnham, Terence C., 1997, *Essays on Genetic Evolution and Economics*. New York: Dissertation.com.

Burnham, Terence C., 2003, "Caveman Economics." Harvard Business School.

Burnham, T., and J. Phelan, 2000, *Mean Genes*. Boston: Perseus Publishing.

Camerer, C., G. Loewenstein, and D. Prelec, 2003, "Neuroeconomics: How Neuroscience Can Inform Economics. Caltech Working Paper.

Campbell, Jeremy, 1982, *Grammatical Man: Information, Entropy, Language and Life.* New York: Simon & Schuster.

Carter, Rita, 1999, *Mapping the Mind.* Berkeley: University of California Press.

Carter, Rita, 2002, *Exploring Consciousness.* Berkeley: University of California Press.

Chancellor, Edward, 1999, *Devil Take the Hindmost: A History of Financial Speculation.* New York: Farrar, Straus & Giroux.

Conlan, Roberta, ed., 1999, *States of Mind: New Discoveries About How Our Brains Make Us Who We Are.* New York: Wiley.

Cootner, Paul H., 1964, *The Random Character of Stock Market Prices.* Cambridge, Mass.: The MIT Press.

Cosmides, L., and J. Tooby, 1992, "Cognitive Adaptations for Social Exchange." In Barkow et al., eds., *The Adapted Mind.* Oxford: Oxford University Press.

Cover, T. M., and J. A. Thomas, 1991, *Elements of Information Theory.* New York: Wiley.

Csikszentmihalyi, Mihaly, 1993, *Flow: The Psychology of Optimal Experience.* New York: Perennial Press.

Csikszentmihalyi, Mihaly, 1998, *Finding Flow: The Psychology of Engagement with Everyday Life.* New York: Basic Books.

Damasio, Antonio, 1994, *Descartes' Error: Emotion, Reason, and the Human Brain.* New York: Avon Books.

Damasio, Antonio, 2000, *The Feeling of What Happens: Body and Emotion in the Making of Consciousness.* New York: Harvest Books.

Damasio, Antonio, 2003, *Looking for Spinoza: Joy, Sorrow and the Feeling Brain.* New York: Harcourt.

David, Florence Nightingale, 1962, *Games, Gods, and Gambling: A History of Probability and Statistical Ideas.* Oxford: Oxford University Press.

Dawes, R. M., D. Faust, and P. E. Meehl, 1989, "Clinical Versus Actuarial Judgment. *Science,* 243, 1668–1674.

Dawkins, Richard, 1989 (1976), *The Selfish Gene.* 2nd ed., Oxford: Oxford University Press.

De Vany, Arthur, 2003, *Hollywood Economics: Chaos in the Movie Industry.* London: Routledge.

Debreu, Gerard, 1959, *Theorie de la valeur,* Dunod, tr. *Theory of Value.* New York: Wiley.

Dennett, Daniel C., 1995, *Darwin's Dangerous Idea: Evolution and the Meanings of Life.* New York: Simon & Schuster.

Deutsch, David, 1997, *The Fabric of Reality.* New York: Penguin.

DeWitt, B. S., and N. Graham, eds., 1973, *The Many-Worlds Interpretation of Quantum Mechanics.* Princeton, N.J.: Princeton University Press.

Dugatkin, Lee Alan, 2001, *The Imitation Factor: Evolution Beyond the Gene.* New York: Simon & Schuster.

Easterly, William, 2001, *The Elusive Quest for Growth: Economists' Adventures and Misadventures in the Tropics.* Cambridge, Mass.: The MIT Press.

Edmonds, D., and J. Eidinow, 2001, *Wittgenstein's Poker: The Story of a Ten-Minute Argument Between Two Great Philosophers.* New York: Ecco.

Einstein, A., 1956 (1926), *Investigations on the Theory of the Brownian Movement.* New York: Dover.

Ekman, Paul, 1992, *Telling Lies: Clues to Deceit in the Marketplace, Politics and Marriage.* New York: W. W. Norton.

Elster, Jon, 1998, *Alchemies of the Mind: Rationality and the Emotions.* Cambridge, Eng.: Cambridge University Press.

Evans, Dylan, 2002, *Emotions: The Science of Sentiment.* Oxford: Oxford University Press.

Evans, D., and O. Zarate, 1999, *Introducing Evolutionary Psychology.* London: Totem Books.

Eysenck, M. W., and M. T. Keane, 2000, *Cognitive Psychology,* 4th ed.

Finucane, M. L., A. Alhakami, P. Slovic, and S. M. Johnson, 2000, "The Affect Heuristic in Judgments of Risks and Benefits." *Journal of Behavioral Decision Making,* 13, 1–17.

Fischhoff, Baruch, 1982, "For Those Condemned to Study the Past: Heuristics and Biases in Hindsight." In Kahneman, Slovic and Tversky.

Fodor, Jerry A., 1983, *The Modularity of Mind: An Essay on Faculty Psychology.* Cambridge, Mass.: The MIT Press.

Frank, Robert H., 1985, *Choosing the Right Pond: Human Behavior and the Quest for Status.* Oxford: Oxford University Press.

Frank, Robert H., 1999, *Luxury Fever: Why Money Fails to Satisfy in an Era of Excess.* Princeton, N.J.: Princeton University Press.

Frank, R. H., and P. J. Cook, 1995, *The Winner-Take-All Society: Why the Few at the Top Get So Much More Than the Rest of Us.* New York: Free Press.

Frederick, S., and G. Loewenstein, 1999, "Hedonic Adaptation," in Kahneman, Diener and Schwartz.

Freedman, D. A., and P. B. Stark, 2003, "What Is the Chance of an Earthquake?" Department of Statistics, University of California, Berkeley, CA 94720-3860. Technical Report 611. September 2001; revised January 2003.

Fukuyama, Francis, 1992, *The End of History and the Last Man*. New York: Free Press.

Galbraith, John Kenneth, 1997, *The Great Crash 1929*. New York: Mariner Books.

Gehring, W. J., and A. R. Willoughby, 2002, "The Medial Frontal Cortex and the Rapid Processing of Monetary Gains and Losses." *Science*, 295, March.

Georgescu-Roegen, Nicholas, 1971, *The Entropy Law and the Economic Process*. Cambridge, Mass.: Harvard University Press.

Gigerenzer, Gerd, 1989, *The Empire of Chance: How Probability Changed Science and Everyday Life*. Cambridge, Eng.: Cambridge University Press.

Gigerenzer, Gerd, 1996, "On Narrow Norms and Vague Heuristics: A Reply to Kahneman and Tversky. *Psychological Review*, 103, 592–596.

Gigerenzer, Gerd, 2003, *Calculated Risks: How to Know When Numbers Deceive You*. New York: Simon & Schuster.

Gigerenzer G., P. M. Todd, and ABC Research Group, 2000, *Simple Heuristics That Make Us Smart*. Oxford: Oxford University Press.

Gigerenzer, G., J. Czerlinski, and L. Martignon, 2002, "How Good Are Fast and Frugal Heuristics?" In Gilovich, Griffin, and Kahneman.

Gilbert, D., E. Pinel, T. D. Wilson, S. Blumberg, and T. Weatley, 2002, "Durability Bias in Affective Forecasting." In Gilovich, Griffin, and Kahneman.

Gillies, Donald, 2000, *Philosophical Theories of Probability*. London: Routledge.

Gilovich, T., R. P. Vallone, and A. Tversky, 1985, "The Hot Hand in Basketball: On the Misperception of Random Sequences." *Cognitive Psychology*, 17, 295–314.

Gilovich, T., D. Griffin, and D. Kahneman, eds., 2002, *Heuristics and Biases: The Psychology of Intuitive Judgment*. Cambridge, Eng.: Cambridge University Press.

Gladwell, Malcolm, 1996, "The Tipping Point: Why Is the City Suddenly

So Much Safer—Could It Be That Crime Really Is an Epidemic?" *The New Yorker,* June 3.

Gladwell, Malcolm, 2000, *The Tipping Point: How Little Things Can Make a Big Difference.* New York: Little, Brown.

———, 2002, "Blowing Up: How Nassim Taleb Turned the Inevitability of Disaster into an Investment Strategy." *The New Yorker,* April 22 and 29.

Glimcher, Paul, 2002, *Decisions, Uncertainty, and the Brain: The Science of Neuroeconomics.* Cambridge, Mass.: The MIT Press.

Goleman, Daniel, 1995, *Emotional Intelligence: Why It Could Matter More Than IQ.* New York: Bantam Books.

Goleman, Daniel, 2003, *Destructive Emotions, How Can We Overcome Them?: A Scientific Dialogue with the Dalai Lama.* New York: Bantam.

Goodman, Nelson, 1954, *Facts, Fiction and Forecast.* Cambridge, Mass.: Harvard University Press.

Hacking, Ian, 1990, *The Taming of Chance.* Cambridge, Eng.: Cambridge University Press.

Hacohen, Malachi Haim, 2001, *Karl Popper, The Formative Years, 1902–1945: Politics and Philosophy in Interwar Vienna.* Cambridge, Eng.: Cambridge University Press.

Hayek, F. A., 1945, "The Use of Knowledge in Society." *American Economic Review,* 35(4), 519–530.

Hayek, F. A., 1994, *The Road to Serfdom.* Chicago: University of Chicago Press.

Hilton, Denis, 2003, "Psychology and the Financial Markets: Applications to Understanding and Remedying Irrational Decision-making." In Brocas and Carillo.

Hirshleifer, J., and J. G. Riley, 1992, *The Analytics of Uncertainty and Information.* Cambridge, Eng.: Cambridge University Press.

Horrobin, David, 2002, *Madness of Adam and Eve: How Schizophrenia Shaped Humanity.* New York: Transworld Publishers Limited.

Hosoda, M., G. Coats, E. F. Stone-Romero, and C. A. Backus, 1999, "Who Will Fare Better in Employment-Related Decisions? A Meta-Analytic Review of Physical Attractiveness Research in Work Settings." Paper presented at the meeting of the Society of Industrial Organizational Psychology, Atlanta, Georgia.

Hsee, C. K., and Y. R. Rottenstreich, 2004, "Music, Pandas and Muggers: On the Affective Psychology of Value." Forthcoming, *Journal of Experimental Psychology.*

Hsieh, David A., 1991, "Chaos and Nonlinear Dynamics: Application to Financial Markets." *The Journal of Finance*, 46(5), 1839–1877.

Huang, C. F., and R. H. Litzenberger, 1988, *Foundations for Financial Economics.* New York/Amsterdam/London: North-Holland.

Hume, David, 1999 (1748), *An Enquiry Concerning Human Understanding.* Oxford: Oxford University Press.

Ingersoll, Jonathan E., Jr., 1987, *The Theory of Financial Decision Making.* Lanham, Md.: Rowman & Littlefield Publishing.

Jaynes, E. T., 2003, *Probability Theory: The Logic of Science.* Cambridge, Eng.: Cambridge University Press.

Kahneman, D., 2003, "Why People Take Risks." In *Gestire la vulnerabilità e l'incertezza: un incontro internazionale fra studiosi e capi di impresa.* Rome: Italian Institute of Risk Studies.

———, E. Diener, and N. Schwarz, eds., 1999, *Well-being: The Foundations of Hedonic Psychology.* New York: Russell Sage Foundation.

———, and S. Frederick, 2002, "Representativeness Revisited: Attribute Substitution in Intuitive Judgment." In Gilovich, Griffin, and Kahneman.

———, J. L. Knetsch, and R. H. Thaler, 1986, "Rational Choice and the Framing of Decisions." *Journal of Business*, Vol. 59 (4), 251–278.

———, J. L. Knetsch, and R. H. Thaler, 1991, "Anomalies: The Endowment Effect, Loss Aversion, and Status Quo Bias." In Kahneman and Tversky (2000).

———, and D. Lovallo, 1993, "Timid Choices and Bold Forecasts: A Cognitive Perspective on Risk-taking. *Management Science*, 39, 17–31.

———, P. Slovic, and A. Tversky, eds., 1982, *Judgment Under Uncertainty: Heuristics and Biases.* Cambridge, Eng.: Cambridge University Press.

———, and A. Tversky, 1972, "Subjective Probability: A Judgment of Representativeness." *Cognitive Psychology*, 3, 430–454.

———, and A. Tversky, 1973, "On the Psychology of Prediction." *Psychological Review*, 80: 237–251.

———, and A. Tversky, 1979, "Prospect Theory: An Analysis of Decision Under Risk." *Econometrica*, 47, 263–291.

———, and A. Tversky, 1982, "On the Study of Statistical Intuitions." *Cognition*, 11, 123–141.

———, and A. Tversky, 1996, "On the Reality of Cognitive Illusions." *Psychological Review*, 103, 582–591.

———, and A. Tversky, eds., 2000, *Choices, Values, and Frames.* Cambridge, Eng.: Cambridge University Press.

Kasser, Tim, 2002, *The High Price of Materialism*. Cambridge, Mass.: The MIT Press.

Keynes, John Maynard, 1937, "The General Theory." In *Quarterly Journal of Economics*, Vol. LI, 209–233.

———, 1989 (1920), *Treatise on Probability*. London: Macmillan.

Kindleberger, Charles P., 2001, *Manias, Panics, and Crashes*. New York: Wiley.

Knight, Frank, 1921 (1965), *Risk, Uncertainty and Profit*. New York: Harper and Row.

Kreps, David M., 1988, *Notes on the Theory of Choice*. Boulder, Colo.: Westview Press.

Kreps, J., and N. B. Davies, 1993, *An Introduction to Behavioral Ecology*, 3rd ed. Oxford: Blackwell Scientific Publications.

Kripke, Saul A., 1980, *Naming and Necessity*. Cambridge, Mass.: Harvard University Press.

Kurz, Mordecai, 1997, "Endogenous Uncertainty: A Unified View of Market Volatility," Working Paper. Stanford, Calif.: Stanford University Press.

Kyburg, Henry E., Jr., 1983, *Epistemology and Inference*. Minneapolis: University of Minnesota Press.

LeDoux, Joseph, 1998, *The Emotional Brain: The Mysterious Underpinnings of Emotional Life*. New York: Simon & Schuster.

LeDoux, Joseph, 2002, *Synaptic Self: How Our Brains Become Who We Are*. New York: Viking.

Levi, Isaac, 1970, *Gambling with Truth*. Boston, Mass.: The MIT Press.

Lewis, T., F. Amini, and R. Lannon, 2000, *A General Theory of Love*. New York: Vintage Books.

Lichtenstein, S., B. Fischhoff, and L. Phillips, 1977, "Calibration of Probabilities: The State of the Art." In Kahneman, Slovic, and Tversky (1982).

Loewenstein, G. F., E. U. Weber, C. K. Hsee, and E. S. Welch, 2001, "Risk As Feelings." *Psychological Bulletin*, 127, 267–286.

Lowenstein, Roger, 2000, *When Genius Failed: The Rise and Fall of Long-Term Capital Management*. New York: Random House.

Lucas, Robert E., 1978, "Asset Prices in an Exchange Economy." *Econometrica*, 46, 1429–1445.

Luce, R. D., and H. Raiffa, 1957, *Games and Decisions: Introduction and Critical Survey*. New York: Dover.

Machina, M. J., and M. Rothschild, 1987, "Risk." In Eatwell, J., Milgate, M., and Newman P., eds., 1987, *The New Palgrave: A Dictionary of Economics.* London: Macmillan.

MacKay, Charles, 2002, *Extraordinary Popular Delusions and the Madness of Crowds.* New York: Metro Books.

Magee, Bryan, 1997, *Confessions of a Philosopher.* London: Weidenfeld & Nicholson.

Mandelbrot, Benoit B., 1997, *Fractals and Scaling in Finance.* New York: Springer-Verlag.

Markowitz, Harry, 1959, *Portfolio Selection: Efficient Diversification of Investments,* 2nd ed. New York: Wiley.

Meehl, Paul E., 1954, *Clinical Versus Statistical Predictions: A Theoretical Analysis and Revision of the Literature.* Minneapolis: University of Minnesota Press.

Menand, Louis, 2001, *The Metaphysical Club: A Story of Ideas in America.* New York: Farrar, Straus & Giroux.

Merton, Robert C., 1992, *Continuous-Time Finance,* 2nd ed. Cambridge, Eng.: Blackwell.

Miller, Geoffrey F., 2000, *The Mating Mind: How Sexual Choice Shaped the Evolution of Human Nature.* New York: Doubleday.

Mumford, David, 1999, "The Dawning of the Age of Stochasticity." www.dam.brown.edu/people/mumford/Papers/Dawning.ps.

Myers, David G., 2002, *Intuition: Its Powers and Perils.* New Haven, Conn.: Yale University Press.

Nadeau, Maurice, 1970, *Histoire du surréalisme.* Paris: Seuil.

Niederhoffer, Victor, 1997, *The Education of a Speculator.* New York: Wiley.

Nozick, Robert, 1993, *The Nature of Rationality.* Princeton, N.J.: Princeton University Press.

Paulos, John Allen, 1988, *Innumeracy.* New York: Hill and Wang, a division of Farrar, Straus, and Giroux.

———, 2003, *A Mathematician Plays the Stock Market.* Boston: Basic Books.

Peirce, Charles S., 1998 (1923), *Chance, Love and Logic: Philosophical Essays.* Lincoln: University of Nebraska Press.

Peterson, Ivars, 1998, *The Jungles of Randomness: A Mathematical Safari.* New York: Wiley.

Piattelli-Palmarini, Massimo, 1994, *Inevitable Illusions: How Mistakes of Reason Rule Our Minds.* New York: Wiley.

Pinker, Steven, 1997, *How the Mind Works.* New York: W. W. Norton.
Pinker, Steven, 2002, *The Blank Slate: The Modern Denial of Human Nature.* New York: Viking.
Plotkin, Henry, 1998, *Evolution in Mind: An Introduction to Evolutionary Psychology.* Cambridge, Mass.: Harvard University Press.
Popper, Karl R., 1971, *The Open Society and Its Enemies,* 5th ed. Princeton, N.J.: Princeton University Press.
———, 1992, *Conjectures and Refutations: The Growth of Scientific Knowledge,* 5th ed. London: Routledge.
———, 1994, *The Myth of the Framework.* London: Routledge.
———, 2002, *The Logic of Scientific Discovery,* 15th ed. London: Routledge.
———, 2002, *The Poverty of Historicism.* London: Routledge.
Posner, Richard A., 2002, *Public Intellectuals: A Study in Decline.* Cambridge, Mass.: Harvard University Press.
Rabin, Mathew, 2000, "Inference by Believers in the Law of Small Numbers." Economics Department, University of California, Berkeley, Working Paper E00-282, http://repositories.cdlib.org/iber/econ/E00-282.
Rabin, M., and R. H. Thaler, 2001, "Anomalies: Risk Aversion." *Journal of Economic Perspectives,* 15(1), Winter, 219–232.
Ramachandran, V. S., and S. Blakeslee, 1998, *Phantoms in the Brain.* New York: Morrow.
Ratey, John J., 2001, *A User's Guide to the Brain: Perception, Attention and the Four Theaters of the Brain.* New York: Pantheon.
Rescher, Nicholas, 1995, *Luck: The Brilliant Randomness of Everyday Life.* New York: Farrar, Straus & Giroux.
Robbe-Grillet, Alain, 1985, *Les gommes.* Paris: Editions de Minuit.
Rozan, Jean-Manuel, 1999, *Le fric.* Paris: Michel Lafon.
Sapolsky, Robert M., 1998, *Why Zebras Don't Get Ulcers: An Updated Guide to Stress, Stress-Related Diseases, and Coping.* New York: W. H. Freeman & Co.
Sapolsky, Robert M. (and Department of Neurology and Neurological Sciences, Stanford University School of Medicine), 2003, "Glucocorticoids and Hippocampal Atrophy in Neuropsychiatric Disorders." Stanford University.
Savage, Leonard J., 1972, *The Foundations of Statistics.* New York: Dover.
Schleifer, Andrei, 2000, *Inefficient Markets: An Introduction to Behavioral Finance.* Oxford: Oxford University Press.

Schwartz, Barry, 2003, *The Paradox Of Choice.* New York: Ecco.

Schwartz, B., A. Ward, J. Monterosso, S. Lyubomirsky, K. White, and D. R. Lehman, 2002, "Maximizing Versus Satisficing: Happiness Is a Matter of Choice," *J Pers Soc Psychol.* Nov., 83 (5):1178–1197.

Searle, John, J., 2001, *Rationality in Action.* Cambridge, Mass.: The MIT Press.

Sen, Amartya, K., 1977, "Rational: A Critique of the Behavioral Foundations of Economic Theory. *Philosophy and Public Affairs,* 6, 317–344.

———, 2003, *Rationality and Freedom.* Cambridge, Mass.: The Belknap Press of Harvard University.

Shackle, George L. S., 1973, *Epistemics and Economics: A Critique of Economic Doctrines.* Cambridge, Eng.: Cambridge University Press.

Shahani, C., R. L. Dipboye, and T. M. Gehrlein, 1993, "Attractiveness Bias in the Interview: Exploring the Boundaries of an Effect." *Basic and Applied Social Psychology,* 14 (3), 317–328.

Shefrin, Hersh, 2000, *Beyond Fear and Greed: Understanding Behavioral Finance and the Psychology of Investing.* New York: Oxford University Press.

Shiller, Robert J., 1981, "Do Stock Prices Move Too Much to Be Justified by Subsequent Changes in Dividends?" *American Economic Review,* Vol. 71, 3, 421–436.

———, 1989, *Market Volatility.* Cambridge, Mass.: The MIT Press.

———, 1990. "Market Volatility and Investor Behavior." *American Economic Review,* Vol. 80, 2, 58–62.

———, 2000, *Irrational Exuberance.* Princeton, N.J.: Princeton University Press.

Shizgal, Peter, 1999, "On the Neural Computation of Utility: Implications from Studies of Brain Simulation Rewards." In Kahneman, Diener and Schwarz.

Sigelman, C. K., D. B. Thomas, L. Sigelman, and F. D. Ribich, 1986, "Gender, Physical Attractiveness, and Electability: An Experimental Investigation of Voter Biases." *Journal of Applied Social Psychology,* 16 (3), 229–248.

Simon, Herbert A., 1955, "A Behavioral Model of Rational Choice." *Quarterly Journal of Economics,* 69, 99–118.

———, 1956, "Rational Choice and the Structure of the Environment." *Psychological Review,* 63, 129–138.

———, 1957, *Models of Man.* New York: Wiley.

———, 1983, *Reason in Human Affairs.* Stanford, Calif.: Stanford University Press.
———, 1987, "Behavioral Economics." In Eatwell, J., Milgate, M., and Newman, P., eds., 1987, *The New Palgrave: A Dictionary of Economics.* London: Macmillan.
———, 1987, "Bounded Rationality." In Eatwell, J., Milgate, M., and Newman, P., eds., 1987, *The New Palgrave: A Dictionary of Economics.* London: Macmillan.
Skinner, B. F., 1948, "Superstition in the Pigeon." *Journal of Experimental Psychology,* 38, 168–172.
Sloman, Steven A., 1996, "The Empirical Case for Two Systems of Reasoning." *Psychological Bulletin,* 119, 3–22.
Sloman, Steven A., 2002, "Two Systems of Reasoning." In Gilovich, Griffin, and Kahneman.
Slovic, Paul, 1987, "Perception of Risk." *Science,* 236, 280–285.
———, 2000, *The Perception of Risk.* London: Earthscan Publications.
———, M. Finucane, E. Peters, and D. G. MacGregor, 2002, "The Affect Heuristic." In Gilovich, Griffin and Kahneman.
———, M. Finucane, E. Peters, and D. G. MacGregor, 2003, "Rational Actors or Rational Fools? Implications of the Affect Heuristic for Behavioral Economics." Working Paper. www.decisionresearch.com.
———, M. Finucane, E. Peters, and D. G. MacGregor, 2003, "Risk As Analysis, Risk As Feelings: Some Thoughts About Affect, Reason, Risk, and Rationality." Paper presented at the Annual Meeting of the Society for Risk Analysis, New Orleans, La., December 10, 2002.
Sokal, Alan D., 1996, "Transgressing the Boundaries: Toward a Transformative Hermeneutics of Quantum Gravity." *Social Text,* 46/47, 217–252.
Sornette, Didier, 2003, *Why Stock Markets Crash: Critical Events in Complex Financial Systems.* Princeton, N.J.: Princeton University Press.
Soros, George, 1988, *The Alchemy of Finance: Reading the Mind of the Market.* New York: Simon & Schuster.
Sowell, Thomas, 1987, *A Conflict of Visions: Ideological Origins of Political Struggles.* New York: Morrow.
Spencer, B. A., and G. S. Taylor, 1988, "Effects of Facial Attractiveness and Gender on Causal Attributions of Managerial Performance." *Sex Roles,* 19 (5/6), 273–285.
Stanley, T. J., 2000, *The Millionaire Mind.* Kansas City: Andrews McMeel Publishing.

———, and W. D. Danko, 1996, *The Millionaire Next Door: The Surprising Secrets of America's Wealthy.* Atlanta: Longstreet Press.

Stanovich, K., and R. West, 2000, "Individual Differences in Reasoning: Implications for the Rationality Debate." *Behavioral and Brain Sciences,* 23, 645–665.

Sterelny, Kim, 2001, *Dawkins vs Gould: Survival of the Fittest.* Cambridge, Eng.: Totem Books.

Stigler, Stephen M., 1986, *The History of Statistics: The Measurement of Uncertainty Before 1900.* Cambridge, Mass.: The Belknap Press of Harvard University.

———, 2002, *Statistics on the Table: The History of Statistical Concepts and Methods.* Cambridge, Mass.: Harvard University Press.

Sullivan, R., A. Timmermann, and H. White, 1999, "Data-snooping, Technical Trading Rule Performance and the Bootstrap." *Journal of Finance,* October, 54, 1647–1692.

Taleb, Nassim Nicholas, 1997, *Dynamic Hedging: Managing Vanilla and Exotic Options.* New York: Wiley.

———, 2004, "Bleed or Blowup? Why Do We Prefer Asymmetric Payoffs?" *Journal of Behavioral Finance,* 5.

Taszka, T., and P. Zielonka, 2002, "Expert Judgments: Financial Analysts Versus Weather Forecasters." *The Journal of Psychology and Financial Markets,* Vol 3(3), 152–160.

Thaler, Richard H., 1980, "Towards a Positive Theory of Consumer Choice," *Journal of Economic Behavior and Organization,* 1, 39–60.

———, 1994, *Quasi Rational Economics.* New York: Russell Sage Foundation.

———, 1994, *The Winner's Curse: Paradoxes and Anomalies of Economic Life.* Princeton, N.J.: Princeton University Press.

Toulmin, Stephen, 1990, *Cosmopolis: The Hidden Agenda of Modernity.* New York: Free Press.

Tversky, A., and D. Kahneman, 1971, "Belief in the Law of Small Numbers." *Psychology Bulletin,* Aug. 76(2), 105–110.

———, and D. Kahneman, 1973, "Availability: A Heuristic for Judging Frequency and Probability." *Cognitive Psychology,* 5, 207–232.

———, and D. Kahneman, 1982, "Evidential Impact of Base-Rates." In Kahneman, Slovic, and Tversky, 153–160.

———, and D. Kahneman, 1992, "Advances in Prospect Theory: Cumulative Representation of Uncertainty. *Journal of Risk and Uncertainty,* 5, 297–323.

Voit, Johannes, 2001, *The Statistical Mechanics of Financial Markets.* Heidelberg: Springer.

Von Mises, Richard, 1957 (1928), *Probability, Statistics, and Truth.* New York: Dover.

Von Plato, Jan, 1994, *Creating Modern Probability.* Cambridge, Eng.: Cambridge University Press.

Watts, Duncan, 2003, *Six Degrees: The Science of a Connected Age.* New York: W. W. Norton.

Wegner, Daniel M., 2002, *The Illusion of Conscious Will.* Cambridge, Mass.: The MIT Press.

Weinberg, Steven, 2001, *Facing Up: Science and Its Cultural Adversaries.* Working Paper. Harvard University.

Wilson, Timothy D., 2002, *Strangers to Ourselves: Discovering the Adaptive Unconscious.* Cambridge, Mass.: The Belknap Press of Harvard University.

Wilson, Edward O., 2000, *Sociobiology: The New Synthesis.* Cambridge, Mass.: Harvard University Press.

———, 2002, *The Future of Life.* New York: Knopf.

Wilson, T. D., D. B. Centerbar, D. A. Kermer, and D. T. Gilbert, 2005, "The Pleasures of Uncertainty: Prolonging Positive Moods in Ways People Do Not Anticipate," *J Pers Soc Psychol.* 2005 Jan.; 88 (1): 5–21.

———, D. Gilbert, and D. B. Centerbar, 2003, "Making Sense: The Causes of Emotional Evanescence." In Brocas and Carillo.

———, J. Meyers, and D. Gilbert, 2001, "Lessons from the Past: Do People Learn from Experience That Emotional Reactions Are Short Lived?" *Personality and Social Psychology Bulletin.*

Winston, Robert, 2002, *Human Instinct: How Our Primeval Impulses Shape Our Lives.* London: Bantam Press.

Zajdenweber, Daniel, 2000, *L'économie des extrèmes.* Paris: Flammarion.

Zajonc, R.B., 1980, "Feeling and Thinking: Preferences Need No Inferences." *American Psychologist*, 35, 151–175.

———, 1984, "On the Primacy of Affect." *American Psychologist*, 39, 117–123, 114.

Zizzo, D. J., and A. J. Oswald, 2001, "Are People Willing to Pay to Reduce Others' Incomes?" *Annales d'Economie et de Statistique*, July/December 63/64, 39–62.

LOCUS

LOCUS

LOCUS

LOCUS